《智能科学技术著作丛书》编委会

智能科学技术著作丛书

基于进化优化的多目标批量流水线调度

韩玉艳　巩敦卫
桑红燕　刘莉莉　著

科学出版社
北京

内 容 简 介

多目标批量流水线调度问题普遍存在于制造业、信息服务业等，但是，已有的解决该问题的方法非常少，采用进化优化方法求解多目标批量优化问题成为近年来进化优化界的热点研究方向之一。本书阐述用于求解多目标、多约束以及参数具有不确定性的批量流水线调度理论与进化优化方法，主要包括构建多目标批量、多目标阻塞批量、加工时间不确定及机器故障的多目标阻塞批量流水线调度问题的数学模型，以及基于人工蜂群算法和非支配排序遗传算法框架，提出改进的多目标优化算法，用于高效进化求解上述问题。本书还给出不同方法在基准测试用例的应用，以及全面详细的算法对比结果。本书是一部用进化优化方法解决多目标批量流水线调度问题的专著，也是作者近4年来在多项国家和省部级科研项目资助下取得的一系列研究成果的结晶。

本书可供理工科高校自动化、计算机等相关专业的教师及研究生、自然科学和工程技术领域的研究人员学习与参考。

图书在版编目(CIP)数据

基于进化优化的多目标批量流水线调度/韩玉艳等著. —北京：科学出版社，2018.2

(智能科学技术著作丛书)

ISBN 978-7-03-056603-4

Ⅰ.①基…　Ⅱ.①韩…　Ⅲ.①流水生产线—生产调度—最优化算法　Ⅳ.①F406.2

中国版本图书馆CIP数据核字(2018)第034079号

责任编辑：张海娜　赵微微 / 责任校对：桂伟利
责任印制：张　伟 / 封面设计：陈　敬

科学出版社 出版
北京东黄城根北街16号
邮政编码：100717
http://www.sciencep.com

北京凌奇印刷有限责任公司 印刷
科学出版社发行　各地新华书店经销

*

2018年2月第　一　版　开本：720×1000　B5
2024年1月第四次印刷　印张：12 1/2
字数：244 000

定价：98.00元

(如有印装质量问题，我社负责调换)

《智能科学技术著作丛书》序

“智能”是“信息”的精彩结晶，“智能科学技术”是“信息科学技术”的辉煌篇章，“智能化”是“信息化”发展的新动向、新阶段。

“智能科学技术”(intelligence science&technology, IST)是关于“广义智能”的理论方法和应用技术的综合性科学技术领域，其研究对象包括：

- “自然智能”(natural intelligence, NI)，包括“人的智能”(human intelligence, HI)及其他“生物智能”(biological intelligence, BI)。
- “人工智能”(artificial intelligence, AI)，包括“机器智能”(machine intelligence, MI)与“智能机器”(intelligent machine, IM)。
- “集成智能”(integrated intelligence, II)，即“人的智能”与“机器智能”人机互补的集成智能。
- “协同智能”(cooperative intelligence, CI)，指“个体智能”相互协调共生的群体协同智能。
- “分布智能”(distributed intelligence, DI)，如广域信息网、分散大系统的分布式智能。

“人工智能”学科自1956年诞生以来，在起伏、曲折的科学征途上不断前进、发展，从狭义人工智能走向广义人工智能，从个体人工智能到群体人工智能，从集中式人工智能到分布式人工智能，在理论方法研究和应用技术开发方面都取得了重大进展。如果说当年“人工智能”学科的诞生是生物科学技术与信息科学技术、系统科学技术的一次成功的结合，那么可以认为，现在“智能科学技术”领域的兴起是在信息化、网络化时代又一次新的多学科交融。

1981年，“中国人工智能学会”(Chinese Association for Artificial Intelligence, CAAI)正式成立，25年来，从艰苦创业到成长壮大，从学习跟踪到自主研发，团结我国广大学者，在“人工智能”的研究开发及应用方面取得了显著的进展，促进了“智能科学技术”的发展。在华夏文化与东方哲学影响下，我国智能科学技术的研究、开发及应用，在学术思想与科学方法上，具有综合性、整体性、协调性的特色，在理论方法研究与应用技术开发方面，取得了具有创新性、开拓性的成果。“智能化”已成为当前新技术、新产品的发展方向和显著标志。

为了适时总结、交流、宣传我国学者在“智能科学技术”领域的研究开发及应用成果，中国人工智能学会与科学出版社合作编辑出版《智能科学技术著作丛书》。需要强调的是，这套丛书将优先出版那些有助于将科学技术转化为生产力以及对社会和国民经济建设有重大作用和应用前景的著作。

我们相信，有广大智能科学技术工作者的积极参与和大力支持，以及编委们的共同努力，《智能科学技术著作丛书》将为繁荣我国智能科学技术事业、增强自主创新能力、建设创新型国家做出应有的贡献。

祝《智能科学技术著作丛书》出版，特赋贺诗一首：

智能科技领域广

人机集成智能强

群体智能协同好

智能创新更辉煌

中国人工智能学会荣誉理事长

2005年12月18日

前　言

在传统的流水线调度中，工件是不可分割的，且仅当一个完整的工件加工完毕之后，才被允许传送到下游机器，这样造成下游机器等待时间较长。而实际生产中，同一工件往往包含若干数量的批次，例如，在紧固件加工过程中，工件由成批的螺栓、螺柱、螺钉、螺母、垫圈或销等组成。因此，工件可以分成若干小批量，当一个小批量加工完成后，可允许传送到下游机器加工，而不必等待所有小批量都加工完，这样能够缩短机器空闲时间和工件完成时间，这就是所谓的批量加工。采用批量加工能够加速生产流程，缩短交付周期，增加资源利用率，提高用户满意度。基于此，批量流水线调度已是许多实际生产调度的简化模型，具有广泛的工程应用背景。

批量流水线调度问题有时优化一个目标函数，有时优化多个相互冲突的目标函数；决策变量有时不需要满足额外的约束，有时需要满足一个或多个约束；调度问题的所有参数有时均为确定值，有时至少存在一个参数是不确定的。已有研究表明，含有约束的调度问题在多项式时间内不能得到问题的最优解。因此，研究不确定约束多目标批量流水线调度问题具有非常重要的理论意义和实际应用价值。

目前，诸多学者针对单目标批量流水线调度问题建立了数学模型，并提出了求解该问题的智能优化方法。然而，实际调度问题不仅需要优化单目标，还需要优化完工时间，提前完工时间，推迟完工时间、总流经时间和机器等待时间等多目标。因此，迫切需要研究多目标批量流水线调度问题，寻找 Pareto 最优解，为企业决策者提供更多更优的调度策略。

实际生产存在技术和成本等要求使机器间没有缓冲区以存储已完工的工件。例如，在药品制造过程中，对温度的要求比较高。为了保持高温，一个半成品加工完毕立即进入下一阶段。但是，如果下游机器忙碌，该药品只能被阻塞在当前机器上，造成了药品质量的下降。因此，需要设计高效的方法，最小化阻塞流水线调度问题的完工时间，这对于提高企业的生产效率是非常必要的。

除了上述多目标和约束条件外，生产调度中还存在多种不确定因素。例如，每一道生产工序中产品的处理时间、传输时间和中间存储单元的存储量等不确定，生产设备损坏、个人操作不当和用户需求改变等无法预料。这些不确定因素往往导致生产调度方案不能按照预定目标正常执行。因此，如何构建符合实际生产的数学模型，减少不确定因素对生产效率带来的影响，将关系企业发展前景，需及早进行深入的研究。

鉴于此，作者近年来在主持的多项国家和省部级科研项目资助下，一直从事多目标流水线调度理论与优化方法的研究，给出多目标阻塞批量流水线调度问题数学模型，提出求解该问题的进化优化方法。当目标函数值为区间时，采用区间数的两个重要特征值，将多目标区间阻塞批量流水调度问题转化为传统的多目标阻塞批量流水线调度问题，并提出具有针对性的求解该问题的多目标优化方法。上述成果已经成功应用于批量流水线调度问题的基准测试算例，并通过与已有方法进行全面详细的比较，证实所提理论与方法的有效性。这些成果丰富了进化优化理论，提高了进化优化方法解决实际问题的能力，并拓展了进化优化方法的应用范围，因此具有重要的理论意义和实际应用价值。

本书是作者在该领域国内外权威期刊及有影响的国际会议论文集上发表十余篇学术论文的基础上，进一步加工、深化而成的，是对已有成果的全面总结和高度概括。主要内容包括构建多目标批量、多目标阻塞批量、加工时间不确定以及机器故障的多目标阻塞批量流水线调度问题的数学模型，提出相应的高效进化求解方法等。

本书在阐述进化优化的多目标批量流水线调度问题时，均给出问题研究的必要性、所提方法的思想、相关的技术措施，以及实现算法的具体步骤等。在阐述方法的应用时，均给出应用问题的背景、应用过程中所需参数的设置，以及详细的分析等。

本书在撰写过程中，得到聊城大学硕士生导师李俊青老师多方面的指导，提出许多非常中肯的意见和建议，在此表示衷心感谢。山东省博士基金(ZR2017BF039)、国家自然科学基金(61503170、61773192)以及聊城大学博士科研启动金为本书的出版提供大力支持，在此一并表示感谢。

多目标调度理论与方法是一个快速发展、多学科交叉的新颖研究方向，其理论及应用均有大量问题，尚待进一步深入研究。由于作者学识水平和可获得资料的限制，书中难免存在不妥之处，敬请同行专家和读者批评指正。

作　者

2017 年 9 月于聊城大学

目　录

第1章 基本知识

调度研究的问题是将稀缺资源分配给在一定时间内的不同任务[1]。随着生产规模的不断扩大,调度和决策对企业管理和生产的重要性日渐凸显。调度问题是一个交叉性研究领域,它涉及运筹学、计算机科学、控制理论、工业工程等多个学科[2]。好的调度方案可极大提高企业的生产水平,合理利用资源,并提高市场竞争力。生产调度的研究主要可分为问题建模和调度算法设计两个方面[3]。

批量流水线调度问题是指,在加工过程中,每个工件可以分割为若干小批量,每个小批量加工之后,才能传送到下游的机器继续加工。通过这种加工方式,能够缩短工件的最大完工时间和机器空闲时间,加速生产流程,增加资源利用率,以及提高用户满意度。因此,该问题广泛应用于制造系统、装配线、信息服务设施、化学、纺织、塑料和半导体等工业生产中。

尽管已有多种求解批量流水线调度问题的智能优化方法,但是这些方法仅适用于确定的单目标批量调度问题,还无法用于求解多目标、多约束以及参数不确定的批量流水线调度问题。鉴于此,本书主要阐述多目标批量流水线调度理论与方法研究,特别是介绍作者在该方向取得的最新研究成果。为便于理解本书阐述的方法,需要首先介绍与之相关的知识。为此,本章将简要介绍调度问题的基础知识、批量流水线调度问题的研究现状、加工时间不确定调度问题的研究现状、带机器故障调度问题的研究现状,以及基本的人工蜂群(artifical bee colony,ABC)算法和非支配排序遗传算法Ⅱ(non-dominated sorting genetic algorithm Ⅱ,NSGA-Ⅱ),并指出已有研究成果存在的不足。此外,本章最后概述本书的主要内容,使读者对本书的内容有个整体的认识。

1.1 调度问题基础知识

1.1.1 基本概念

车间调度问题是将稀缺资源分配给一定时间内的不同任务[1],合理安排各项工作所占用的资源和交工次序等,最终使某个(多个)性能指标达到最优或近优状态[2]。该问题模型可描述为:有 n 个工件,按照一定的工艺流程,满足一定的约束条件,在 m 台机器上加工,每个工件都有若干道工序,工件的加工路径可以相同,也可以不同[3]。

车间调度问题按照加工约束条件或者系统复杂度,大致可分为 5 大类:单机调度问题(single machine scheduling problem,SMP)、流水线调度问题(flowshop scheduling problem,FSP)、作业调度问题(jobshop scheduling problem,JSP)、开放式调度问题(openshop scheduling problem,OPS)、并行机调度问题(parallel machines scheduling problem,PMP)。

1. 单机调度问题

单机调度问题描述为:n 个工件在满足一定约束条件下,寻找一个调度序列,使得按照这一序列,在一台机器上加工的总成本最小[4]。从问题描述可以看出,单机调度实质上是对 n 个工件进行全排序,总数为 $n!$。然后,从中找到一个最优调度序列。但是,当 $n=20$ 时,$20!\approx 2.4\times 10^{18}$。这意味着,需计算 2.4×10^{18} 个排序的目标函数,计算量相当大。已有文献表明,当 n 较大时,单机调度问题是一个 NP 难问题。目前,求解单机调度问题的优化算法有进化分配准则、离散差分进化算法和离散人工蜂群算法等[5-9]。

2. 流水线调度问题

流水线调度问题描述为[10]:有 n 个工件,按照一定工艺流程,在 m 台机器上加工,每个工件包含 h 道工序,每道工序分配到不同的机器上加工,但 n 个工件的 h 道工序的加工路径是相同的,每道工序被指定在固定的机器上加工,不允许选择机器,并且加工顺序固定。流水线调度问题的任务是,确定工件的加工顺序,使得最大完工时间、流经时间、提前完工时间和推迟时间等某个(多个)指标最小。目前,求解该问题的优化方法有很多,如遗传算法、禁忌搜索算法、差分进化算法、和声搜索算法、粒子群算法、蚁群算法和人工蜂群算法等[11-29]。流水线调度问题是制造业生产领域中最常用的模型之一,也是目前学术界研究最多、最热的问题,具有很强的工程应用背景。

3. 作业调度问题

作业调度问题描述为[30]:有 n 个工件,按照一定的工艺路线,在 m 台机器上加工,每个工件包含 h 道工序,每道工序分配到不同的机器上加工。如果各工序的加工机器是事先确定的,也就是说,每道工序被唯一指派到一台机器上加工,即 $h=m$,那么,机器是不能选择的,这类问题称为一般作业调度问题;如果各工序的加工机器是随机的,每道工序可以选择不同的机器加工,即 $h\neq m$,那么机器是可以选择的,这类问题称为柔性作业调度问题。与一般作业调度问题和柔性作业调度问题相比,各个工件的加工路径是独立的,因此后者更加复杂,是一类既满足任务配置,又满足顺序约束的资源分配问题,同样是一个 NP 难问题。目前求解该问题的优化方法有遗传算法、禁忌搜索算法、邻域搜索算法、差分进化算法、文化基因算法、粒子群算法、蚁群算法和人工蜂群算法等[31-47]。

4. 开放式调度问题

相对于作业调度问题,开放式调度问题具有更广阔的搜索空间。该问题描述如下[48]:有 n 个工件,在 m 台机器上加工,每个工件包含 m 道工序,每道工序均有确定的加工时间。在给定的时间内,每台机器只能加工一个工件,且每个工件只能由一台机器处理。同一台机器上工件的加工顺序任意,每个工件的工序处理顺序也无限制,在加工过程中,工序不允许中断。目前,针对该问题提出的算法有遗传算法、近似算法和多项式算法等[49-54]。

5. 并行机调度问题

并行机调度问题描述为[55]:有 n 个工件,在 m 台机器上加工,每个工件仅需要在某一台机器上加工一次,即待加工的工件都只有一道工序,可任意选择一台机器加工。并行机调度需要解决两个主要问题:①所有工件在各机器上的分配;②各机器上工件加工的次序。目前,针对该问题提出的算法有启发式算法、混合算法和禁忌搜索算法等[56-62]。

1.1.2 流水线调度问题分类

流水线调度研究 n 个工件在 m 台机器上的流水加工过程,根据约束条件的不同,大致有如下流水线调度问题:置换流水线调度问题(permutation flowshop scheduling problem)、零等待流水线调度问题(no-wait flowshop scheduling problem)、零空闲流水线调度问题(no-idle flowshop scheduling problem)、零缓冲区流水线调度问题(blocking flowshop scheduling problem)、有限缓冲区流水线调度问题(flowshop scheduling problem with limited buffers)、批量流水线调度问题(lot-streaming flowshop scheduling problem)、混合流水线调度问题(hybrid flowshop scheduling problem)。

1. 置换流水线调度问题

置换流水线调度问题是最简单的流水线调度问题,该问题描述为[63,64]:有 n 个不同工件,按照相同工艺路线在 m 台机器上加工,要求每个工件必须无中断地在不同的机器上依次加工。其满足的约束条件是:机器之间存在无限缓冲区;一个工件最多只能在一台机器上加工;一台机器最多只能加工一个工件;工件加工时间是已知的;工件的准备时间或机器的开启时间都包含在加工时间内。该调度问题的目标是寻找一个调度序列,使得某项生产指标最优。常见的生产指标有最大完工时间和总流经时间等。例 1.1 给出置换流水线调度问题的甘特图和相应指标的计算方法。

例 1.1　假设有 3 个工件 $\pi(1)$、$\pi(2)$和 $\pi(3)$，按照 $\pi(1)$、$\pi(2)$到 $\pi(3)$的顺序，分别在 3 台机器上依次加工，其中，第一个工件在第一台机器上的开始时间为 0，其余工件在每台机器上的加工时间 $p_{j,t}$为

$$p_{3\times3}=\begin{bmatrix}1 & 2 & 2\\ 1 & 1 & 3\\ 2 & 2 & 1\end{bmatrix}$$

图 1.1 中，makespan 是最大完工时间，其值等于最后一个工件在最后一台机器上的完工时间（makespan＝9）。最小化最大完工时间，可以提高生产效率。

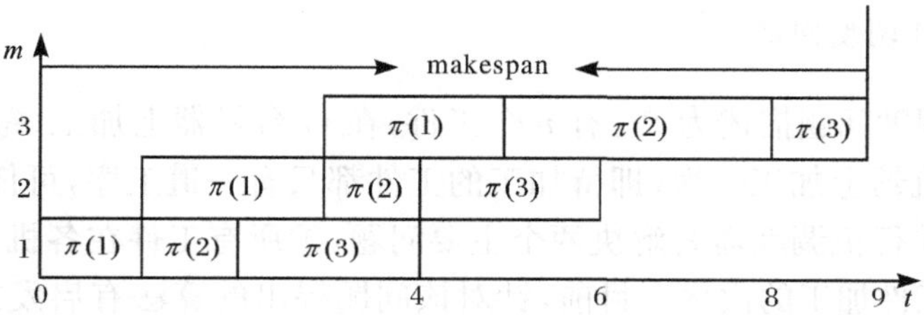

图 1.1　置换流水线调度最大完工时间的甘特图

$$\text{Total flow time}=T1+T2+T3$$

Total flow time 是总流经时间，其值等于每个工件在最后一台机器上完工时间的总和，即图 1.2 中，Total flow time＝$T1+T2+T3=22$。最小化总流经时间，可以均衡地利用生产资源，减小在线库存[65]。

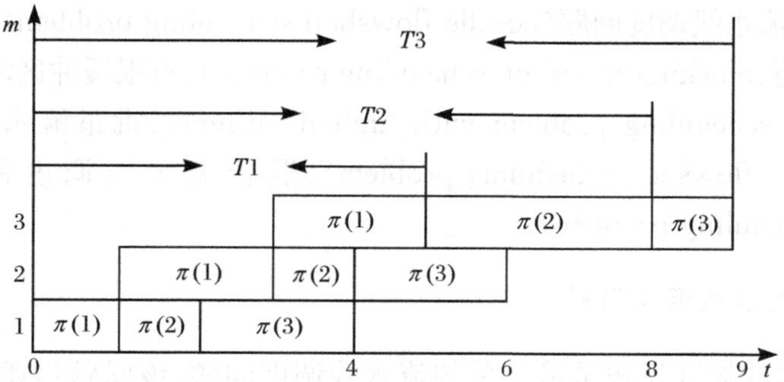

图 1.2　置换流水线调度总流经时间的甘特图

2. 零等待流水线调度问题

与置换流水线调度问题相比，零等待流水线调度问题要求同一个工件的各工

序必须连续完工，即两个工序之间不允许有等待时间；而前者允许工件在不同机器之间有等待时间[66-68]。同样，采用例 1.1 方法，图 1.3 给出零等待流水线调度问题的甘特图。

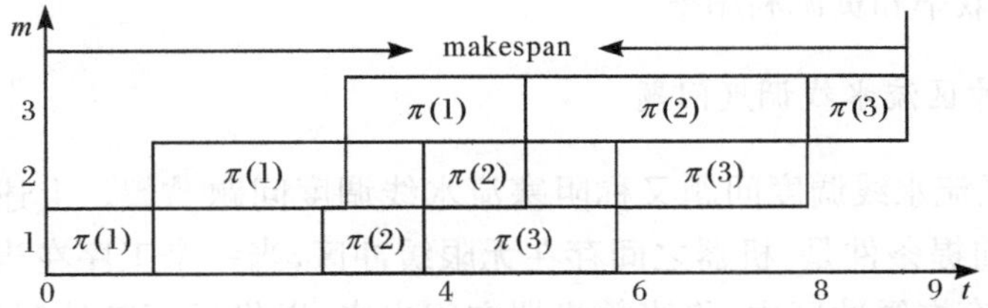

图 1.3 零等待流水线调度最大完工时间的甘特图

如图 1.3 所示，零等待流水线调度问题要求同一个工件的两个工序之间不允许有等待时间，当第一台机器加工完 $\pi(1)$时，若 $\pi(2)$立即开工，如图 1.1 所示，则工件 $\pi(2)$在第二台机器上开始与在第一台机器上完工之间存在等待时间，因此对于零等待流水线调度问题，工件 $\pi(2)$不能立即被加工。为了满足零等待条件，$\pi(2)$在第一台机器上的开始时间有所滞后，与此同时，$\pi(2)$和 $\pi(3)$在第二台机器的开始时间也有所滞后。

3. 零空闲流水线调度问题

除了满足上述置换流水线调度问题的约束条件外，零空闲流水线调度问题还需满足同一台机器上的所有工件必须连续完成，即相邻两个工件之间没有等待时间[69-72]。采用例 1.2(图 1.4)给出零空闲流水线调度问题的甘特图。

例 1.2 假设有 3 个工件 $\pi(1)$、$\pi(2)$和 $\pi(3)$，按照从 $\pi(1)$、$\pi(2)$到 $\pi(3)$的顺序，分别在 3 台机器上依次加工，其中，第一个工件在第一台机器上的开始时间为 0，其余工件在每台机器上的加工时间 $p_{j,t}$为

$$p_{3\times 3}=\begin{bmatrix}1 & 1 & 2\\ 2 & 1 & 3\\ 2 & 2 & 1\end{bmatrix}$$

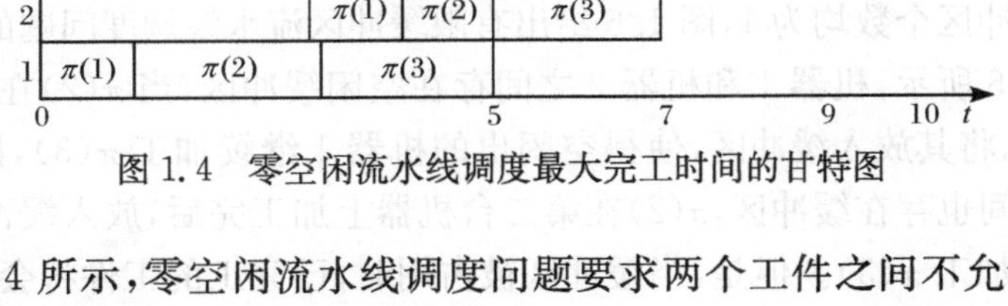

图 1.4 零空闲流水线调度最大完工时间的甘特图

如图 1.4 所示，零空闲流水线调度问题要求两个工件之间不允许有等待时

间，当π(1)在第一台机器加工时，并未在第二台机器上立即开工，而是延迟了开工时间，同理，π(2)在第一台机器上加工完后，在第二台机器上也延迟了开工，这样将导致机器的资源利用率降低，因此，需要设计好的调度策略，以充分利用闲置资源，提高生产效率和资源利用率。

4. 零缓冲区流水线调度问题

零缓冲区流水线调度问题又称阻塞流水线调度问题[73-75]。上述 3 种流水线调度问题的前提条件是，机器之间存在无限缓冲区，当一个工序在当前机器上加工完后，可暂存在缓冲区中，将当前机器空闲出来，以供后面工件利用。然而，阻塞流水线调度问题的约束条件是，机器之间无缓冲区，当一个工件在当前机器上加工之后，如果下游的机器处于忙碌状态，那么该工件必须阻塞在当前的机器上，从而占用了机器资源，使得后面工件无法在该机器上加工。采用例 1.1 方法，图 1.5给出阻塞流水线调度问题的甘特图。

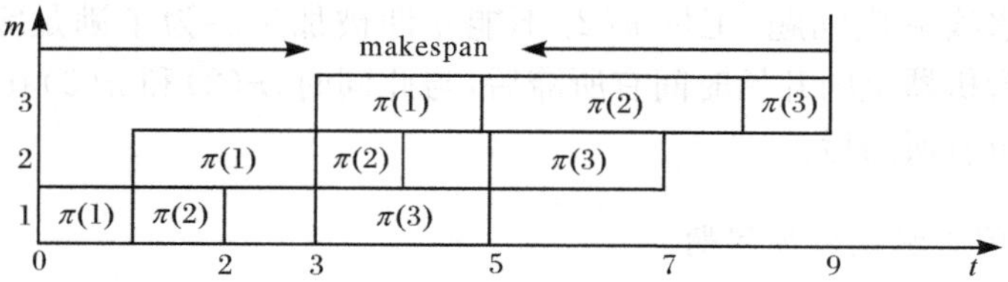

图 1.5 阻塞流水线调度最大完工时间的甘特图

如图 1.5 所示，阻塞流水线调度问题要求相邻机器之间没有缓冲区，因此当π(2)在第一台机器上加工完毕时，需要进入第二台机器加工。此时，第二台机器正在加工π(1)，且第一台和第二台机器之间没有缓冲区存储π(2)，因此π(2)阻塞在第一台机器上，使得π(3)延迟开工，直到π(1)离开第二台机器。

5. 有限缓冲区流水线调度问题

与上述阻塞流水线调度问题唯一不同的是，有限缓冲区流水线调度问题允许机器之间存在有限缓冲区，当工序加工完后，可先暂存在缓冲区中，按照先进先出原则，依次放入下一台机器上加工。如果缓冲区已经用完，则问题又成为阻塞流水线调度问题，当前工序需要在当前机器上等待[76-78]。采用例 1.1 方法，假设机器之间的缓冲区个数均为 1，图 1.6 给出有限缓冲区流水线调度问题的甘特图。

如图 1.6 所示，机器 1 和机器 2 之间存在空闲缓冲区，当π(2)在第一台机器上加工完后，将其放入缓冲区，使得空闲出的机器 1 继续加工π(3)，同理，机器 2和机器 3 之间也存在缓冲区，π(2)在第二台机器上加工完后，放入缓冲区，将空闲出的机器 2 加工π(3)。但是，当缓冲区被占用时，已完工的工件将会被阻塞在当

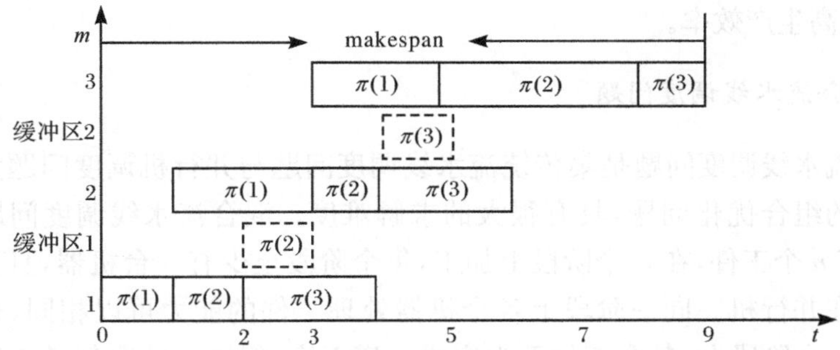

图 1.6 有限缓冲区流水线调度最大完工时间的甘特图

前机器上。从图 1.5 与图 1.6 可以看出,有限缓冲区可以减少工件的阻塞,能够在一定程度上提高机器资源的利用率。

6. 批量流水线调度问题

前面研究的流水线调度问题的工件是完整、不可分割的,而批量流水线调度问题则考虑将一个工件或批量分割为若干小工件或小批量(批次),每个转移批量(批次)在当前设备上加工之后,可允许进入下一个阶段的机器上加工[79-81]。每个小批量除满足置换流水线调度问题的约束条件外,还满足一个工件的所有小批量加工完毕,才可加工下一个工件。

例 1.3 假设有 2 个工件 $\pi(1)$和 $\pi(2)$,按照从 $\pi(1)$到 $\pi(2)$的顺序,分别在 3 台机器上依次加工,其中,第一个工件在第一台机器上的开始时间为 0,其余工件在每台机器上的加工时间 $p_{j,t}$为

$$p_{2\times3}=\begin{bmatrix}3 & 3 & 4.5\\4 & 2 & 3\end{bmatrix}$$

假设第一个工件分为 3 个小批量,第二个工件分为 2 个小批量。如果按照等量分批规则,那么第一个工件的每个小批量在 3 台机器上的加工时间分别为 1、1 和 1.5;第二个工件的每个小批量在 3 台机器上的加工时间分别为 2、1 和 1.5。

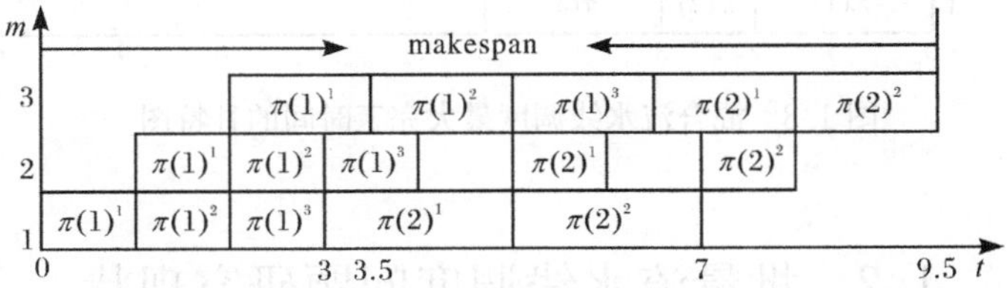

图 1.7 批量流水线调度最大完工时间的甘特图

如图 1.7 所示,$\pi(1)$分割为等量的 3 个小批量,当一个小批量加工完毕后,可进入下游的机器继续加工,这样机器 2 空闲的时间就会减少,从而可加速整个生

产流程，提高生产效率。

7. 混合流水线调度问题

混合流水线调度问题是集传统流水线调度问题与并行机调度问题为一身的较为复杂的组合优化问题，具有很大的求解难度。混合流水线调度问题可描述为[81-84]：有 n 个工件，在 S 个阶段上加工，每个阶段至少有一台机器，且至少有一个阶段存在并行机。同一阶段上各个机器处理工件的能力可以相同，也可以不同。在每一个阶段上，各个工件至少完成一道工序，但同一阶段每道工序可在任意一台机器上加工。每道工序在机器上的加工时间是已知的。

例 1.4　假设有 5 个工件 $\pi(1)$、$\pi(2)$、$\pi(3)$、$\pi(4)$和 $\pi(5)$，依次在 3 个不同阶段(stag1、stag2 和 stag3)上加工，每个阶段有 2 台并行机器，如图 1.8 所示。每个工件在不同阶段上的加工时间如下。

第一阶段：$\pi(1)$、$\pi(2)$、$\pi(3)$、$\pi(4)$和 $\pi(5)$的加工时间分别为 2、1、2、2、2。

第二阶段：$\pi(1)$、$\pi(2)$、$\pi(3)$、$\pi(4)$和 $\pi(5)$的加工时间分别为 1、1、3、2、3。

第三阶段：$\pi(1)$、$\pi(2)$、$\pi(3)$、$\pi(4)$和 $\pi(5)$的加工时间分别为 1、1、1、1、1。

值得注意的是，每个阶段都存在 2 台并行机，因此 5 个工件在同一阶段不同机器上的加工时间是相等的。

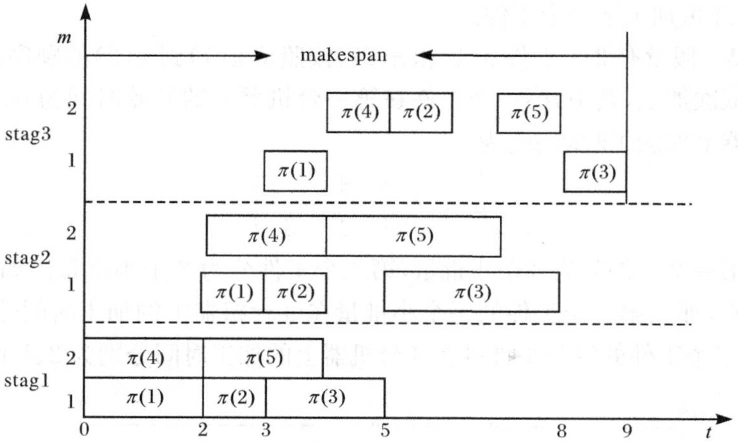

图 1.8　混合流水线调度最大完工时间的甘特图

1.2　批量流水线调度问题研究现状

如前所述，流水线调度问题是生产领域中最常用的模型之一，也是目前学术界研究最多、最热的问题，而其中的批量流水线调度问题又是许多实际生产调度问题的简化模型,具有广泛的工程背景,其研究具有重要的理论意义和实用价值,从而引起了诸多学者的高度关注。本书主要以批量流水线调度问题为研究对象,根据问题的特性,提出相应的求解方法。为了更清楚地理解批量流水线调度问题,下面从批量流水线调度问题单目标优化和多目标优化角度,分别给出相应的研究现状。

1.2.1 单目标批量流水线调度问题

1996年,Reiter[85]第一次提出了批量思想:将一个完整的工件,分割为若干小批量,每个小批量可按照一定的顺序独立加工,通过该方式可缩短生产周期,减少在制品的库存、中转存储空间、物料运输和相关成本等。因此,该思想提出后,很多专家对批量流水线调度问题进行了研究。1989年,Potts等[86]通过仿真实验,验证了小批量分割数量不同,对应调度问题的复杂度不同,此外,针对单个工件的批量调度,当所有机器上的批量大小相同时,得到了满意解。文献[87]给出了批量数目与最大完工时间指标成正比,也就是说,批量数目的增加,使得工件最终的完工时间也相应增加。Trietsch等[88]给出了不同类型的单个工件批量调度问题的重要特征,提出了批量分类机制和多台机器流水线之间的支配关系。

除了上述文献给出批量分割数目与问题目标函数间的关系外,很多学者对批量流水线调度问题的求解进行了研究。常见的算法有遗传算法(genetic algorithm,GA)、模拟退火(simulated annealing,SA)算法、和声搜索(harmony search,HS)算法、蚁群优化(ant colony optimization,ACO)算法、阈值接受(threshold accept,TA)算法、粒子群优化(particle swarm optimization,PSO)算法、离散人工蜂群(discrete artificial bee colony,DABC)算法和分布估计算法(estimation of distribution algorithm,EDA)等。

文献[89]提出了采用并行遗传算法,解决柔性批量流水线调度问题。首先,使用混合整数规划方法对问题进行建模;其次,采用并行遗传算法,求解最大完工时间。实验表明,并行操作在很大程度上提高了后继启发式算法的效率。Kim等[90]提出了一种自适应遗传算法,求解零等待柔性批量流水线调度问题,该算法采用基于工件位置的交叉操作和基于邻域的变异操作,并使用迭代爬山算法,调整算法的适应值,以产生后代。实验结果表明,Kim等所提算法比传统的GA更具有优越性。文献[91]提出了离散和声搜索(discrete harmony search,DHS)算法,优化批量流水线(LSFS)的最大完工时间,并嵌入局部搜索算法,以增强局部搜索能力。实验结果表明,文献[91]所提算法比现有的GA[80]、ACO算法、TA算法[92]更具有优越性。文献[81]利用HS的全局最优特性和阈值接受算法的局部最优性,平衡算法的全局和局部性能,求解以最大完工时间为目标的LSFS问题。文献[93]提出了三种混合PSO算法,解决基于交货期的批量流水线调度问题。文献[93]提出了最小位置(smallest position value,SPV)规则,将实数转化成合法工件序列。采用模拟退火算法的概率突变特性,避免PSO算法陷入局部最优。

潘玉霞等[94]提出了离散微粒群优化(discrete particle swarm optimization,DPSO)算法,该算法基于工件序列的编码方式,设计了新的粒子更新公式,融入了模拟退火算法,可直接求解批量流水线调度问题。桑红燕等[95]针对提前/推迟完工时间指标的批量流水线调度问题,提出了差分进化算法,该算法基于实数编码方式,利用最优目标个体的扰动产生个体,通过模拟退火算法,提高算法的局部搜索能力。对于相同的问题,潘玉霞等[96]利用两点交叉算子,设计了蛙跳算法,同样采用模拟退火接受准则和插入邻域搜索的方法,提高算法的局部搜索能力。上述文献中的小批量是等量分割的,针对小批量不等量分割,Defersha 等[97]采用数学规划模型,建立变批量流水线调度问题的数学模型,并采用混合遗传算法,求解上述优化模型。

人工蜂群算法是2005年提出的智能算法[98],该算法具有结构简单、鲁棒性强和收敛性好等优点,在函数优化和流水线调度问题中得到了成功的应用。文献[79]和文献[99]采用人工蜂群优化批量调度的最大完工时间。文献[100]提出了基于概率论的分布估计算法,求解有无空闲情况下的 LSFS 问题。其通过锦标赛选择法,从父代种群中选取若干个体,基于这些个体信息,建立概率模型,通过学习、采样,生成新个体。此外,为提高 EDA 的搜索性能,采用参考邻域搜索算法和加速算法,产生局部最优解。在仿真实验中,将所提 EDA 与 DABC、ACO、DPSO、SA 和 GA 比较,结果表明,EDA 的性能优于上述算法,并能有效地平衡全局优化和邻域搜索。

1.2.2 多目标批量流水线调度问题

调度问题的多目标性是同时优化多个调度目标,如最大流经时间、总流经时间、加权流经时间、平均流经时间、最大完成时间、平均完成时间、平均推迟完成时间、最大推迟完成时间、平均拖后时间、最大拖后时间、总拖后时间和拖后工件个数等。这些目标之间具有复杂的制约关系,有些情况下,目标之间的制约关系还随时间变化。因此,研究多目标调度具有广泛的现实意义[101]。目前,已有文献对多目标流水线调度问题的研究甚少,而对多目标批量流水线调度问题的研究更少。为了更详细、更深入地了解多目标批量流水线调度问题,本小节将已有的多目标流水线调度问题一并进行阐述。

求解多目标调度问题,一种方法是通过加权方式,将多目标转化为单目标。文献[102]按照分批策略,将批量调度分为等量分批、一致分批和可变分批。该文献作者采用基于两点交叉的遗传算法,解决等量分批的作业调度问题,权衡违约成本和生产成本，实验结果表明，文献[102]所提算法能有效优化上述两个指标。Tseng 等[93]采用离散的 PSO 算法，解决等量分批的多目标批量流水线调度问题。该算法优化带权重的提前完工时间和延迟时间(E/T 指标)。该文献首次提出了纯收益(net benefit of movement，NBM)算法，其思想是，将工件等量分配，求出工件的完工时间，若工件比给定的交货期提前完工，则通过向后移动小批量，推迟加工使目标函数值达到最优。文中将 NBM 算法嵌入 DPSO 算法中，实验表明，所提算法对于解决批量流水线调度的 E/T 指标有较高的效率。Marimuthu 等[92]采用 ACO 算法和 TA 算法，优化带启动时间的批量调度问题的最大完工时间和总流经时间。通过 12 个算例，验证了所提算法优于贝克算法和混合遗传算法。Tavakkoli-Moghaddam 等采用免疫算法求解 2 目标置换流水线调度问题，将最大完工时间和推迟时间通过权重函数，转化为单目标优化问题。Han 等[103]采用多目标 DABC 算法和 HS 算法，优化批量流水线调度问题的最大完工时间和总流经时间加权和。

另一种方法采用基于 Pareto 占优关系的 NSGA-II，求解多目标调度问题。目前，已有文献通常是改进算法的非支配排序方法或者加入局部搜索算法，求解多目标调度问题。例如，Li 等[46]考虑最大完工时间、机器总负载，以及关键机器负载等 3 目标柔性作业调度问题，基于 Pareto 占优关系，比较不同调度策略的性能，并采用 ABC 算法和禁忌搜索算法，寻找最优的调度策略集。Bandyopadhyay 等[104]采用改进的 NSGA-II，最小化并行机调度的最大完工时间、总拖延时间和变质成本等目标函数。实验结果表明，改进的 NSGA-II 优于基本的 NSGA-II。文献[105]建立了多目标柔性作业车间调度模型，提出当改进的 NSGA-II 出现个体等级和拥挤距离相等时，引入决策重要性指标，按照给定的优先级选择个体。

从上述研究成果可以看出，目前，多目标批量流水线调度问题的研究成果较少，而已有的多目标调度问题，大部分将多目标转为单目标进行求解。虽然降低了问题求解的难度，但每个目标的权重值如何确定，目前缺乏合理的方法；另外，已有的多目标算法在个体比较、排序、选择上进行了改进，而针对算法中关键的算子，如交叉和变异，并没有给出进一步的研究。传统的交叉、变异操作具有随机性、无目的性和无方向性，不能保证新生成的个体具有较高的质量，从而降低了搜索进度和收敛速度，影响了算法的效率。因此，进一步设计高效的算子，提高算法的收敛性是有必要的。

1.3 加工时间不确定调度问题研究现状

在企业实际调度中，常常存在多种不确定因素，如处理时间、传输时间、中间存储单元的存储量等不确定，生产设备的损坏、个人操作不当和用户需求改变等无法预料事件的发生等,这些不确定因素往往导致生产调度方案不能按照预定的目标正常执行。

对于处理不确定加工时间的调度问题,学者根据目标函数不确定性的表现形式,大致分为 3 种解决方法:随机优化方法、模糊优化方法,以及区间优化方法。

处理随机不确定的优化方法通过某一(某些)随机函数(指数函数、对数函数、正态分布函数、均匀分布函数等),将不确定因素事先确定。即首先将不确定数据或数学模型转为确定值,然后采用现有的智能优化方法求解。

针对单机随机加工时间的流水线调度问题,Wu 等[106]提出了单模式、双模式和混合模式下的 3 个约束模型,目的是找到一个 β-鲁棒解,以减小随机性对目标函数影响的程度。Ku 等[107]考虑了带随机加工时间的 2 台机器流水线调度问题,他将随机加工时间看作独立随机变量,给出了在一个工件序列中,相邻两个工件交换位置时,期望的最大完工时间随机性变小的一个充分条件。Horng 等[108]考虑了 8×8 的随机调度问题,通过 3 种已知的概率分布函数,得到相应的加工时间,采用随机方法,从搜索空间中得到 N 个较好的调度序列,并采用进化策略对这 N 个解继续进化,最终选择一个最好的调度策略,作为该问题的最优解。此外,为了提高算法的性能,Choi 等[109]提出了一个基于分解的混合进化优化方法,该方法利用最短加工时间准则和 GA,最小化随机柔性流水线调度问题的最大完工时间,实验结果验证了所提方法优于单一的 GA。

Rahmani 等[110]首先将不确定加工处理时间和新工件到来时间用均匀分布函数转化为确定的值,然后分别采用鲁棒优化方法和反应式调度方法获得鲁棒性和稳定性较好的调度方案。在柔性流水线调度问题中,工件在所有机器上的处理时间将遵循伽马分布,使得随机不确定处理时间转化为期望值,并采用基于分解的整体方法,最小化最大完工时间[111]。Ahmadizar 等[112]解决含有不确定加工时间和交货时间的随机组车间调度问题,将不确定最大完工时间转化为期望值,采用蚁群算法和启发式方法,求解转换后的确定性问题。

蒙特卡罗(Monte Carlo,MC)方法是另一种随机模拟不确定的分析方法,其结构简单,易于实现,能够真实地模拟实际物理过程,因此,得到了广泛的应用[113,114]。该方法的思想是:利用计算机随机函数产生随机数,求解某个随机变量的期望值,通过不断地模拟实验,将随机变量的平均值作为问题的近似解,其过程主要由构造概率分布函数、抽样和建立各种估计值等 3 部分组成。Juan 等[115]采用 MC 方法和迭代的局部搜索算法,求解带随机加工时间的置换流水线调度问题。首先,采用 MC 方法获得一些加工时间采样值;然后,利用这些值计算期望完工时间。实验表明,所提方法能有效地处理置换流水线调度问题的不确定因素。Gourgand 等[116]将每个工件在每台机器上的加工时间看作以指数分布的随机变量,建立了以期望最大完工时间为目标的离散数学模型,并采用基于 MC 方法的递归算法,求解上述期望函数,实验结果表明了该算法能够产生高质量的解。Hao 等[117]采用 EDA 最小化随机作业调度的平均期望完工时间,利用 MC 方法获得加工时间;然后,建立概率模型,通过学习采样产生新解。实验结果表明,利用概率模型有价值的信息,比传统的交叉、变异产生的新解,具有更好的收敛性和稳定性。

可以看出,上述随机方法能够将不确定问题转化为确定问题,尽管求解难度大大降低,但是加工时间的分布函数是未知的,不能获得精确的加工时间等不确定数据,使得转化后的期望值与真实值之间存在很大差异,从而很难准确地体现现实的生产需求。

随着模糊数学的发展,模糊理论被应用到很多领域,如水电站[118]、模糊逻辑系统[119]、机器人[120]和语言模糊系统识别器[121]等,形成了不确定问题的一个重要分支,并成功应用于求解含有不确定因素的调度问题中。将各种不确定参数按模糊数处理,把不确定条件下的调度问题转化为模糊调度问题,更加符合生产实际。Mohanaselvi 等[122]基于模糊思想和每个模糊函数的负理想点和模糊排序关系,求解模糊多目标线性规划问题。通过此方法,决策者可以灵活地选择一个改进的模糊 Pareto 最优解。Yeh 等[123]将平行机调度中不确定的工件加工时间看作一个模糊数,采用模拟退火算法和遗传算法,最小化不确定调度问题的最大完工时间。在作业调度问题中,Niu 等[124]用三角模糊数,处理加工时间的不确定性,基于模糊数排序,比较个体大小,采用粒子群与遗传算法的混合优化方法,最小化最大完工时间和不确定环境下最大完工时间的差值。在比较两个梯形模糊数(a,b)的目标函数值时,将 a 大于 b 的概率与 b 大于 a 的概率加权求和,作为两个模糊数排序方法,并结合改进的遗传算法,优化模糊流水线调度问题的提前完工时间和推迟完工时间的加权和[125]。

可以看出,上述研究针对调度中的不确定问题,设计了模糊数的隶属函数,为模糊不确定调度的研究奠定了基础。但是,确定代表加工时间的模糊数,至今没有有效的方法。

区间不确定优化方法通过较少的信息获得不确定参数的上下界,利用上下界构成的区间描述变量的不确定性。区间既可以表示目标函数,也可以表示约束条件,利用区间方法,将含有区间不确定的参数进行简化。在实际的生产过程中,加工时间的上下界较容易获得,因此,通过利用上下界的信息,模拟不确定加工时间是可行的。Sotskov 等[126]基于最小支配集理论,求解以总流经时间为指标的不确定环境下的调度问题。对于每一个工件加工时间的实现,最小支配集中至少包含一个最优调度方案。针对线性区间约束问题,Xue 等[127]将不确定不等式约束转化为确定性不等式约束,利用最短和最长加工时间优先准则最小化总成本。

Yoshida 启发式算法[128]最初用来求解确定的调度问题,对于不确定问题,该算法不再适用。鉴于此,文献[129]基于 Yoshida 启发式算法,提出了 11 种启发式算法,求解带区间加工时间的 2 机器流水线调度问题。文中基于区间加工时间的上下界,通过加权函数,将区间加工时间转化为一个确定的值;然后,基于最短加工时间原则,提出了上述 11 种启发式算法。Aydilek 等[130]同样利用加权函数,将区间调度问题转化为确定的流水线调度问题;然后,提出了多项式启发式算法,求解转化后的优化问题。实验结果表明,当上下界权重值相等时,该启发式算法表现出较好的优越性。除上述区间转化方法外,Matsveichuk 等[131]从数学的角度,利用占优关系图,提出了一个最小化占优集。

容易理解,在生产过程中,尽管不确定加工时间的分布函数很难准确给出,但是,加工时间的上下界信息可以很容易获取。因此,可利用区间上下界描述不确定信息,从而获得确定的加工时间。此外,由上述文献可知,在区间调度问题的转化过程中仅考虑了区间大小,未考虑区间的不确定指标,该指标对于反映区间调度问题的不确定度,起到关键的作用。因此,在求解区间调度问题时,需同时考虑目标函数的大小和不确定度。

尽管上述方法已成功应用于加工时间不确定的流水线调度问题和函数优化问题,但是,目前尚未检索到相关文献求解多目标区间批量流水线调度问题。由于多目标区间调度问题的研究刚刚起步,还有很多未知的问题值得探索,因此,有必要及早对其进行研究。

1.4 带机器故障调度问题研究现状

上述给出了加工时间不确定的流水线调度问题的研究现状,本节针对带机器故障的不确定流水线调度问题进行阐述。

机器设备是企业正常生产经营的物质基础,如果机器在加工过程中发生失效或者故障,将会增加企业的生产成本,造成生产线上在制品的质量降低或者报废,影响企业的生产效率,因此,应设计合理的调度计划,尽可能地降低故障带来的影响。一般机器故障大致分为两种情况[132]。

情况 1:机器在加工第一个工件时开始运作,在整个生产期的任意时刻(机器空闲或者机器忙碌时),都可能发生故障(图 1.9 中 A 点和 B 点);

情况 2:机器只在加工时才运作,即故障只可能发生在正在加工工件时,且机器发生故障与加工磨损时间是密切相关的。也就是说,机器在不运作时不会被磨损(图 1.9 中 B 点)。

针对情况 1,当机器在空闲内发生故障,并在此期间修复好故障时,此故障对生产周期不产生任何影响,只需尽量使故障发生在机器空闲段内即可。针对情况 1,很多学者在机器上插入空闲段,减少故障对性能指标的影响。但存在的不足之

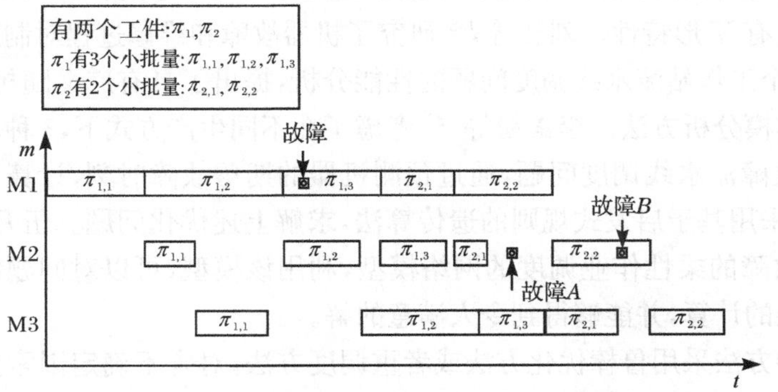

图 1.9　带机器故障的批量流水线调度问题的甘特图

处是:在何处插入空闲段?插入多长的空闲段?这些是无法确定的。此外,从现实角度出发,机器在空闲状态下很少发生磨损,因此,发生故障的概率非常小;而机器运行时,磨损的次数较多,因此,情况 2 发生故障的概率比较大。

当机器故障时,原有调度序列可能不再是最优,需要对原调度序列进行修正或者产生新的调度策略。针对带机器故障的调度问题,一种处理方法是,将不确定问题转化为确定问题,建立鲁棒性优化模型,对已有求解确定问题的方法进行优化;另一种处理方法是,改进已有的优化方法,基于重调度策略,直接处理不确定因素。

上述第一种方法通过鲁棒性能指标,引导优化方法产生鲁棒解,降低不确定因素对完工时间等目标函数影响的程度。目前,常用的鲁棒性能指标有基于场景鲁棒测度和基于松弛度的鲁棒指标。上述两种鲁棒指标都是基于调度的结构特性提出的,并未考虑不确定因素带来的有价值信息。因此,Xiong 等[133]充分利用机器故障的位置信息和机器故障发生概率的信息,分别建立了 2 个新的鲁棒指标;然后,采用基于知识启发式搜索方法,优化最大完工时间和新的鲁棒指标。实验结果表明,所提的鲁棒指标在处理不同规模的机器故障调度问题时,能够减小机器故障对完工时间带来的影响。Alcaide 等[134]通过分析机器故障修复的时间,给出机器可用区间,将原随机机器故障流水线调度问题,转化为多个无故障子问题,文中通过 10 个工件 2 台机器的例子,验证了所提模型能够得到期望完工时间。Allahverdi 等[135]对 2 台机器的流水线调度问题进行扩充,建立了随机机器故障环境下的最小化完工时间的占优关系,并给出了 Jonhnson 算法的适用条件。

Jia[136]采用广义泊松过程,刻画随机机器故障过程,以工件最大完工时间期望方差值作为优化目标,推导出了目标函数等价的确定形式,并给出了工件加工时间相同时,该问题的最优解。王黎明[137]针对单机故障问题,给出了最优调度相应的权重与加工时间的关系，当加工时间服从指数分布、计数过程服从泊松分布时，两者的比具有 V 形特性。刘昶等[138]研究了机器故障和维修过程对制造过程的影响，根据两个工作站流水线调度问题的性能分析，提出了具有广义随机 Petri 网的制造过程建模分析方法。李素粉等[132]考虑了在不同生产方式下，3 种不同情况的随机机器故障流水线调度问题，通过预测机器的期望故障时刻，计算每个工件的完工时间，采用基于启发式规则的遗传算法，求解上述优化问题。伍乃骐等[139]建立了机器故障的柔性作业调度的网络模型，利用该模型，可以对问题解析求解而不需要复杂的计算，并能够得到令人满意的解。

第二种方法采用鲁棒优化方法或者重调度方法，对含不确定因素的数学模型进行优化。Rahmani 等[110]针对不确定加工时间和新工件到来，采用鲁棒优化方法和反应式调度方法，获得稳定性和鲁棒性较好的调度方案。首先，采用鲁棒优化方法产生一个鲁棒解，克服不确定加工时间带来的影响；然后，采用反应式调度方法，处理新工件突然到来这一事件。Wang 等[140]采用基于分解的方法，优化带机器故障的柔性流水线调度问题。文中基于机器分配算法和权重聚类指标，提出了邻域 K 均值聚类方法，将机器分成若干机器聚类，并基于最短加工时间规则，将工件分配到相应的机器聚类中。Liao 等[141]认为减少机器故障发生率比缩短最大完工时间更重要。这是因为，通过计算机程序可在允许的时间内，得到一个可行调度序列。文中针对连续加工过程中出现的机器故障调度问题，提出了一个启发式方法，即给一个较长的机器开启时间或者机器空闲时间，通过此方式，减少了机器故障的发生率。文中通过与分支定界法比较，验证了所提方法能够处理机器故障问题。

针对随机故障环境下，带启动时间的混合流水线调度问题，Zandieh 等[142]采用免疫算法优化期望完工时间。该算法包含两部分：一是基于免疫反应的克隆选择原则和亲和性成熟机制的计算方法，用于优化一个调度序列；二是基于模拟算法模拟机器故障情况。Gholami 等[143]采用遗传和模拟算法，解决上述同样问题。Akturk 等[144]针对机器故障问题，对初始化调度策略进行重调度，与原调度在某一部分的调度序列匹配。文中通过一个反馈机制，提高调度策略的质量和稳定性，将所提算法与交替的反应式调度方法对比，验证了所提算法的有效性。Lei[145]针对作业调度中的机器故障，提出了一个离散事件驱动解码方法，产生一个调度序列，实验结果表明所提算法优于模拟退火算法和粒子群算法。李铁克等[146]采用重调度前后调度方案在时间安排和机器指派上的一致性度量方法，以及满足的动态约束角度，建立了混合流水线机器故障调度问题的数学模型，并针对该问题模型，提出了基于局部修复的重调度算法。丁帅等[147]同样针对上述问题中的机器故障事件，建立了重调度模型，采用自适应遗传算法对其进行优化。

尹文君等[148]研究了随机故障环境下的单机鲁棒调度优化方法，利用插入空闲时段的方法，减少了随机故障带来的扰动，并提出了基于双子树结构编码的鲁棒调度启发式方法。李巧云等[149]通过一定的概率分布模型，对机器故障进行预测，预测性度量函数为实际调度与预测调度的最大完工时间的绝对偏离加权和，采用插入时间冗余的方法，使初始调度方案具有一定的抗干扰能力。

上述方法仅考虑了不确定环境下的单目标流水线调度问题，对于不确定多目标调度问题的研究非常少。此外，针对不确定调度问题，重调度是一种有效的方法。这是因为，该方法是对当前调度策略的一个局部调整，在节省调度时间的同时，也在一定程度上保证了系统的稳定性。因此，基于重调度策略的混合智能优化方法，是一个全新的研究内容。及早进行深入的研究，是非常必要的。

1.5 基本ABC算法和NSGA-II

如前所述，ABC算法在求解单目标流水线调度问题时，表现了较高的优越性，然而，对于求解多目标流水线调度问题的研究非常少。当ABC算法求解单目标和多目标优化问题时，在算子设计上存在一些不足：①雇佣蜂和观察蜂阶段产生个体方式一样，造成种群多样性降低；②已有的ABC算法未针对多目标特性设计相应的算子，以产生高质量的解。因此，后续方法将分别从上述两方面对已有方法进行改进。为了详细深入地了解ABC算法，1.5.1小节详细阐述基本ABC算法。

NSGA-II是目前最优越的多目标进化优化算法之一，相应的文献在进化多目标优化领域被引用的次数也最多。然而，采用该算法求解多目标流水线调度问题的文献较少，并且NSGA-II最初用来求解连续的函数优化问题，而针对离散的组合调度问题，该算法不管在编码方式，还是算子设计上，都需要针对问题的特性，设计相应的改进策略。因此，后续方法在NSGA-II的框架下，求解不同环境下的多目标批量流水线调度问题。为了更详细地了解NSGA-II，1.5.2小节将详细介绍NSGA-II。

1.5.1 基本ABC算法

基本ABC算法模拟了雇佣蜂、观察蜂和侦察蜂的采蜜过程，与其他群体智能方法一样，是一个迭代的过程。首先，随机初始化一个种群，种群中每一个个体代表一个食物源或者一个解；然后，这些食物源通过3种蜂群不断更新。其中，雇佣蜂基于当前种群中任意2个食物源的信息，产生新的食物源，并通过目标函数更新准则，更新当前食物源。观察蜂共享雇佣蜂的所有食物源，计算这些食物源的适应值，并选择适应值比例最大的食物源，对其采用雇佣蜂相同的方法，产生新的食物源。在整个搜索过程中，存在一直未更新的食物源，此时，侦察蜂采用随机方法，产生新食物源将其代替。通过上述过程的不断迭代，记录最好的食物源。算法1.1给出了基本 ABC 算法的具体过程。

算法 1.1　基本 ABC 算法

procedure ABC(PS, n, k)
input: 算法参数(种群规模 PS，工件个数 n)
output: 最好的解
begin
　步骤 1:初始化种群. $x_i=(x_i(1), x_i(2), \cdots, x_i(n))$为种群中第 i 个解，$x_i(j)$为第 i 个解的第 j 分量.
　　for $i=1$ **to** PS
　　　for $j=1$ **to** n
　　　　$x_i(j)=\mathrm{LB}_j+(\mathrm{UB}_j-\mathrm{LB}_j)\times \mathrm{rand}()$
　　　end for
　　end for
　步骤 2:雇佣蜂产生新解.
　　for $i=1$ **to** PS
　　　for $j=1$ **to** n
　　　　$x_{\mathrm{new}}(j)=x_i(j)+(x_i(j)-x_k(j))\times r,\quad k,i=1,2,\cdots,\mathrm{PS}$ 且 $k\neq i, r\in[-1,1]$
　　　end for
　　end for
　　评价新解 x_{new}. 根据更新准则更新所选择的解，即如果 x_{new}优于当前解 x_i，则将 x_{new} 赋值给 x_i.
　步骤 3:观察蜂共享雇佣蜂产生的解，通过下式计算每个解的适应值所占的比率. 选择比值最大的解，执行与步骤 2 相同的产生新解的方法，然后根据更新准则更新所选择的解.

$$w_i=\frac{f_i}{\sum_{i=1}^{\mathrm{PS}} f_i},\quad i=1,2,\cdots,\mathrm{PS}$$

　步骤 4:搜索整个种群，寻找种群中一直未更新的解，然后侦察蜂对这些未更新的解，采用步骤 1 方法，重新赋值.
　如果终止条件不满足，则执行步骤 2，否则结束算法.
end

算法 1.1 中，n 维的实数解 x_i 代表第 i 个食物源；LB_j 和 UB_j 是第 i 个解的第 j 个分量的下界值和上界值，函数 rand()产生取值为 0～1 的随机数，f_i 为种群中第 i 个解的适应值，w_i 为第 i 个解的适应值所占的比例。

1.5.2 NSGA-II

多目标优化问题也称为多准则优化问题。本书考虑多目标调度最小化问题，数学描述如下[150]：

$$\begin{aligned} &\min f(\pi) = (f_1(\pi), f_2(\pi), \cdots, f_m(\pi)) \\ &\text{s.t.} \quad \pi \in \Pi \end{aligned} \tag{1.1}$$

式中，$\pi=(\pi(1),\pi(2),\cdots,\pi(n))$为$n$维决策变量；$\Pi$为$\pi$所有的工件排序序列集合；$m$为目标函数的个数。

多目标优化问题的特点是m个目标需要同时优化，并且这些目标之间相互冲突，即，当最小化一个目标时，至少存在一个目标，其目标函数不是最小的。因此，对于一个多目标优化问题，不存在一个解，能够使所有目标函数都最小（最大）。针对式(1.1)描述的多目标优化问题，以下给出几个重要的基本概念[150]。

考虑问题(1.1)的任意两个调度序列$\pi_1,\pi_2\in\Pi$，且$\pi_1\neq\pi_2$。

(1) 如果对于$\forall k\in\{1,2,\cdots,m\}$，有$f_k(\pi_1)\leqslant f_k(\pi_2)$，且$\exists k'\in\{1,2,\cdots,m\}$，使得$f_{k'}(\pi_1)<f_{k'}(\pi_2)$，则$\pi_1$占优$\pi_2$，记为$\pi_1\succ\pi_2$。

(2) 如果$\exists k\in\{1,2,\cdots,m\}$，使得$f_k(\pi_1)\leqslant f_k(\pi_2)$，且$\exists k'\in\{1,2,\cdots,m\}$，使得$f_{k'}(\pi_1)\geqslant f_{k'}(\pi_2)$，则$\pi_1$与$\pi_2$互不占优，记为$\pi_1\parallel\pi_2$。

(3) 如果$\pi^*\in\Pi$，不存在$\pi'\in\Pi$，使得$\pi'\succ\pi^*$，则π^*为Pareto最优解。所有Pareto最优解构成的集合，称为Pareto最优解集，记为U^*。

(4) Pareto最优解集在目标空间中形成的曲面，称为Pareto前沿面。

Deb[151]于1993年提出了NSGA，该算法基于非支配排序和拥挤距离的偏序关系选择个体，并将选出的个体进行交叉变异，以产生较好的子代个体。该算法存在两部分的时间开销：非支配解的排序和个体拥挤距离的计算。为了降低时间复杂度，Deb等[152]提出了基于快速排序的NSGA-II，在非支配解构造策略和解集分布性策略上做了改进，解决了算法存在的时间复杂度高、缺乏个体精英保留机制、分布性差等不足，引起了诸多学者的关注，并成功应用于电信客户流失预测[153]、规划[154]、经济与排放调度[155]、石油燃气设备积垢预测[156]、空化器形状优化[157]和流水线调度[101]等问题。

图1.10和算法1.2分别给出了NSGA-II的流程和伪代码[150]。算法1.2中，非支配排序过程在算法1.3[150]中给出，拥挤距离的计算在算法1.4[150]中给出。

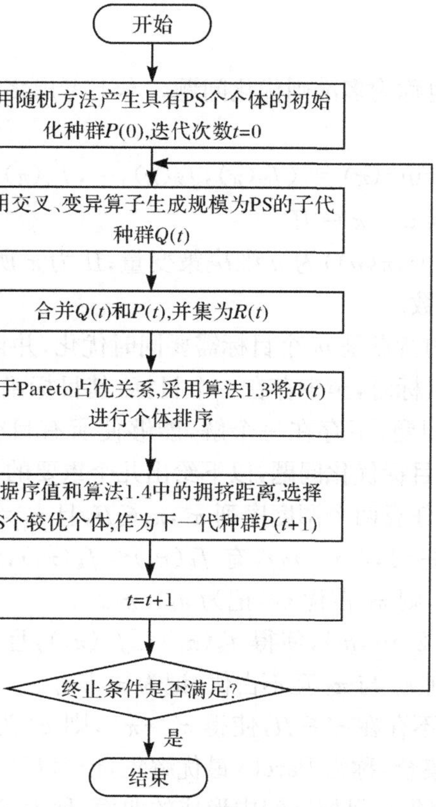

图 1.10　NSGA-II 的流程

算法 1.2　NSGA-II

```
procedure mainprocedure(N, T, pc, pm)
input:算法参数(种群规模 N, 最大进化代数 T, 交叉概率 pc, 变异概率 pm)
output:收敛性且分布均匀的近似 Pareto 最优解集
  begin
    t=1;
    初始化种群 P(t);
    while(t<T)do
      Q(t)←make-new-pop(P(t));            %采用选择、交叉和变异操作生成子代种群
      R(t)←P(t)∪Q(t);                     %合并父代种群和子代种群
      F←fast-non-dominated-sort(R(t));     %F=(F1,F2,…),R(t)的所有前沿
      P(t+1)←∅; i←1;
      repeat
       crowding-distance(Fi);              % 计算Fi中的拥挤距离
```

续表

```
            P(t+1)←P(t+1)∪F_i;                    % 下一代种群中包含第 i 层前沿
              i←i+1;
        until (|P(t+1)|+|F_i|≤N)                  % 选择个体到 P(t+1),直至填满
        Sort(F_i, ≻_n);
        P(t+1)←P(t+1)∪F_i[1:(N-|P(t+1)|)];       % 选择F_i中的前 N-|P(t+1)|元素
        t←t+1;
    end
end
```

算法 1.3 非被占优解排序

```
procedure: fast-non-dominated-sort(P)
input: 种群 P
output: 非被占优解排序后的种群 P
begin
    for all p∈P do
        S_p←∅;
         n_p←0;
         for all q∈P do
            if p≻q then               % 如果 p 占优 q
               S_p←S_p∪{q};           % 将 q 添加到被 p 占优的解集中
            else if q≻p then
                n_p←n_p+1;            % 将占优 p 的个体数加 1
            end if
         end for
      if  n_p=0 then                  % p 属于第一层
            rank(p)←1;
         F_1←∅;
            F_1←F_1∪{p};
      end if
    end for
    i←1;                              % 初始化层数
    while F_1≠∅
      Q←∅;                            % 用来存储下一层中的元素
      for all p∈F_1
         for all q∈S_p
```

续表

```
        n_q←n_q−1;
        if n_q=0 then          % q 属于下一层
          rank(q)←i+1;
            Q←Q∪{q};
        end if
      end for
    end for
  end while
  i←i+1;
  F_i←Q;
end
```

算法 1.4　拥挤距离赋值[150]

```
procedure:crowding-distance(I)
input: 具有相同序值的集合 I
output: 具有个体适应值的集合 I
begin
  l←|I|;                                          % I 中解的个数
  for i=1 to l do
      distance(I[i])←0;                           % 初始化距离
  end for
  for j=1 to m do
      I←sort(I,j);                                % 用每一个目标值排序
      distance(I[1])←∞;distance(I[l])←∞; % 边界点总是被选择
      for i=2 to (l−1)do
      distance(I[i])←distance(I[i])+(I[i+1].m−I[i−1].m)/(f_m^max−f_m^min);
      end for
  end for
end
```

1.6　本书主要内容

从总体上讲，本书主要包含五部分内容，这些内容以批量流水线调度问题为研究对象，根据不同的研究目标，由浅入深、从易到难、层层深入，研究内容环环相扣、相辅相成。

具体地讲,本书后续章节的内容安排如下。

第 2 章阐述阻塞流水线调度问题的进化求解。首先,介绍问题的研究背景;其次,给出阻塞流水线调度问题的数学模型;再次,描述基于差分进化的离散人工蜂群算法;最后,将所提算法与已有算法进行比较,验证所提算法具有非常好的收敛性,能够很好地平衡全局探测和局部开发能力。

第 3 章阐述多目标批量流水线调度问题的进化求解。首先,介绍问题的研究背景。其次,构建多目标批量流水线调度问题的数模型。再次,描述改进的 NSGA-II,该算法主要体现三方面:①基于 NEH 启发式算法产生多个性能优越的初始解,显著提高初始种群质量;②将概率分布估计算法替代 NSGA-II 中的传统交叉算子,利用非支配解信息产生高质量的子代个体;③提出一种重启策略,大大提高种群多样性。最后,通过批量流水线调度问题的 24 个算例,验证所提算法的有效性。

第 4 章阐述多目标阻塞批量流水线调度问题的进化求解。该章同时考虑第 2 章的阻塞约束和第 3 章的多目标特性,研究多目标阻塞批量流水线调度问题。首先,介绍问题的研究背景;其次,建立多目标阻塞批量流水线调度问题的数学模型;再次,利用 ABC 算法较强的收敛性和 NSGA-II 较好的个体精英保留机制,提出 HDABC 算法,求解上述调度问题;最后,通过批量流水线调度问题的 24 个算例,验证所提算法的有效性。

第 5 章阐述多目标区间阻塞批量流水线调度问题的进化求解。该章在第 4 章的基础上,考虑加工时间为区间的不确定因素,研究多目标区间阻塞批量流水线调度问题。首先,提出研究背景;其次,采用基于区间的中点和半径的问题转化方法,将多目标区间阻塞批量流水线调度问题,转化为传统多目标优化问题,并且动态调整权重参数;再次,提出改进差分算子,增强算法的全局探测能力;提出基于理想点选择的局部搜索方法,提高算法的局部开发能力;最后,通过仿真实验,验证所提转化算法的可行性和有效性。

第 6 章阐述带机器故障多目标阻塞批量流水线调度问题的进化求解。该章在第 5 章的基础上,考虑机器故障不确定因素,研究带机器故障多目标阻塞批量流水线调度问题。首先,介绍研究背景。其次,基于不确定调度准则,建立带机器故障的多目标批量流水线调度问题的数学模型。再次,基于 NSGA-II 的框架,提出两种针对该问题的改进进化算子:①充分利用已有的非被占优调度策略提供的信息,设计交叉算子;②设计合理的重调度策略。最后,通过仿真实验,验证所提转化算法的可行性和有效性。

第 7 章阐述多目标有限缓冲区批量流水线调度实例。上述几章对批量流水线调度问题的优化理论与方法进行系统的研究,第 7 章考虑批量流水线调度问题的应用实例。根据太阳能电池组件生产过程,分析实际存在的批量流水线调度问题，并将所得理论成果应用于实际太阳能电池组件生产中。首先，给出应用背景简介；然后，建立太阳能电池组件生产流程的数学模型；最后，采用第 3 章和第 4 章的方法求解上述问题，给出仿真实验分析。

第 8 章阐述结论。总结本书的研究成果，并指出需进一步研究的问题。

1.7 本章小结

本章主要介绍与单（多）目标批量流水线调度问题相关的基本知识，使得读者了解该问题的特点、基本概念和求解该问题的方法。

基于本章知识，本书后续章节将主要围绕阻塞流水线调度问题、多目标批量流水线调度问题、考虑加工时间不确定和机器故障的多目标阻塞批量流水线调度问题，阐述上述问题的模型构建以及求解上述问题的进化优化方法，并给出最新研究成果。最后，以太阳能电池组件生产为研究对象，将上述提到的方法应用到该问题中，验证所提算法的可行性和有效性。

参考文献

[1] Pinedo M. 调度：原理、算法和系统[M]. 张智海，译. 北京：清华大学出版社，2007.

[2] 王凌. 车间调度及其遗传算法[M]. 北京：清华大学出版社，2003.

[3] 王万良，吴启迪. 生产调度智能算法及其应用[M]. 北京：科学出版社，2007.

[4] Abdul-Razaq T S, Potts C N, van Wassenhove L N. A survey of algorithms for the single machine total weighted tardiness scheduling problem[J]. Discrete Applied Mathematics, 1990, 26(2): 235-253.

[5] Tasgetiren M F, Pan Q K, Liang Y C. A discrete differential evolution algorithm for the single machine total weighted tardiness problem with sequence dependent setup times[J]. Computers & Operations Research, 2009, 36(6): 1900-1915.

[6] Kır S, Yazgan H R. A sequence dependent single machine scheduling problem with fuzzy axiomatic design for the penalty costs[J]. Computers & Industrial Engineering, 2016, 92: 95-104.

[7] Tasgetiren M F, Pan Q K, Suganthan P N, et al. Metaheuristics for common due date total earliness and tardiness single machine scheduling problem[A]//Chakraborty U K. Computational Intelligence in Flow Shop and Job Shop Scheduling [M]. Berlin: Springer, 2009: 301-340.

[8] Nie L, Shao X Y, Gao L, et al. Evolving scheduling rules with gene expression programming for dynamic single-machine scheduling problems[J]. The International Journal of Advanced Manufacturing Technology, 2010, 50(5-8): 729-747.

[9] Dimopoulos C, Zalzala A M S. Investigating the use of genetic programming for a classic one-machine scheduling problem[J]. Advances in Engineering Software, 2001, 32(6): 489-498.

[10] Nawaz M, Enscore E E, Ham I. A heuristic algorithm for the m-machine, n-job flow-shop sequencing problem[J]. OMEGA-International Journal of Management Science, 1983, 11(1): 91-95.

[11] Wang L, Zheng D Z. An effective hybrid heuristic for flow shop scheduling[J]. International Journal of Advanced Manufacturing Technology, 2003, 21: 38-44.

[12] Ruiz R, Maroto C A. Comprehensive review and evaluation of permutation flow shop heuristics[J]. European Journal of Operational Research, 2005, 165: 479-494.

[13] Kalczynski P J, Kamburowski J. A heuristic for minimizing the makespan in no-idle permutation flow shops[J]. Computer & Industrial Engineering, 2005, 49(1): 146-154.

[14] 王凌,刘波.微粒群优化与调度算法[M].北京:清华大学出版社,2008.

[15] Han Y Y, Gong D W. A discrete artificial bee colony algorithm incorporating differential evolution for flow shop scheduling problem with blocking[J]. Engineering Optimization, 2015, 47(7): 927-946.

[16] Bonney M, Gundry S. Solutions to the constrained flowshop sequencing problem[J]. Operational Research Quarterly, 1976, 27(4): 869-883.

[17] Dannenbring D G. An evaluation of flow shop sequencing heuristics[J]. Management Science, 1977, 23(11): 1174-1182.

[18] Ben-Daya M, Al-Fawzan M. A tabu search approach for the flow shop scheduling problem [J]. European Journal of Operational Research, 1998, 109(1): 88-95.

[19] Taillard E. Some effective heuristic methods for the flowshop sequencing problem[J]. European Journal of Operational Research, 1990, 47: 67-74.

[20] Kalczynski P J, Kamburowski J. On the NEH heuristic for minimizing the makespan in permutation flowshops[J]. OMEGA-International Journal of Management Science, 2007, 35: 53-60.

[21] Kalczynski P J, Kamburowski J. An improved NEH heuristic to minimize makespan in permutation flow shops[J]. Computers & Operations Research, 2008, 35(9): 3001-3008.

[22] Dong X Y, Huang H K, Chen P. An improved NEH-based heuristic for the permutation flowshop problem[J]. Computers & Operations Research, 2008, 35(12): 3962-3968.

[23] Farahmand R S, Ruiz R, Boroojerdian N. New high performing heuristics for minimizing makespan in permutation flowshops[J]. OMEGA-International Journal of Management Science, 2009, 37: 331-345.

[24] Han Y Y, Liang J, Pan Q K, et al. Effective hybrid discrete artificial bee colony algorithms for the total flow time minimization in the blocking flow shop problem[J]. International Journal of Advanced Manufacturing Technology, 2013, 67: 397-414.

[25] 潘全科,王凌,赵保华.解决零空闲流水车间调度问题的离散粒子群算法[J].控制与决策,2008,23(2):190-194.

[26] Leisten R, Rajendran C. Variability of completion time differences in permutation flowshop scheduling[J]. Computers & Operations Research, 2015, 54: 155-167.

[27] Lei D. Variable neighborhood search for two-agent flow shop scheduling problem[J]. Computers & Industrial Engineering, 2015, 80: 125-131.

[28] Shen J N, Wang L, Wang S Y. A bi-population EDA for solving the no-idle permutation flow-shop scheduling problem with the total tardiness criterion[J]. Knowledge-Based Systems, 2015, 74: 167-175.

[29] Lin Q, Gao L, Li X Y, et al. A Hybrid backtracking search algorithm for permutation flow-shop scheduling problem[J]. Computers & Industrial Engineering, 2015, 85: 437-446.

[30] Bruker P, Schlie R. Job-shop scheduling with multi-purpose machines[J]. Computing, 1990, 45(4): 369-375.

[31] Brucker P, Jurisch B, Sievers B. A branch and bound algorithm for the job-shop scheduling problem[J]. Discrete Applied Mathematics, 1994, 49(1): 107-127.

[32] Saidi-Mehrabad M, Fattahi P. Flexible job shop scheduling with tabu search algorithms[J]. International Journal of Advanced Manufacturing Technology, 2007, 32: 563-570.

[33] Applegate D, Cook W. A computational study of the job-shop scheduling problem[J]. ORSA Journal on Computing, 1991, 3(2): 149-156.

[34] Pezzella F, Morganti G, Ciaschetti G. A genetic algorithm for the Flexible Job-shop Scheduling Problem[J]. Computers & Operations Research, 2008, 35: 3202-3212.

[35] 李俊青, 潘全科, 王玉亭. 多目标柔性车间调度的 Pareto 混合禁忌搜索算法[J]. 计算机集成制造系统, 2010, 16(7): 1419-1426.

[36] 袁坤, 朱剑英. 一种求解多目标柔性 Job Shop 调度的改进遗传算法[J]. 中国机械工程, 2007, 18(2): 156-160.

[37] Liu H B, Abraham A, Grosan C. A novel variable neighborhood particle swarm optimization for multi-objective flexible job-shop scheduling problems[C]. Proceedings of the second IEEE International Conference on Digital Information Management, Lyon, 2007: 138-145.

[38] Davis L. Job shop scheduling with genetic algorithms[C]. Proceedings of an International Conference on Genetic Algorithms and Their Applications, Pittsburghers, 1985: 140-143.

[39] Ho N B, Tay J C. An efficient cultural algorithm for solving the flexible job-shop problem [C]. Proceedings of the IEEE Congress on Evolutionary Computation, Piscataway, 2004: 1759-1766.

[40] Ho N B, Tay J C, Lai E M K. An effective architecture for learning and evolving flexible job-shop schedules[J]. European Journal of Operations Research, 2007, 179(2): 316-333.

[41] 余建军, 孙树栋, 郝京辉. 免疫算法求解多目标柔性作业车间调度研究[J]. 计算机集成制造系统, 2006, 12(10): 1643-1650.

[42] Xing L N, Chen Y W, Yang K W. An efficient search method for multi-objective flexible job shop scheduling problems[J]. Journal of Intelligent Manufacturing, 2009, 20: 283-293.

[43] Xia W J, Wu Z M. An effective hybrid optimization approach for multi-objective flexible job-shop scheduling problems[J]. Computers & Industrial Engineering, 2005, 48(2): 409-425.

[44] Hurink E, Jurisch B, Thole M. Tabu search for the job shop scheduling problem with multi-

purpose machines[J]. Operations Research Spektrum, 1994, 15: 205-215.

[45] Mastrolilli M, Gambardella L M. Effective neighborhood functions for the flexible job shop problem[J]. Journal of Scheduling, 2002, 3(1): 3-20.

[46] Li J Q, Pan Q K, Liang Y C. An effective hybrid tabu search algorithm for multi-objective flexible job shop scheduling problems[J]. Computers & Industrial Engineering, 2010, 59(4): 647-662.

[47] Li J Q, Pan Q K, Suganthan P N, et al. A hybrid tabu search algorithm with an efficient neighborhood structure for the flexible job shop scheduling problem[J]. International Journal of Advanced Manufacturing Technology, 2011, 52(5-8): 683-697.

[48] Anand E, Panneerselvam R. Literature review of open shop scheduling problems[J]. Intelligent Information Management, 2015, 7(1): 33.

[49] Baysal M E, Durmaz T, Sarucan A, et al. To solve the open shop scheduling problems with the parallel kangaroo algorithm[J]. Journal of the Faculty of Engineering and Architecture of Gazi University, 2012, 27(4): 855-864.

[50] Noori-Darvish S, Mahdavi I, Mahdavi-Amiri N. A bi-objective possibilistic programming model for open shop scheduling problems with sequence-dependent setup times, fuzzy processing times, and fuzzy due dates[J]. Applied Soft Computing, 2012, 12(4): 1399-1416.

[51] Gandhi R, Halldórsson M M, Kortsarz G, et al. Corrigendum: Improved results for data migration and open shop scheduling[J]. ACM Transactions on Algorithms (TALG), 2013, 9(4): 34-43.

[52] Naderi B, Zandieh M, Yazdani M. Polynomial time approximation algorithms for proportionate open-shop scheduling[J]. International Transactions in Operational Research, 2014, 21(6): 1031-1044.

[53] Chen Y, Zhang A, Chen G T, et al. Approximation algorithms for parallel open shop scheduling[J]. Information Processing Letters, 2013, 113(7): 220-224.

[54] Ahmadizar F, Farahani M H. A novel hybrid genetic algorithm for the open shop scheduling problem[J]. The International Journal of Advanced Manufacturing Technology, 2012, 62(5-8): 775-787.

[55] Torabi S A, Sahebjamnia N, Mansouri S A, et al. A particle swarm optimization for a fuzzy multi-objective unrelated parallel machines scheduling problem[J]. Applied Soft Computing, 2013, 13(12): 4750-4762.

[56] Fanjul-Peyro L, Ruiz R. Size-reduction heuristics for the unrelated parallel machines scheduling problem[J]. Computers & Operations Research, 2011, 38(1): 301-309.

[57] Wang J J, Wang J B, Liu F. Parallel machines scheduling with a deteriorating maintenance activity[J]. Journal of the Operational Research Society, 2011, 62(10): 1898-1902.

[58] Kim M Y, Lee Y H. MIP models and hybrid algorithm for minimizing the makespan of parallel machines scheduling problem with a single server[J]. Computers & Operations Research, 2012, 39(11): 2457-2468.

[59] Wang X, Cheng T C E. A heuristic for scheduling jobs on two identical parallel machines with a machine availability constraint[J]. International Journal of Production Economics, 2015, 161: 74-82.

[60] von Hoyningen-Huene W, Kiesmüller G P. Evaluation of the expected makespan of a set of non-resumable jobs on parallel machines with stochastic failures[J]. European Journal of Operational Research, 2015, 240(2): 439-446.

[61] Monemi R N, Danach K, Khalil W, et al. Solution methods for scheduling of heterogeneous parallel machines applied to the workover rig problem[J]. Expert Systems with Applications, 2015, 42(9): 4493-4505.

[62] Sels V, Coelho J, Dias A M, et al. Hybrid tabu search and a truncated branch-and-bound for the unrelated parallel machine scheduling problem[J]. Computers & Operations Research, 2015, 53: 107-117.

[63] Zhang Y, Li X P, Wang Q. Hybrid genetic algorithm for permutation flowshop scheduling problems with total flowtime minimization[J]. European Journal of Operational Research, 2009, 196(3): 869-876.

[64] Fernandez-Viagas V, Framinan J M. NEH-based heuristics for the permutation flowshop scheduling problem to minimise total tardiness[J]. Computers & Operations Research, 2015, 60: 27-36.

[65] Liu H C, Gao L, Pan Q K. A hybrid particle swarm optimization with estimation of distribution algorithm for solving permutation flowshop scheduling problem[J]. Expert Systems with Applications, 2011, 38(4): 4348-4360.

[66] Pan Q K, Tasgetiren M F, Liang Y C. A discrete particle swarm optimization algorithm for the no-wait flowshop scheduling problem[J]. Computers & Operations Research, 2008, 35(9): 2807-2839.

[67] Ding J Y, Song S, Gupta J N D, et al. An improved iterated greedy algorithm with a tabu-based reconstruction strategy for the no-wait flowshop scheduling problem[J]. Applied Soft Computing, 2015, 30: 604-613.

[68] Aldowaisan T, Allahverdi A. No-wait flowshops to minimize total tardiness with setup times[J]. Intelligent Control and Automation, 2015, 6(1): 38-46.

[69] Adiri I, Pohoryles D. Flowshop/no-idle or no-wait scheduling to minimize the sum of completion times[J]. Naval Research Logistics Quarterly, 1982, 29(3): 495-504.

[70] Makuchowski M. Permutation, no-wait, no-idle flow shop problems[J]. Archives of Control Sciences, 2015, 25(2): 189-199.

[71] Tsai Y S, Lin B M T. Flow shop non-idle scheduling and resource-constrained scheduling [J]. Annals of Operations Research, 2015, 27: 1-9.

[72] Pan Q K, Wang L. No-idle permutation flow shop scheduling based on a hybrid discrete particle swarm optimization algorithm[J]. The International Journal of Advanced Manufacturing Technology, 2008, 39(7-8): 796-807.

[73] Wang L, Pan Q K, Suganthan P N, et al. A novel hybrid discrete differential evolution algorithm for blocking flow shop scheduling problems[J]. Computers & Operations Research, 2010, 37(3): 509-520.

[74] Wang L, Pan Q K, Tasgetiren M F. A hybrid harmony search algorithm for the blocking permutation flow shop scheduling problem[J]. Computers & Industrial Engineering, 2011, 61 (1): 76-83.

[75] Ribas I, Companys R, Tort-Martorell X. An iterated greedy algorithm for the flowshop scheduling problem with blocking [J]. OMEGA-International Journal of Management Science, 2011, 39(3): 293-301.

[76] Wang L, Zhang L, Zheng D Z. An effective hybrid genetic algorithm for flow shop scheduling with limited buffers[J]. Computers & Operations Research, 2006, 33(10): 2960-2971.

[77] Liu B, Wang L, Jin Y H. An effective hybrid PSO-based algorithm for flow shop scheduling with limited buffers[J]. Computers & Operations Research, 2008, 35(9): 2791-2806.

[78] Abdollahpour S, Rezaeian J. Minimizing makespan for flow shop scheduling problem with intermediate buffers by using hybrid approach of artificial immune system[J]. Applied Soft Computing, 2015, 28: 44-56.

[79] Pan Q K, Tasgetiren M F, Suganthan P N, et al. A discrete artificial bee colony algorithm for the lot-streaming flow shop scheduling problem[J]. Information Sciences, 2011, 181(12): 2455-2468.

[80] Yoon S H, Ventura J A. An application of genetic algorithms to lot-streaming flow shop scheduling[J]. IIE Transactions, 2002, 34(9): 779-787.

[81] Pan Q K, Suganthan P N, Liang J J, et al. A local-best harmony search algorithm with dynamic sub-harmony memories for lot-streaming flow shop scheduling problem[J]. Expert Systems with Applications, 2011, 38(4): 3252-3259.

[82] Linn R, Zhang W. Hybrid flow shop scheduling: A survey[J]. Computers & Industrial Engineering, 1999, 37(1): 57-61.

[83] Engin O, Döyen A. A new approach to solve hybrid flow shop scheduling problems by artificial immune system[J]. Future Generation Computer Systems, 2004, 20(6): 1083-1095.

[84] Cui Z, Gu X H. An improved discrete artificial bee colony algorithm to minimize the makespan on hybrid flow shop problems[J]. Neurocomputing, 2015, 148: 248-259.

[85] Reiter S. System for managing job-shop production[J]. Journal of Business, 1996, 39 (3): 371-393.

[86] Potts C N, Baker K R. Flow-shop scheduling with lot streaming[J]. Operations Research Letters, 1989, 8 (6): 297-303.

[87] Baker K R, Jia D. A Comparative-study of lot streaming procedures[J]. OMEGA-International Journal of Management Science, 1993, 21 (5): 561-566.

[88] Trietsch D, Baker K R. Basic techniques for lot streaming[J]. Operations Research, 1993, 41 (6): 1065-1076.

[89] Defersha F M, Chen M. Mathematical model and parallel genetic algorithm for hybrid flexible flowshop lot streaming problem[J]. The International Journal of Advanced Manufacturing Technology, 2012, 62(1-4): 249-265.

[90] Kim K, Jeong I J. Flow shop scheduling with no-wait flexible lot streaming using an adaptive genetic algorithm[J]. The International Journal of Advanced Manufacturing Technology, 2009, 44(11-12): 1181-1190.

[91] Pan Q K, Duan J H, Liang J J, et al. A novel discrete harmony search algorithm for scheduling lot-streaming flow shops[C]. Proceedings of IEEE Control and Decision Conference, Xuzhou, 2010: 1531-1536.

[92] Marimuthu S, Ponnambalam S G, Jawahar N. Threshold accepting and ant-colony optimization algorithms for scheduling m-machine flow shops with lot streaming[J]. Journal of Materials Processing Technology, 2009, 209(2): 1026-1041.

[93] Tseng C T, Liao C J. A discrete particle swarm optimization for lot-streaming flowshop scheduling problem[J]. European Journal of Operational Research, 2008, 191(2): 360-373.

[94] 潘玉霞,潘全科,武磊,等. 求解小批量流水线调度问题的混合微粒群算法[J]. 计算机应用研究, 2009, 26(11): 4078-4082.

[95] 桑红燕,潘全科,武磊,等. 批量流水线调度问题的混合差分进化算法[J]. 计算机工程与应用, 2010, 46(21): 47-52.

[96] 潘玉霞,谢光,潘全科. 批量无等待调度问题的微粒群蛙跳混合优化算法[J]. 计算机应用研究, 2011, 28(2): 2910-2915.

[97] Defersha F M, Chen M Y. A hybrid genetic algorithm for flowshop lot streaming with setups and variable sublots[J]. International Journal of Production Research, 2010, 48(6): 1705-1726.

[98] Karaboga D. Artificial bee colony algorithm[J]. Scholarpedia, 2010, 5(3): 6915.

[99] 桑红燕,高亮,李新宇. 求解批量流水线调度问题的离散蜂群算法[J]. 中国机械工程, 2011, 22(18): 2195-2202.

[100] Pan Q K, Ruiz R. An estimation of distribution algorithm for lot-streaming flow shop problems with setup times[J]. OMEGA-International Journal of Management Science, 2012, 40(2): 166-180.

[101] Murata T, Ishibuchi H, Tanaka H. Multi-objective genetic algorithm and its applications to flowshop scheduling[J]. Computers & Industrial Engineering, 1996, 30(4): 957-968.

[102] Chan F T S, Wong T C, Chan P L Y. Equal size lot streaming to job-shop scheduling problem using genetic algorithms[C]. Proceedings of the IEEE International Symposium on Intelligent Control, Taipei, 2004: 472-476.

[103] Han H Y. A multi-objective hybrid discrete harmony search algorithm for lot-streaming flow shop scheduling [C]. Proceedings of International Conference on Intelligent Computing, Zhengzhou, 2011: 66-73.

[104] Bandyopadhyay S, Bhattacharya R. Solving multi-objective parallel machine scheduling

problem by a modified NSGA-II[J]. Applied Mathematical Modelling, 2013, 37(10): 6718-6729.

[105] Zhang C Y, Dong X, Wang X J, et al. Improved NSGA-II for the multi-objective flexible job-shop scheduling problem[J]. Journal of Mechanical Engineering, 2010, 46(11): 156-164.

[106] Wu C W, Brown K N, Beck J C. Scheduling with uncertain durations: Modeling β-robust scheduling with constraints[J]. Computers & Operations Research, 2009, 36(8): 2348-2356.

[107] Ku P S, Niu S C. On Johnson's two-machine flow shop with random processing times[J]. Operations Research, 1986, 34(1): 130-136.

[108] Horng S C, Lin S S, Yang F Y. Evolutionary algorithm for stochastic job shop scheduling with random processing time[J]. Expert Systems with Applications, 2012, 39: 3603-3610.

[109] Choi S H, Wang K. Flexible flow shop scheduling with stochastic processing times: A decomposition-based approach[J]. Computers & Industrial Engineering, 2012, 63(2): 362-373.

[110] Rahmani D, Heydari M. Robust and stable flow shop scheduling with unexpected arrivals of new jobs and uncertain processing times[J]. Journal of Manufacturing Systems, 2014, 33(1): 84-92.

[111] Wang K, Choi S H. A holonic approach to flexible flow shop scheduling under stochastic processing times[J]. Computers & Operations Research, 2014, 43: 157-168.

[112] Ahmadizar F, Ghazanfari M, Ghomi S M T F. Group shops scheduling with makespan criterion subject to random release dates and processing times[J]. Computers & Operations Research, 2010, 37(1): 152-162.

[113] Mokhtari H, Dadgar M. Scheduling optimization of a stochastic flexible job-shop system with time-varying machine failure rate[J]. Computers & Operations Research, 2015, 61: 31-45.

[114] Lin J T, Chen C M. Simulation optimization approach for hybrid flow shop scheduling problem in semiconductor back-end manufacturing[J]. Simulation Modelling Practice and Theory, 2015, 51: 100-114.

[115] Juan A A, Barrios B B, Vallada E, et al. A simheuristic algorithm for solving the permutation flow shop problem with stochastic processing times[J]. Simulation Modelling Practice and Theory, 2014, 46: 101-117.

[116] Gourgand M, Grangeon N, Norre S. A contribution to the stochastic flow shop scheduling problem[J]. European Journal of Operational Research, 2003, 151: 415-433.

[117] Hao X C, Lin L, Genc M, et al. Effective estimation of distribution algorithm for stochastic job shop scheduling problem[J]. Procedia Computer Science, 2013, 20: 102-107.

[118] Xu J P, Zheng H, Zeng Z Q, et al. Discrete time-cost-environment trade-off problem for large-scale construction systems with multiple modes under fuzzy uncertainty and its application to Jinping-II hydroelectric project[J]. International Journal of Project Management, 2012, 30(8): 950-966.

[119] Hu B Q, Wang C Y. On type-2 fuzzy relations and interval-valued type-2 fuzzy sets[J].

Fuzzy Sets and Systems,2014,236:1-32.

[120] Hassanzadeh H R, Akbarzadeh T M R, Akbarzadeh A, et al. An interval-valued fuzzy controller for complex dynamical systems with application to a 3-PSP parallel robot[J]. Fuzzy Sets and Systems,2014,235:83-100.

[121] Lin T C, Kuo C H, Balas V E. Real-time fuzzy system identification using uncertainty bounds[J]. Neurocomputing,2014,125:195-216.

[122] Mohanaselvi S, Ganesan K. Fuzzy Pareto-optimal solution to fully fuzzy multi objective linear programming problem[J]. International Journal of Computer Applications, 2012, 52(7):29-35.

[123] Yeh W C, Lai P J, Lee W C, et al. Parallel-machine scheduling to minimize makespan with fuzzy processing times and learning effects[J]. Information Sciences,2014,269:142-158.

[124] Niu Q, Jiao B, Gu X. Particle swarm optimization combined with genetic operators for job shop scheduling problem with fuzzy processing time[J]. Applied Mathematics and Computation,2008,205(1):148-158.

[125] Huang C S, Huang Y C, Lai P J. Modified genetic algorithms for solving fuzzy flow shop scheduling problems and their implementation with CUDA[J]. Expert Systems with Applications,2012,39(5):4999-5005.

[126] Sotskov Y N, Lai T C, Werner F. Measures of problem uncertainty for scheduling with interval processing times[J]. OR spectrum,2013,35(3):659-689.

[127] Xue P F, Zhang Y L, Yu X Y. Single-machine scheduling with piece-rate maintenance and interval constrained position-dependent processing times[J]. Applied Mathematics and Computation,2014,226:415-422.

[128] Yoshida T, Hitomi K. Optimal two-stage production scheduling with setup times separated [J]. AIIE Transactions,1979,11(3):261-263.

[129] Aydilek H, Allahverdi A. Two-machine flowshop scheduling problem with bounded processing times to minimize total completion time[J]. Computers & Mathematics with Applications,2010,59(2):684-693.

[130] Aydilek H, Allahverdi A. A polynomial time heuristic for the two-machine flowshop scheduling problem with setup times and random processing times[J]. Applied Mathematical Modelling,2013,37(12):7164-7173.

[131] Matsveichuk N M, Sotskov Y N, Werner F. The dominance digraph as a solution to the two-machine flow-shop problem with interval processing times[J]. Optimization, 2011, 60(12):1493-1517.

[132] 李素粉,朱云龙,尹朝万.具有随机加工时间和机器故障的流水车间调度[J].计算机集成制造系统,2006,11(10):1425-1429.

[133] Xiong J, Xing L, Chen Y. Robust scheduling for multi-objective flexible job-shop problems with random machine breakdowns[J]. International Journal of Production Economics,2013, 141(1):112-126.

[134] Alcaide D, Rodriguez-Gonzalez A, Sicilia J. An approach to solve the minimum expected makespan flow-shop problem subject to breakdowns[J]. European Journal of Operational Research, 2002, 140(2): 384-398.

[135] Allahverdi A, Mittenthal J. Scheduling on a two-machine flowshop subject to random breakdowns with a makespan objective function[J]. European Journal of Operational Research, 1995, 81(2): 376-387.

[136] Jia C F. On minimizing completion time variance on a single machine subject to stochastic breakdowns[J]. 运筹学学报, 2004, 8(2): 1-8.

[137] 王黎明. 机器发生故障时单机 E/T 随机调度问题[J]. 泰山学院学报, 2004, 26(3): 1-5.

[138] 刘昶, 史海波, 袁杰. 具有随机机器故障的制造过程建模与性能分析[J]. 计算机集成制造系统, 2008, 14(9): 1704-1709.

[139] 伍乃骐, 庄颂新, 薛劲松. 考虑机器故障和有限缓冲器的级联生产线系统的建模和分析[J]. 自动化学报, 1991, 17(4): 481-486.

[140] Wang K, Choi S H. A decomposition-based approach to flexible flow shop scheduling under machine breakdown[J]. International Journal of Production Research, 2012, 50(1): 215-234.

[141] Liao C J, Chen W J. Scheduling under machine breakdown in a continuous process industry [J]. Computers & Operations Research, 2004, 31(3): 415-428.

[142] Zandieh M, Ghomi S M T F, Husseini S M M. An immune algorithm approach to hybrid flow shops scheduling with sequence-dependent setup times[J]. Applied Mathematics and Computation, 2006, 180(1): 111-127.

[143] Gholami M, Zandieh, M, Alem-Tabriz A. scheduling hybrid flow shop with saquenle-dependent setup times and machines with random break downs[J]. The International Journal of Advanced Mavufacturing Technology, 2009, 42(1-2): 189-201

[144] Akturk M S, Gorgulu E. Match-up scheduling under a machine breakdown[J]. European Journal of Operational Research, 1999, 112(1): 81-97.

[145] Lei D. Scheduling stochastic job shop subject to random breakdown to minimize makespan [J]. The International Journal of Advanced Manufacturing Technology, 2011, 55(9-12): 1183-1192.

[146] 李铁克, 肖拥军, 王柏琳. 基于局部性修复的 HFS 机器故障重调度[J]. 管理工程学报, 2010, (3): 45-49.

[147] 丁帅, 李铁克, 施灿涛. 考虑机器故障的 HFS 重调度研究[J]. 计算机工程与应用, 2012, 48(23): 234-239.

[148] 尹文君, 刘民, 吴澄. 随机故障下单机鲁棒调度算法的遗传编程方法[J]. 清华大学学报(自然科学版), 2005, 45(1): 81-84.

[149] 李巧云, 王冰, 王晓明. 随机机器故障下单机预测调度方法[J]. 系统工程理论与实践, 2012, 31(12): 2387-2393.

[150] 孙靖, 巩敦卫. 用于区间参数多目标优化问题的遗传算法[D]. 徐州: 中国矿业大学, 2012.

[151] Deb K. Multi-objective evolutionary optimization: Past, present, and future [A]//Parmee I C. Evolutionary Design and Manufacture[M]. London: Springer, 2000: 225-236.

[152] Deb K, Pratap A, Agarwal S. A fast and elitist multiobjective genetic algorithm: NSGA-II [J]. IEEE Transactions on Evolutionary Computation, 2002, 6(2): 182-197.

[153] Huang B, Buckley B, Kechadi T M. Multi-objective feature selection by using NSGA-II for customer churn prediction in telecommunications [J]. Expert Systems with Applications, 2010, 37(5): 3638-3646.

[154] Murugan P, Kannan S, Baskar S. NSGA-II algorithm for multi-objective generation expansion planning problem[J]. Electric Power Systems Research, 2009, 79(4): 622-628.

[155] Dhanalakshmi S, Kannan S, Mahadevan K. Application of modified NSGA-II algorithm to combine economic and emission dispatch problem [J]. International Journal of Electrical Power & Energy Systems, 2011, 33(4): 992-1002.

[156] Ak R, Li Y, Vitelli V. NSGA-II-trained neural network approach to the estimation of prediction intervals of scale deposition rate in oil & gas equipment[J]. Expert Systems with Applications, 2013, 40(4): 1205-1212.

[157] Shafaghat R, Hosseinalipour S M, Nouri N M. Shape optimization of two-dimensional cavitators in supercavitating flows, using NSGA II algorithm[J]. Applied Ocean Research, 2008, 30(4): 305-310.

第 2 章　阻塞流水线调度问题的进化求解

前已述及，受技术和成本等制约，在流水线加工过程中，相邻机器之间没有缓冲区用于存储工件。例如，在药品制造过程中[1]，对温度的要求比较高，为了保持高温，一个半成品加工之后，立即进入下一阶段。但是，如果下游的机器忙碌，该药品只能被阻塞在当前的机器上，造成药品质量的下降。因此，需要设计高效的方法，以最小化阻塞流水线调度问题的完工时间。

阻塞流水线调度问题比置换流水线调度问题更加复杂，相应的研究成果也比较少。已有的求解方法，如 ABC 算法，很难平衡全局和局部搜索性能。鉴于此，本章提出融入离散差分进化(discrete differential evolution，DDE)的 DABC 算法，即 DE-ABC 算法，以求解阻塞流水线调度问题，该方法首先采用 MME 启发式算法初始化种群，以产生高质量的初始解；然后，在雇佣蜂阶段，采用差分进化算法代替原有的插入方法，以产生新个体，从而提高算法的全局探测能力；最后，在观察蜂阶段，设计自适应策略，以寻找更好的邻域解，从而提高算法的局部开发能力。将所提方法应用于 120 个 Taillard 基准算例，并与混合离散差分进化(hybrid discrete differential evolution，HDDE)、DABC、DPSO 以及禁忌搜索(taboo search，TS)等算法比较，实验结果表明本章所提方法更具优越性。

本章结构安排如下：2.1 节是问题的研究背景；2.2 节给出阻塞流水线调度问题的数学模型；2.3 节阐述提出的基于差分进化的 DABC 算法；整个算法的流程在 2.4 节提供；2.5 节是实验结果与分析；最后，2.6 节总结本章内容，并指出需要进一步研究的问题。

2.1　研究背景

近几十年来，求解阻塞流水线调度问题的方法大致分为如下两类。

一类是基于问题特性的启发式算法。1983 年，Nawaz 等提出了 NEH(Nawaz-Enscore-Ham)启发式算法[2]，以优化置换流水线调度问题的最大完工时间。该方法能够在最短的时间里产生一个较优解，因此常用于产生初始解。NEH 启发式算法引起了很多学者的高度关注，已成功用于求解阻塞流水线调度问题[3]。1989 年，McCormick 等[4]提出了一个结构曲线拟合(profile fitting，PF)启发式算法，用于求解置换流水线调度问题。该算法试图找到一个调度序列，使得工件在机器上的阻塞时间与机器空闲时间之和最小。基于 PF 和 NEH 启发式算法，Pan 等[5]提出了 8 种复合启发式算法 wPF(weighted profile fitting)、PFE(profile fitting and NEH)、PF-NEH(x)、wPF-NEH(x)、PW-NEH(x)、PF-NEHLS(x)、wPF-NEHLS(x)和 PW-NEHLS(x)等,这些方法由简单启发式算法与局部搜索或者多个简单启发式算法组成。2004 年,Ronconi[6]提出了最小最大(minmax,MM)启发式算法,该方法通过寻找一个最短路径,缩短关键路径的长度,以产生优化问题的解。同样,Han 等[7]采用 MM 与 NEH 结合的复合启发式算法 MME(combination of MM and NEH),求解阻塞流水线调度问题。实验结果表明,该方法能够产生高质量的优化解。

另一类是后继启发式算法,即群智能优化方法。2001 年,Caraffa 等[8]采用 GA,优化阻塞流水线调度问题的最大完工时间。在该算法中,每个工件序列编码为一个染色体,通过交叉和变异操作,产生好的工件序列组合。2007 年,Grabowski 等[9]提出了 TS 算法,求解阻塞流水调度问题的最大完工时间。该算法利用动态禁忌表,引导整个搜索过程,使搜索方向趋向于未搜索的区域,从而避免算法陷入局部最优。2011 年,Wang 等[1]提出了 HDDE 算法,求解阻塞流水线调度问题。该方法采用基于工件序列的个体编码,并将快速局部搜索融入差分进化中。实验结果表明,所提方法优于 GA 和 TS。2012 年,Wang 等[10]提出了 DPSO 算法,该算法基于自适应策略,调整种群的多样性,并采用随机变量邻域搜索提高算法的探索能力。

如前所述,在进化过程中,ABC 算法的三种蜂群通过分工,进行不同的活动,并进行信息的交流和共享,从而找到问题的最优解。该算法参数少、易于操作,且搜索速度快,因此,已成功应用于求解数值与组合优化问题[11]。Han 等[7]结合阻塞流水线调度问题的结构特性与 ABC 算法的机理,提出了改进的离散人工蜂群(improve discrete artificial bee colony,IDABC)算法,以最小化问题的最大完工时间。实验结果表明,所提方法优于 HDDE、DABC、GA、TS 和 TS+M 等算法。

求解阻塞流水调度问题时,DDE 算法和 DABC 算法表现出了优越的性能,但是,在已有的 DABC 算法中,雇佣蜂和观察蜂阶段都采用插入和交换等操作,以产生新解。这两个阶段采用相同的方法,重复搜索邻域解,一方面,降低了种群的多样性,使算法陷入局部最优;另一方面,重复搜索消耗了太多的时间,降低了算法的收敛速度。DDE 算法虽然能够充分利用不同个体的差异,以产生多样性好的解,从而具有好的全局搜索能力,但是,该算法的局部搜索能力差。鉴于 DABC 算法与 DDE 算法的互补性,本章提出了 DE-ABC 算法,优化阻塞流水线调度问题的最大完工时间。算法的详细内容将在 2.3 节阐述。

2.2 阻塞流水线调度问题的数学模型

记工件序列为 $\pi=\{\pi(1),\pi(2),\cdots,\pi(j),\cdots,\pi(n)\}$。在流水线加工过程中,相

邻机器之间无缓冲区存放已完工的工件，即，$\pi(j)$在机器 t 上加工之后，如果下游的机器 $t+1$ 正被占用，那么 $\pi(j)$将被阻塞在机器 t 上，直到机器 $t+1$ 空闲。此时的流水线调度问题，称为阻塞流水线调度问题。该问题的具体描述如下：有 n 个工件按照相同的工艺路线在 m 台机器上加工，每个工件有 m 个操作 $O_{j,k}(k=1,2,\cdots,m)$，约定：

(1) 工件在所有机器上的加工次序都相同；

(2) 相邻机器之间没有缓冲区，已完工的工件被阻塞在当前机器上，直到下游的机器可用；

(3) 在任何时刻，一个机器最多只能加工一个工件，且一个工件最多在一台机器上加工；

(4) 每个工件的运输和开启时间包含在加工时间中。

通过式(2.1)～式(2.5)计算调度序列 π 的最大完工时间：

$$S_{\pi(1),0}=0 \tag{2.1}$$

$$D_{\pi(1),t}=D_{1,t-1}+p_{\pi(1),t},\quad t=1,2,\cdots,m-1 \tag{2.2}$$

$$S_{\pi(j),0}=p_{\pi(j-1),1},\quad j=2,3,\cdots,n \tag{2.3}$$

$$\begin{gathered}D_{\pi(j),t}=\max\{D_{\pi(j),t-1}+p_{\pi(j),t},D_{\pi(j-1),t+1}\}\\ t=1,2,\cdots,m-1;j=2,3,\cdots,n\end{gathered} \tag{2.4}$$

$$D_{\pi(j),m}=D_{\pi(j),m-1}+p_{\pi(j),m},\quad j=2,3,\cdots,n \tag{2.5}$$

式中，$p_{\pi(j),t}$为 $\pi(j)$在机器 t 上的加工时间；$S_{\pi(1),0}$为第一个工件的开始时间，等于 0；$D_{\pi(j),t}$为 $\pi(j)$在机器 t 上的完工时间；调度序列 π 的最大完工时间，等于最后一个工件在最后一台机器上的完工时间，即

$$C_{\max}(\pi)=D_{\pi(n),m} \tag{2.6}$$

在满足上述约定的条件下，寻找一个工件调度序列，使得 $C_{\max}(\pi)$最小，即 $\min\limits_{\pi\in\Pi}C_{\max}(\pi)$。

下面通过一个例子，直观地说明阻塞流水线调度问题最大完工时间的计算过程。假设一个调度序列有 4 个工件，按照相同的工艺路线，在 3 台机器上加工，其加工时间为

$$[p_{\pi(j),t}]_{4\times 3}=\begin{bmatrix}p_{1,1} & p_{1,2} & p_{1,3}\\ p_{2,1} & p_{2,2} & p_{2,3}\\ p_{3,1} & p_{3,2} & p_{3,3}\\ p_{4,1} & p_{4,2} & p_{4,3}\end{bmatrix}=\begin{bmatrix}3 & 2 & 1\\ 1 & 2 & 1\\ 1 & 2 & 2\\ 2 & 1 & 2\end{bmatrix} \tag{2.7}$$

那么

(1) $S_{1,0}=0$；

(2) $D_{1,1}=D_{1,0}+p_{1,1}=3,D_{1,2}=D_{1,1}+p_{1,2}=5,D_{1,3}=D_{1,2}+p_{1,3}=6$；

(3) $D_{2,0}=D_{1,1}=3$；

(4) $D_{2,1}=\max\{D_{2,0}+p_{2,1},D_{1,2}\}=5,D_{2,2}=\max\{D_{2,1}+p_{2,2},D_{1,3}\}=7,D_{2,3}=D_{2,2}+p_{2,3}=8$；

(5) $D_{3,0}=D_{2,1}=5$；

(6) $D_{3,1}=\max\{D_{3,0}+p_{3,1},D_{2,2}\}=7,D_{3,2}=\max\{D_{3,1}+p_{3,2},D_{2,3}\}=9,D_{3,3}=D_{3,2}+p_{3,3}=11$；

(7) $D_{4,0}=D_{3,1}=7$；

(8) $D_{4,1}=\max\{D_{4,0}+p_{4,1},D_{3,2}\}=9,D_{4,2}=\max\{D_{4,1}+p_{4,2},D_{3,3}\}=11,D_{4,3}=D_{4,2}+p_{4,3}=13$。

这 4 个工件按照 $\pi(1)$、$\pi(2)$、$\pi(3)$到 $\pi(4)$的序列加工，完工时间为 13。该调度策略的甘特图如图 2.1 所示。

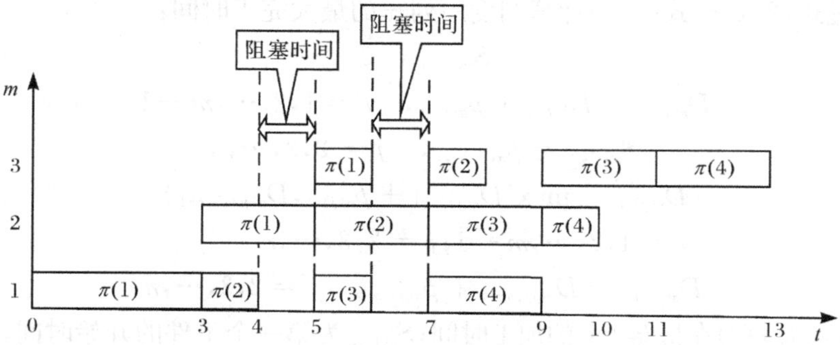

图 2.1 阻塞流水线调度问题的甘特图

由图 2.1 可知，$\pi(2)$在机器 1 上加工之后，由于机器 2 正在加工 $\pi(1)$，且机器 1 与机器 2 之间没有缓冲区，因此，$\pi(2)$被阻塞在机器 1 上，直到 $\pi(1)$加工完毕，$\pi(2)$才可进入机器 2 加工，这造成了 $\pi(3)$延迟开工。同样，由于 $\pi(2)$在机器 2 上的完工时间大于 $\pi(3)$在机器 1 上的完工时间，$\pi(3)$暂时阻塞在机器 1 上，造成 $\pi(4)$延迟开工。因此，需要设计有效的进化优化方法，以寻找一个工序列，使得工件在机器上的阻塞时间最小，从而缩短最大完工时间。

2.3 融入差分进化的离散人工蜂群算法

正如 2.1 节所述，已有的 DABC 算法缺乏全局探测能力，而 DDE 算法缺乏局部搜索能力。鉴于二者的互补性，本节将全局性较好的 DDE 算子融入 DABC 算法中，以平衡算法的全局探测和局部开发能力。本节主要从四方面对所提算法进行详细描述，即初始化种群、差分进化、自适应插入交换以及局部搜索。

2.3.1　初始化种群

Ronconi 等采用 MME 启发式算法，产生一个初始解。本节方法通过 MM 启发式算法，产生一个初始解之后，再采用 NEH 启发式算法，对产生的解进行扰动，以生成一个新解。MME 启发式算法具有优越的性能，因此，本节采用 MME 启发式算法产生高质量的初始解。为保证初始种群的多样性，种群的其余解在整个搜索空间中随机产生。算法 2.1 给出了采用 MME 启发式算法产生初始解的过程。

算法 2.1　MME 启发式算法

procedure MME(PS, n, π, U)

input: 算法参数(种群规模 PS, 工件个数 n, 工件序列 $\pi=\varnothing$, 未调度序列 U)

output: 高质量的初始种子 π^*

begin

　步骤 1: 采用 MM 启发式算法产生调度序列, $\pi=\{\pi(1),\pi(2),\cdots,\pi(j),\cdots,\pi(n)\}$.

　　步骤 1.1: 选择在第一台机器上加工时间最短的工件放入 π 中作为第一个工件 $\pi(1)$; 然后选择在最后一台机器上加工时间最短的工件作为最后一个工件 $\pi(n)$.

　　步骤 1.2: 令 $j=2$; $U=U-\{\pi(1),\pi(n)\}$.

　　步骤 1.3: 其余工件 $\pi(3),\pi(4),\cdots,\pi(j),\cdots,\pi(n)$ 通过函数值 f_i 来获得:

　　for $j=2$ to $n-1$

　　　for $i=1$ to n

　　　　if($\pi(i)\notin U$);

$$f_i=\theta\times\sum_{t=1}^{m-1}\mid p_{\pi(j),t}-p_{\pi(i),t+1}\mid+(1-\theta)\times\sum_{t=1}^{m}p_{j,t},\theta\in[0,1];$$

　　　　end if

　　　end for

　　选择使函数 f_i 最小的工件作为序列 π 的第 j 个工件, 并从 U 中删除, $U=U-\{\pi(j)\}$.

　　end for

　步骤 2: 对 π 执行 NEH 操作, 产生高质量初始种子 π^*.

　　步骤 2.1: 取出 π 中的前两个工件 $\pi(1)$ 和 $\pi(2)$ 进行排列组合, 构成两个部分排序 $\{\pi(1),\pi(2)\}$ 和 $\{\pi(2),\pi(1)\}$. 然后计算其目标函数值(最大完工时间). 选择目标函数值较小的排序作为 π^*, 并令 $k=2$.

　　步骤 2.2: 取出 π 的第 $k+1$ 个工件 $\pi(k+1)$, 将其分别插入 π^* 的 $k+1$ 个不同位置, 共产生 $k+1$ 个部分排序. 选择目标值最小的部分排序为 π^*.

　　步骤 2.3: $k=k+1$. 若 $k<n$, 则转步骤 2.2; 否则算法结束, 得到一个完整排序 π^*. 并重新赋给 π, 即 $\pi=\pi^*$.

end

在算法 2.1 中，第 9 行计算 f_i的时间复杂度为$O(m)$，U 中所有的工件都要计算 f_i，所以，第 7～11 行的时间复杂度为 $O(mn)$。步骤 1.3 共执行 $n-2$ 次，所以，MM 算法的时间复杂度为 $O(mn^2)$。步骤 2 的 NEH 启发式算法的时间复杂度为 $O(n^2)$。所以，整个算法的时间复杂度为 $O(mn^2)$。

基于 MME 启发式算法，种群的初始化过程如下。

步骤 1：采用 MME 启发式算法，产生一个高质量的初始解。

步骤 2：采用随机函数 random_shuffle()，在整个搜索空间中随机产生一个解 π'。如果 π'已在种群中，那么将该解舍弃；否则，将其放入种群中。

步骤 3：重复执行步骤 2，直到种群中有 PS 个解。

2.3.2 差分进化

DDE 启发式算法主要包括如下两个关键操作：变异操作和交叉操作。该方法首先执行变异操作，以产生一个工件序列，该序列可能不是一个合法或者完整的解，即，解不包含所有的工件，或者存在重复的工件；然后，通过交叉算子对其修补，使其成为一个完整的工件序列。算法 2.2 给出了采用 DDE 启发式算法产生新解的过程。

算法 2.2 DDE 启发式算法

procedure DDE(n, π_c, pmu, pc, π^r, π_{temp}, cnt)

input: 算法参数(工件个数 n, 当前解 π_c，变异概率 pmu，交叉概率 pc，参考序列 π^r，临时工件序列 $\pi_{temp}=\varnothing$，临时工件序列中工件个数 cnt)

output：新解 π_{new}

begin

　步骤 1：执行变异操作步骤 1.1～步骤 1.3，产生工件序列 $\pi=\{\pi(1), \pi(2), \cdots, \pi(j), \cdots, \pi(n)\}$.

　　步骤 1.1：从种群中随机选择 3 个不同的解，π_a, π_b 和 π_c. 计数器 $i=1$.

　　步骤 1.2：π 中每个工件 $\pi(i)$采用下面的公式获得：

$$\pi(i)=\pi_a(i)\circ \mathrm{flag} * (\pi_b(i)-\pi_c(i))$$

　　步骤 1.3：$i=i+1$，如果 $i\leqslant n$，执行步骤 1.2；否则执行步骤 2.

　步骤 2：执行交叉操作步骤 2.1～步骤 2.7，产生新解 π_{new}.

　　步骤 2.1：计数器 $j=1$.

　　步骤 2.2：以概率 pc，从工件序列 π 中选择一个工件放入临时工件序列 π_{temp}，即

　　　　if(rand() $<$ pc $\cap \pi(j)\notin \pi_{temp}$), 　　　% rand() $\in[0,1]$;

　　　　　$\pi_{temp}=\{\pi(j)\}$;

续表

```
            cnt=cnt+1;
        end if
    步骤 2.3:j=j+1,如果 j≤n,执行步骤 2.2;否则执行步骤 2.4.
    步骤 2.4:将目前为止最好的解作为参考解 π^r,从 π^r 删除包含在 π_temp 中的工
    件,得到部分序列 π_new.
    步骤 2.5:计数器 t=1.
    步骤 2.6:取出 π_temp 中的第 t 个工件 π_temp(t),将其分别插入 π_new 所有可能的
    位置,选择目标函数值最小的部分排序,重新赋值给 π_new.
    步骤 2.7:t=t+1;如果 t≤cnt,执行步骤 2.6;否则得到一个完整排序 π_new,转
    向执行步骤 3.
  步骤 3:更新当前解 π_c
      if(C_max(π_new)<C_max(π_c))          % C_max()是最大完工时间函数;
          π_c=π_new;
      end if
end
```

在算法 2.2 中，$\pi(i)=\pi_a(i)\circ \text{flag} * (\pi_b(i)-\pi_c(i))$可表示为$\pi(i)=\pi_a(i)\circ\Delta_i$，式中，$\Delta_i=\text{flag} * (\pi_b(i)-\pi_c(i))$，$\text{flag}\in\{0,1\}$，其取值如下：

$$\underset{i=1,2,\cdots,n}{\Delta_i}=\begin{cases}\pi_b(i)-\pi_c(i), & r<\text{pmu}\\ 0, & \text{否则}\end{cases} \tag{2.8}$$

式中，r 是一个 0～1 的随机数；pmu 为变异概率，反映了两个个体之间差异的幅度；$\pi_a(i)\circ\Delta_i$ 用于产生工件序列 π 中的每一个工件，即

$$\pi(i)=\pi_a(i)\circ\Delta_i=\text{mod}((\pi_a(i)+\Delta_i+n),n),\quad i=1,2,\cdots,n \tag{2.9}$$

式中，“mod”是取余操作。

下面，通过一个例子直观地说明 DDE 算法产生新解的过程。假定 $n=5$，pmu $=0.9$，pc$=0.1$，参考解 $\pi^r=\{1,2,3,4,5\}$，那么，新解 π_{new} 的产生过程如下。

(1) 从当前种群中，随机选择 3 个不同的解，$\pi_a=\{2,1,4,3,5\}$，$\pi_b=\{4,2,5,1,3\}$和 $\pi_c=\{2,5,4,3,1\}$。

(2) 执行如下的变异操作：

当 $i=1$ 时，rand()$=0.8<0.9$，$\pi(1)=(\pi_b(1)-\pi_c(1)) * 1\circ\pi_a(1)=((4-2)+2+5)\%5+1=5$；

当 $i=2$ 时，rand()$=0.6<0.9$，$\pi(2)=(\pi_b(2)-\pi_c(2)) * 1\circ\pi_a(2)=((2-5)+1+5)\%5+1=4$；

当 $i=3$ 时，rand()$=0.95>0.9$，$\pi(3)=(\pi_b(3)-\pi_c(3)) * 0\circ\pi_a(3)=(0+4+$

5)%5+1=5；

当 $i=4$ 时，rand()=0.1<0.9，$\pi(4)=(\pi_b(4)-\pi_c(4))*1\circ\pi_a(4)=((1-3)+3+5)\%5+1=2$；

当 $i=5$ 时，rand()=0.9，$\pi(5)=(\pi_b(5)-\pi_c(5))*0\circ\pi_a(5)=(0+5+5)\%5+1=1$；

通过上述变异操作，得到的工件序列为 $\pi=\{5,4,5,2,1\}$。

(3) 执行如下交叉操作：

当 $j=1$ 时，rand()=0.3>0.1，从 π 中取出工件 $\pi(1)$，放入 π_{new}，此时，$\pi_{temp}=\{5\}$；

当 $j=2$ 时，rand()=0.05<0.1，没有工件被选择；

当 $j=3$ 时，rand()=0.6>0.1，$\pi(3)$已经存在于 π_{new} 中，因此，该工件被舍弃；

当 $j=4$ 时，rand()=0.08<0.1，没有工件被选择；

当 $j=5$ 时，rand()=0.75>0.1，从 π 中取出工件 $\pi(5)$，放入 π_{temp}，此时，$\pi_{temp}=\{5,1\}$，cnt=2。

从 π^r 中删除包含在 π_{temp} 中的工件，得到部分工件序列 π_{new}，$\pi_{new}=\{2,3,4\}$。当 $t=1$ 时，从 π_{temp} 取出 $\pi_{temp}(1)$，即工件 5，将其分别插入 π_{new} 所有可能的位置，得到 $\pi_{new}=\{5,2,3,4\}$、$\pi_{new}=\{2,5,3,4\}$、$\pi_{new}=\{2,3,5,4\}$ 和 $\pi_{new}=\{2,3,4,5\}$。从上述工件序列中，选择目标函数值最小的排序，重新赋值给 π_{new}，得到 $\pi_{new}=\{2,3,5,4\}$。同样，当 $t=2$ 时，从 π_{temp} 取出 $\pi_{temp}(2)$，即工件 1，将其分别插入 π_{new} 所有可能的位置，并选择目标函数值最小的排序，重新赋值给 π_{new}，得到 $\pi_{new}=\{2,3,1,5,4\}$。

2.3.3 自适应插入交换

观察蜂采用锦标赛选择，共享雇佣蜂产生的解，并随机选择插入或交换操作，以产生新解，在丰富解的多样性的同时，降低了算法的收敛速度。因此，本部分设计自适应插入交换策略，以选择好的扰动方法，从而寻找更好的邻域解。

自适应插入交换策略的思想是：定义一个最好邻域表（best neighbor list，BNL），用于存放当前最好的方法。在观察蜂阶段，采用 BNL 中的方法，对共享解邻域扰动，以产生高质量的解。当执行完 ABC 算法的三个阶段后，动态更新 BNL，具体操作如算法 2.3 所示。

用于插入交换的四种方法分别是：①insert(π)；②swap(π)；③执行 2 次 insert(π)；④执行 2 次 swap(π)。为便于理解，下面给出插入操作和交换操作的过程。

insert(π)[7]：在工件序列中，随机产生两个不同的位置 $p1$ 和 $p2$($p1<p2$)，将 $p1+1$ 与 $p2$ 之间的工件依次向前移动一个位置，即，$p1+1$ 位置上的工件移到

$p1$,$p1+2$ 位置上的工件移到 $p1+1$,…,将 $p2$ 位置上的工件移到 $p2-1$ 位置,将原 $p1$ 位置上的工件移到 $p2$ 位置,如图 2.2 所示。

swap(π)[7]:在工件序列中,随机产生两个不同的位置 $p1$ 和 $p2$($p1<p2$),将 $p1$ 位置与 $p2$ 位置上的工件互换,如图 2.2 所示。

基于上述插入和交换操作,算法 2.3 给出了自适应插入交换策略的执行过程。

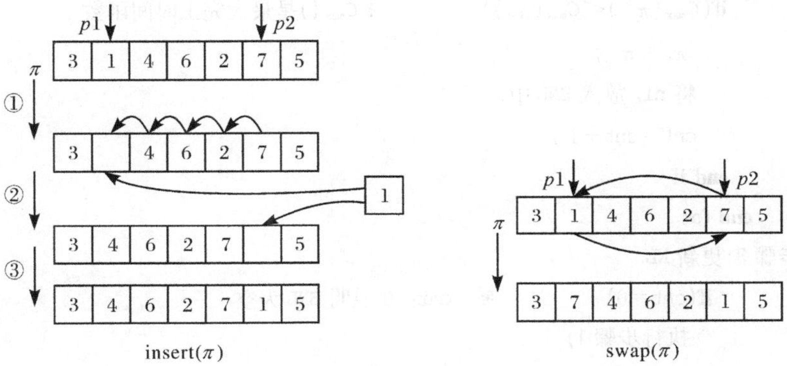

图 2.2 插入和交换方法

算法 2.3 自适应插入交换

```
procedure self-adaptive(PS, π_c, NL, BNL, cnt, π*)
input: 算法参数(种群大小 PS,当前选择的解 π_c,邻域表 NL={nl_1, nl_2, …, nl_PS},最好邻域表
BNL={bnl_1, bnl_2, …, bnl_cnt},表 BNL 大小 cnt,最好解 π*)
output:最好解 π*
begin
    步骤 1:初始化 NL.
        for i=1 to PS;
            nl_i =rand() % 4+1        % nl_i =1,2,3,4 分别代表上述基于插入和交叉的四种
                                        方法
        end for
    步骤 2:填充 BNL.
        for i=1 to PS
            采用锦标赛选举法,选择一个解(π_c)进行扰动;
        switch(nl_i)
```

续表

```
            case 1: π* = insert(π_c);
            case 2: π* = swap(π_c);
            case 3: π* = insert(π_c); π* = insert(π_c);
            case 4: π* = swap(π_c); π* = swap(π_c);
        end switch
        if(C_max(π*) < C_max(π_c))            % C_max()是最大完工时间函数
            π_c = π*;
          将 nl_i 放入 BNL 中;
          cnt = cnt + 1;
        end if
      end for
  步骤 3:更新 NL.
        if(cnt = 0)          %   cnt = 0 说明 BNL 为空
          执行步骤 1;
        else
          选择 BNL 75% * cnt 的值放入 NL 中,其余的值采用 nl_i = rand() % 4 + 1
          获得.
end
```

2.3.4 局部搜索

局部搜索在给定解的邻域内扰动,以产生一个邻域解,使该解不劣于给定的解。2008 年,Ruiz 等[12]提出了基于插入邻域的局部搜索方法,该方法优于 TS 算法和 SA 算法。因此,本小节采用基于插入邻域的局部搜索,对观察蜂产生的新解进行邻域扰动,以找到更好的解。该方法的过程如算法 2.4 所示。

算法 2.4 基于插入邻域的局部搜索

```
procedure local search(PS, π_c, pls, cnt, π*)
input:算法参数(种群大小 PS,当前选择的解 π_c,选择概率 pls,表 BNL 大小 cnt,最好解 π*)
output:最好解 π*
begin
  步骤 1:以概率 pls 从观察蜂产生的新解中选择一个解 π_c,执行局部搜索算法;
  步骤 2:j = 1,将 π_c 赋值给一个临时解 π_temp, π_temp = π_c;
```

续表

步骤 3:从 π_{temp} 中取出工件 $\pi_{temp}(j)$,并从 π_c 中将其删除;

步骤 4:将工件 $\pi_{temp}(j)$ 重新插入 π_c 的 n 个不同位置,其余工件的相对位置保持不变,得到 n 个不同的工件序列,选择一个目标函数值最好的 π^*,重新赋值给 π_c;

步骤 5: $j=j+1$,如果 $j<=n$,则执行步骤 3,否则终止算法.

end

2.4　算法描述

将 2.3 节提出的初始化种群、差分进化、自适应插入交换以及局部搜索等策略,融入 DABC 算法中,提出了 DE-ABC 算法。该算法采用基于离散工件序列的编码方式,能够直接产生合法的解。该算法的步骤如下。

步骤 1:初始化算法的参数值。

步骤 2:采用 2.3.1 小节的 MME 启发式算法和随机方法初始化种群,并通过式(2.1)～式(2.5)计算所有解的目标函数值。

步骤 3:雇佣蜂采用 2.3.2 小节提出的差分进化算子,产生新解,并计算新解的目标函数值。

步骤 4:观察蜂对选择的解执行自适应插入交换操作,并计算新解的目标函数值。

步骤 5:对步骤 4 产生的新解,以 pls 概率执行局部搜索,以产生更好的邻域解。

步骤 6:对种群中没有更新的解执行多次插入操作,并计算新解的目标函数值。

步骤 7:保存最好的解。

步骤 8:判定算法的终止条件是否满足,如果是,算法结束;否则,转步骤 3。

图 2.3 是本章算法的流程,其中,灰底部分是本章所提的算子。从流程图可以直观地看出,DE-ABC 算法与已有的 DABC 算法的区别在于,前者采用差分进化算子代替原有的插入交换方法,以产生全局较好的新解。如前所述,在 DABC 算法中,雇佣蜂和观察蜂都采用相同的新解产生方法,使算法陷入局部最优,因此,需要采用一个全局性好的方法代替原方法,以更好地平衡全局和局部搜索能力,从而提高算法的效率。

2.5 节将通过实验验证本章所提方法的可行性和高效性。

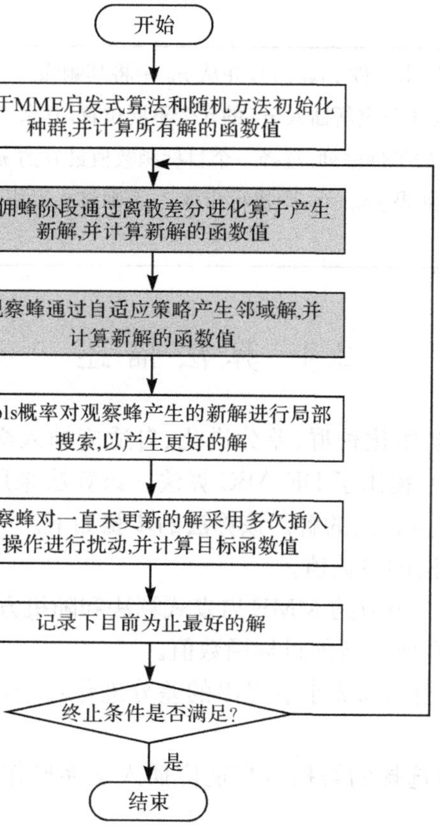

图 2.3　所提算法流程

2.5　实　　验

2.5.1　实验设置

本节将所提算法应用于求解阻塞流水线调度问题的 120 个基准算例,这些算例分为 12 组,每组由 10 个相同规模不同加工时间的算例构成。将 DE-ABC 算法与已有的六种求解阻塞流水线调度问题的算法 HDDE[13]、DABC[13]、IABC[7]、TS+M[14] (taboo search algorithms with multimoves)、$DPSO_{svns}$ (discrete particle swarm optimization with self-adaptive)[10] 和 EDEc (enhanced differential evolution)[15] 比较。

所提算法采用 VC++编码,在操作系统为 Microsoft Windows 7 X64、PC 环境为 Pentium(R) Dual 2.79GHz 和 1.96GB 内存上测试,其他参数的设置如表 2.1所列。

表 2.1　参数设置

参数	符号	值
工件数	n	{20,50,100,200,500}
机器数	m	{5,10,20}
种群大小	PS	20
交叉概率	pc	0.1
变异概率	pmu	0.9
局部搜索概率	pls	0.2
CPU 时间	time	$5\times m\times n$
独立运行次数	t	5

采用平均相对百分偏差(average relative percentage differences,ARPD),评价所有算法的性能优劣,该指标的表达式为

$$\mathrm{ARPD}_i=\frac{1}{50}\sum_{j=1}^{10}\sum_{t=1}^{5}\frac{C_j^{\mathrm{R}}-C_{j,t}^{i}}{C_j^{\mathrm{R}}}\times 100\% \tag{2.10}$$

式中,$i\in\{\mathrm{TS+M},\mathrm{HDDE},\mathrm{DABC},\mathrm{IABC},\mathrm{DPSO_{svns}},\mathrm{EDEc},\text{DE-ABC}\}$;$C_{j,t}^{i}$表示第 i 个算法的第 j 个算例在独立运行第 t 次得到的最大完工时间;C_j^{R} 是 Ronconi[14] 给出的第 j 个算例的上界值。由式(2.10)可知,ARPD_i 值越大,说明算法 i 得到的结果越好。此外,每个算例的最大最小相对百分偏差 MaxAD 和 MinAD 也在实验中给出。

通过下列 5 组实验,从不同角度验证所提算法的高效性。

(1) 分析参数 pmu、pc 和 pls 对 DE-ABC 算法的影响;

(2) DE-ABC 算法与六种对比算法的 ARPD 值;

(3) 120 个算例的上界值;

(4) DE-ABC 算法与对比算法的进化曲线;

(5) 非参数检验。

2.5.2　参数 pmu、pc 和 pls 对 DE-ABC 算法的影响

图 2.4～图 2.6 给出了参数 pmu、pc 和 pls 对 DE-ABC 算法性能的影响。不失一般性,每个参数的取值在 0～1 变化,变化步长为 0.1。图中,横坐标代表参数取值,纵坐标代表参数值对应的 120 个算例的平均 ARPD 值。

由图 2.4 可知:①当 pmu 在 0～0.1 取值时,曲线的变化相对平缓;②当 pmu 在 0.1～0.8 取值时(除去 0.3),ARPD 值逐渐减小,这表明,算法没有充分利用个体间的差异性信息,产生新解,从而导致解陷入局部最优;③当 pmu 取值为 0.9 时,ARPD 指标值达到最大,等于 4.22,这说明,算法充分利用了个体的差异性,产

生了较好的解,因此,pmu 的值设置为 0.9。

由图 2.5 可知:①当 pc 值在 0.3～1 变化时,当前解以较小的概率实施变异操作,ARPD 指标值随着参数值的增加而减小;②当 pc 取为 1 时,ARPD 指标值最小,这表明,整个算法仅执行交叉算子,减缓了算法的收敛速度。由图 2.5 可知,设置 pc=0.1 时,ARPD 值最大。

由图 2.6 可知:①当 pls=0 时,算法不执行局部搜索,这时,所提算法的性能最差;②当 pls>0.1 时,随着 pls 的取值逐渐增大,所提算法的 ARPD 值越来越小,这是因为,越来越多的解被选择执行局部搜索,增加了算法的时间复杂度。在给定的运行时间内,如果局部搜索占用的时间越多,那么算法的迭代次数越少,从而失去了产生更好解的机会。通过上述分析,本章设定 pls 的值为 0.2。

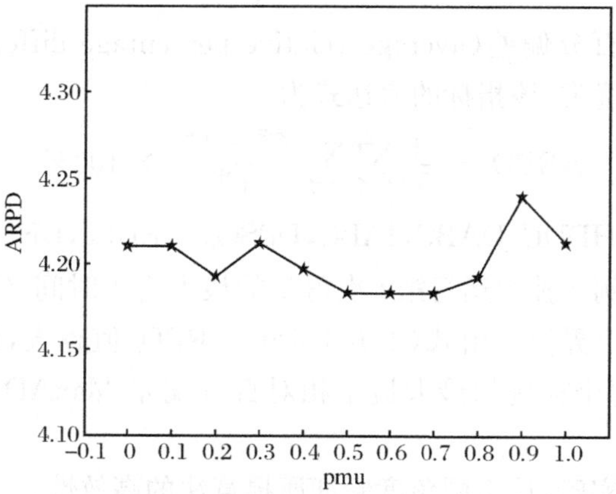

图 2.4 参数 pmu 对 ARPD 的影响

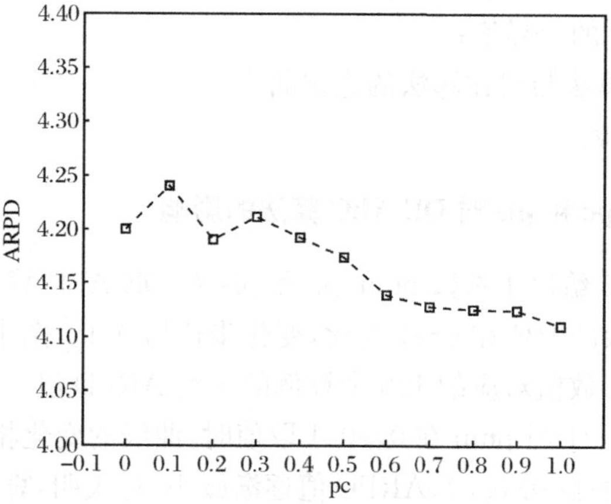

图 2.5 参数 pc 对 ARPD 的影响

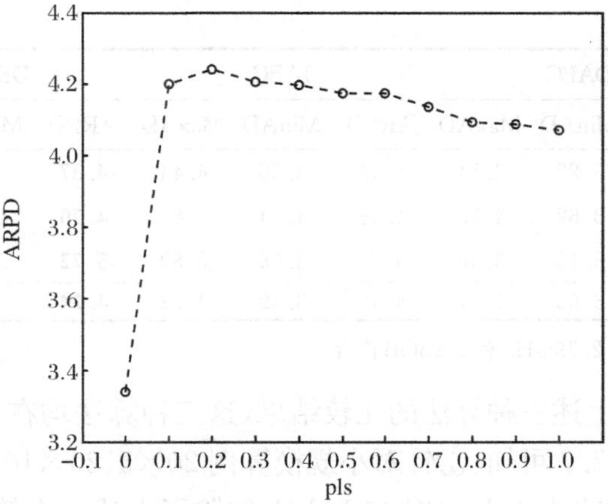

图 2.6　参数 pls 对 ARPD 的影响

2.5.3　DE-ABC 算法与六种对比算法的 ARPD 值

1. DE-ABC、DABC 和 IABC 的对比结果

本部分将 DE-ABC 与已有的 DABC 和 IABC 比较。DABC 与 DE-ABC 的区别在于：在雇佣蜂阶段，前者采用插入和交叉操作，而后者采用差分进化，以产生新解。除了上述区别之外，前者初始化种群时，采用了四种初始化策略，而后者仅采用了其中一种。尽管四种初始化策略优于一种，但是，如果 DE-ABC 的性能优于 IABC，那么，DDE 将能够产生好的解，并能提高 DE-ABC 的性能。因此，本小节通过表 2.2 的实验结果，说明 DDE 具有优越的全局探测能力。表中黑体数据表示算法得到最好的 ARPD 值。

表 2.2　算法 DABC[a]、IABC[a] 和 DE-ABC[a] 的 ARPD 值

$n\times m$	DABC			IABC			DE-ABC			时间/s
	ARPD	MinAD	MaxAD	ARPD	MinAD	MaxAD	ARPD	MinAD	MaxAD	
20×5	**0.44**	0.40	0.46	0.41	0.32	0.46	0.34	0.21	0.46	0.50
20×10	**2.40**	2.38	2.40	2.38	2.35	2.39	2.34	2.25	2.40	1.00
20×20	**3.30**	3.30	3.30	**3.30**	3.29	3.30	3.29	3.26	3.30	2.00
50×5	4.60	4.29	4.90	4.68	4.32	5.03	**4.89**	4.52	5.21	1.25
50×10	6.09	5.71	6.44	6.15	5.80	6.46	**6.25**	5.93	6.55	2.50
50×20	6.27	5.99	6.54	6.29	6.03	6.57	**6.45**	6.15	6.72	5.00
100×5	2.08	1.74	2.43	2.31	2.07	2.54	**2.67**	2.29	3.09	2.50
100×10	5.63	5.40	5.88	5.97	5.68	6.34	**6.27**	5.93	6.62	5.00
100×20	5.11	4.73	5.41	5.39	5.13	5.72	**5.53**	5.15	5.89	10.00

续表

$n\times m$	DABC			IABC			DE-ABC			时间/s
	ARPD	MinAD	MaxAD	ARPD	MinAD	MaxAD	ARPD	MinAD	MaxAD	
200×10	3.49	3.22	3.81	4.14	3.86	4.44	**4.37**	3.91	4.74	10.00
200×20	3.91	3.62	4.23	4.46	4.24	4.67	**4.70**	4.45	5.02	20.00
500×20	3.25	3.10	3.46	3.70	3.56	3.89	**3.72**	3.51	3.94	50.00
平均值	3.88	3.66	4.11	4.10	3.89	4.32	**4.24**	3.96	4.50	9.15

a. Pentium(R) Dual 2.79GHz 和 1.96GB 内存。

表 2.2 给出了上述三种算法的比较结果，这三种算法均在相同的计算时间和环境下运行。由表 2.2 可知：①针对小规模算例 20×5、20×10 和 20×20，本章方法得到的 ARPD 值略小于 DABC 和 IABC；②除了上述 3 个算例之外，本章方法得到的 ARPD 值都明显优于上述对比算法；③从 120 个算例的平均 ARPD 值来看，DE-ABC 明显优于 DABC 和 IABC；④本章方法得到的最小最大百分比偏差 MinAD 和 MaxAD，也明显大于 DABC 和 IABC；⑤随着问题规模的增大，DE-ABC 的优越性更加明显。

由表 2.2 的实验结果可知，DDE 能充分利用种群中不同个体间的差异，产生新解，并融入 DABC 中，提高了 DE-ABC 的全局探测性能。

2. DE-ABC、EDEc 和 HDDE 的对比结果

Wang 等[16]和 Davendra 等[15]分别提出了 HDDE 和 EDEc，求解阻塞流水线调度问题，实验结果表明，所提算法优于 TS+M、GA 和 HDE。DE-ABC、EDEc 和 HDDE 的共同点是都采用了 DDE 算子，提高了算法的全局搜索能力。但是，后两种算法缺乏局部开发能力。DE-ABC 通过插入交换算子，产生好的邻域解，从而在一定程度上提高了算法的局部搜索能力。表中黑体数据表示算法得到的最好 ARPD 值。

表 2.3 给出了 DE-ABC、EDEc 和 HDDE 的对比结果。由该表可知：①针对小规模算例 20×5、20×10 和 20×20，DE-ABC 的 ARPD 值略差于 EDEc 和 HDDE；②除了上述算例和 100×5 算例之外，本章方法得到的 ARPD 值都大于对比算法；③从 120 个算例的平均 ARPD 值来看，本章方法明显优于 EDEc 和 HDDE。

表 2.3 算法 HDDE[a]、DE-ABC[a]和 EDEc[b]的 ARPD 值

$n\times m$	EDEc			HDDE			DE-ABC		
	ARPD	MinAD	MaxAD	ARPD	MinAD	MaxAD	ARPD	MinAD	MaxAD
20×5	**0.46**	0.00	1.83	0.45	0.42	0.46	0.34	0.21	0.46
20×10	**2.39**	0.57	5.36	2.38	2.37	2.39	2.34	2.25	2.40
20×20	**3.30**	2.13	4.48	**3.30**	3.29	3.30	3.29	3.26	3.30

续表

$n\times m$	EDEc			HDDE			DE-ABC		
	ARPD	MinAD	MaxAD	ARPD	MinAD	MaxAD	ARPD	MinAD	MaxAD
50×5	4.80	3.03	6.06	4.58	4.37	4.85	**4.89**	4.52	5.21
50×10	5.78	4.50	6.95	5.94	5.66	6.19	**6.25**	5.93	6.55
50×20	5.82	3.68	8.13	6.19	6.02	6.44	**6.45**	6.15	6.72
100×5	3.23	1.46	3.92	1.78	1.47	2.09	2.67	2.29	3.09
100×10	5.92	3.62	6.24	5.44	5.22	5.72	**6.27**	5.93	6.62
100×20	4.74	3.28	5.25	4.86	4.66	5.14	**5.53**	5.15	5.89
200×10	3.23	2.58	4.84	3.41	3.21	3.68	**4.37**	3.91	4.74
200×20	3.32	3.09	3.73	3.83	3.65	4.08	**4.70**	4.45	5.02
500×20	2.56	2.12	3.05	2.91	2.72	3.13	**3.72**	3.51	3.94
平均值	3.80	2.51	4.99	3.76	3.59	3.96	**4.24**	3.96	4.50

a. Pentium(R) Dual 2.79GHz 和 1.96GB 内存；

b. MacBook Pro，2.4GHz Intel Core 2 Duo 和 2GB 内存。

从上述分析可得，DE-ABC 能够弥补 DDE 在局部开发能力上的不足，结合 DABC 的优点，很好地平衡了全局探测和局部开发能力，从而产生高质量的解。

3. DE-ABC、TS+M 和 $DPSO_{svns}$ 的对比结果

求解阻塞流水线调度问题时，TS+M 是典型的对比方法，因此，本章将 DE-ABC 与 TS+M 进行比较。TS+M 的 120 个算例的最大完工时间是在 Intel 1GHz CPU 上运行 30000 次得到的，而 $DPSO_{svns}$ 和 DE-ABC 是在 Pentium 2.33 2.79GHz CPU上运行 2000 次得到的。尽管后者的实验环境比 TS+M 好，但是，本章采用了较少的迭代次数，因此，三种算法的比较是相对公平的，实验结果具有可比性。

由表 2.4 可知：①针对阻塞流水线调度问题的 120 个算例，DE-ABC 得到的 ARPD 值明显优于 TS+M 和 $DPSO_{svns}$；②DE-ABC 得到的 MinAD 和 MaxAD 的值明显大于上述对比算法。这些结果表明，所提算法能够产生高质量的解。

表 2.4　算法 TS+M[a]、$DPSO^{b}_{svns}$ 和 DE-ABC 的 ARPD 值

$n\times m$	TS+M		$DPSO_{svns}$		DE-ABC			
	ARPD	时间/s	ARPD	时间/s	ARPD	MinAD	MaxAD	时间/s
20×5	−0.24	2.70	−0.07	1.00	**0.34**	0.21	0.46	0.50
20×10	1.77	4.60	1.94	2.00	**2.34**	2.25	2.40	1.00

续表

n×m	TS+M		$DPSO_{svns}$		DE-ABC			
	ARPD	时间/s	ARPD	时间/s	ARPD	MinAD	MaxAD	时间/s
20×20	2.94	7.60	3.12	3.00	**3.29**	3.26	3.30	2.00
50×5	0.55	6.20	3.36	2.50	**4.89**	4.52	5.21	1.25
50×10	3.52	10.80	4.25	5.00	**6.25**	5.93	6.55	2.50
50×20	4.26	19.30	4.60	10.00	**6.45**	6.15	6.72	5.00
100×5	2.62	12.40	1.48	5.00	**2.67**	2.29	3.09	2.50
100×10	2.66	22.10	4.42	10.00	**6.27**	5.93	6.62	5.00
100×20	3.02	39.40	3.38	20.00	**5.53**	5.15	5.89	10.00
200×10	0.58	44.30	2.53	20.00	**4.37**	3.91	4.74	10.00
200×20	2.31	79.40	2.82	40.00	**4.70**	4.45	5.02	20.00
500×20	1.47	209.00	1.63	100.00	**3.72**	3.51	3.94	50.00
平均值	2.12	38.15	2.79	18.21	**4.24**	3.96	4.50	9.15

a. Pentium P-IV 1000MHz 和 30000 次迭代；

b. Intel 2.33GHz CPU 和 2GB 内存。

总之，由表 2.2～表 2.4 可知，本章所提方法明显优于 TS+M、HDDE、IABC、$DPSO_{svns}$和 EDEc。该方法优越的原因主要归功于如下三个方面：首先，在雇佣蜂阶段，能充分利用种群中不同解之间的差异，产生全局较优解；其次，在观察蜂阶段，通过自适应插入交换，对选择的解进行邻域搜索；最后，通过局部搜索，对当前解进一步局部探测。通过不断执行全局和局部算子，产生了高质量的解。

2.5.4 120 个算例的上界值

Ronconi[14]采用启发式算法，给出了阻塞流水线调度问题 120 个算例的上界值。之后，Grabowski 等[9]采用 TS+M，更新了其中的 94 个上界值。后来，越来越多的智能优化方法，如 HDDE、DABC、$DPSO_{svns}$、EDEc 和 IABC，不断更新 120 个算例的上界值。表 2.5 和表 2.6 给出了 DE-ABC 得到的最优上界值，其中，黑体数据代表每一算例到目前为止的最好值。

由表 2.5 和表 2.6 可知：①对于 30 个小规模算例，DE-ABC、HDDE、DABC、$DPSO_{svns}$、EDEc 和 IABC 都能得到最好值；②在剩余的 90 个算例中，TS+M、DABC、HDDE、$DPSO_{svns}$、EDEc 和 IABC 能够更新最好上界值的个数分别为 0、6 (6/90=7%)、1(1/90=1%)、0、11(12/90=12%) 和 10 (10/90=11%)，而 DE-ABC 更新了 62 (62/90=69%)个上界值。实验结果表明，所提算法比六种对比算法更新了更多的基准算例。

表 2.5 算例 n=20 和 n=50 时的最大完工时间值

$n\times m$	算例	TS+M	DABC	HDDE	$DPSO_{svns}$	EDEc	IABC	DE-ABC
20×5	Ta01	1387	**1374**	**1374**	**1374**	**1374**	**1374**	**1374**
	Ta02	**1408**	**1408**	**1408**	**1408**	**1408**	**1408**	**1408**
	Ta03	**1280**	**1280**	**1280**	**1280**	**1280**	**1280**	**1280**
	Ta04	**1448**	**1448**	**1448**	**1448**	**1448**	**1448**	**1448**
	Ta05	**1341**	**1341**	**1341**	**1341**	**1341**	**1341**	**1341**
	Ta06	**1363**	**1363**	**1363**	**1363**	**1363**	**1363**	**1363**
	Ta07	**1381**	**1381**	**1381**	**1381**	**1381**	**1381**	**1381**
	Ta08	**1379**	**1379**	**1379**	**1379**	**1379**	**1379**	**1379**
	Ta09	**1373**	**1373**	**1373**	**1373**	**1373**	**1373**	**1373**
	Ta10	**1283**	**1283**	**1283**	**1283**	**1283**	**1283**	**1283**
20×10	Ta11	**1698**	**1698**	**1698**	**1698**	**1698**	**1698**	**1698**
	Ta12	1836	**1833**	**1833**	**1833**	**1833**	**1833**	**1833**
	Ta13	1674	**1659**	**1659**	**1659**	**1659**	**1659**	**1659**
	Ta14	1555	**1535**	**1535**	**1535**	**1535**	**1535**	**1535**
	Ta15	1631	**1617**	**1617**	**1617**	**1617**	**1617**	**1617**
	Ta16	1603	**1590**	**1590**	**1590**	**1590**	**1590**	**1590**
	Ta17	1629	**1622**	**1622**	**1622**	**1622**	**1622**	**1622**
	Ta18	1754	**1731**	**1731**	**1731**	**1731**	**1731**	**1731**
	Ta19	1759	**1749**	**1749**	**1749**	**1749**	**1749**	**1749**
	Ta20	**1782**	**1782**	**1782**	**1782**	**1782**	**1782**	**1782**
20×20	Ta21	2449	**2436**	**2436**	**2436**	**2436**	**2436**	**2436**
	Ta22	2242	**2234**	**2234**	**2234**	**2234**	**2234**	**2234**
	Ta23	2483	**2479**	**2479**	**2479**	**2479**	**2479**	**2479**
	Ta24	**2348**	**2348**	**2348**	**2348**	**2348**	**2348**	**2348**
	Ta25	2450	**2435**	**2435**	**2435**	**2435**	**2435**	**2435**
	Ta26	2398	**2383**	**2383**	**2383**	**2383**	**2383**	**2383**
	Ta27	2397	**2390**	**2390**	**2390**	**2390**	**2390**	**2390**
	Ta28	2345	**2328**	**2328**	**2328**	**2328**	**2328**	**2328**
	Ta29	**2363**	**2363**	**2363**	**2363**	**2363**	**2363**	**2363**
	Ta30	2334	**2323**	**2323**	**2323**	**2323**	**2323**	**2323**

续表

$n\times m$	算例	TS+M	DABC	HDDE	$DPSO_{svns}$	EDEc	IABC	DE-ABC
50×5	Ta31	3163	**3009**	3027	3038	3028	3021	3016
	Ta32	3348	3215	3225	3233	3227	**3203**	3219
	Ta33	3173	3040	3032	3050	3031	**3022**	3025
	Ta34	3277	3142	3145	3181	3140	**3128**	3136
	Ta35	3338	3180	3188	3196	3173	3186	**3162**
	Ta36	3330	3192	3190	3213	3194	3193	**3177**
	Ta37	3168	3046	3049	3055	3053	3031	**3024**
	Ta38	3228	3084	3081	3084	3089	3081	**3059**
	Ta39	3068	2923	**2917**	2935	2936	2921	2921
	Ta40	3285	3134	3127	3137	3127	3135	**3125**
50×10	Ta41	3776	3654	3665	3686	3681	3661	**3647**
	Ta42	3641	3508	3522	3548	3534	3512	**3496**
	Ta43	3588	**3487**	3497	3517	3524	3497	3495
	Ta44	3786	3687	3682	3732	3710	3680	**3672**
	Ta45	3745	3643	3650	3669	3663	**3636**	3637
	Ta46	3747	3607	3621	3674	3634	**3600**	3619
	Ta47	3778	3707	3716	3729	3731	3708	**3688**
	Ta48	3708	3587	3591	3615	3603	**3572**	3589
	Ta49	3668	**3527**	3553	3573	3563	3541	3534
	Ta50	3729	3637	3642	3672	3656	3631	**3623**
50×20	Ta51	4627	**4515**	4516	4547	4541	4521	4517
	Ta52	4411	4307	4298	4349	4329	4289	**4278**
	Ta53	4388	4278	4282	4343	4319	4289	**4266**
	Ta54	4479	4382	4379	4456	4416	4378	**4344**
	Ta55	4359	4282	4283	4283	4304	4278	**4276**
	Ta56	4372	4295	4301	4334	4328	**4290**	4299
	Ta57	4402	4324	4325	4371	4369	4312	**4311**
	Ta58	4444	**4322**	4341	4384	4361	4328	4336
	Ta59	4423	**4318**	4328	4343	4365	4320	4323
	Ta60	4609	4429	4443	4520	4452	4433	**4415**

表 2.6　算例 n=100、n=200 和 n=500 时的最大完工时间值

$n\times m$	算例	TS+M	DABC	HDDE	$DPSO_{svns}$	EDEc	IABC	DE-ABC
100×5	Ta61	6639	6226	6274	6270	**6155**	6232	6179
	Ta62	6481	6117	6121	6098	**6042**	6105	6072
	Ta63	6299	6017	6035	6018	**5941**	6007	5976
	Ta64	6120	5835	5839	5842	**5772**	5810	5783
	Ta65	6340	6056	6060	6026	**5997**	6056	6001
	Ta66	6244	5910	5956	5951	**5876**	5903	5891
	Ta67	6346	6074	6101	6094	**6008**	6063	6049
	Ta68	6289	5997	6022	5964	**5908**	5980	5948
	Ta69	6559	6201	6234	6221	**6153**	6218	6187
	Ta70	6509	6247	6247	6209	**6160**	6237	6195
100×10	Ta71	7320	7119	7140	7146	**7053**	7097	7069
	Ta72	7108	6824	6853	6882	6806	6806	**6781**
	Ta73	7233	6959	6957	6997	6925	6951	**6911**
	Ta74	7413	7213	7246	7283	7201	**7173**	7188
	Ta75	7168	6899	6895	6940	6853	6852	**6840**
	Ta76	6993	6719	6754	6768	6702	6697	**6661**
	Ta77	7092	6874	6869	6924	6841	6835	**6826**
	Ta78	7143	6927	6931	6961	6897	6886	**6859**
	Ta79	7327	7144	7133	7192	7059	7090	**7039**
	Ta80	7299	7037	7056	7086	6990	**6982**	6993
100×20	Ta81	8101	7866	7878	8068	7894	7829	**7841**
	Ta82	8105	7919	7931	8015	7902	7881	**7883**
	Ta83	8071	7918	7944	7985	7897	7873	**7856**
	Ta84	8081	7875	7923	7999	7919	7883	**7857**
	Ta85	8074	7899	7900	7977	7905	7873	**7859**
	Ta86	8151	7940	7971	8054	7979	7923	**7870**
	Ta87	8273	8009	8031	8122	8041	8002	**7993**
	Ta88	8248	8059	8086	8185	8061	8042	**8026**
	Ta89	8116	7980	8018	8084	7984	7952	**7928**
	Ta90	8261	8005	8017	8102	8025	7945	7973

续表

$n\times m$	算例	TS+M	DABC	HDDE	$DPSO_{svns}$	EDEc	IABC	DE-ABC
200×10	Ta91	14220	13711	13722	13806	13725	13622	**13617**
	Ta92	14089	13647	13596	13721	13624	13567	**13514**
	Ta93	14149	13732	13762	13867	13721	13632	**13584**
	Ta94	14156	13678	13686	13706	13675	13605	**13532**
	Ta95	14130	13666	13702	13832	13723	13528	**13504**
	Ta96	13963	13410	13492	13517	13420	13352	**13311**
	Ta97	14386	13901	13925	13943	13898	13859	**13814**
	Ta98	14256	13798	13839	13885	13809	13722	**13644**
	Ta99	13954	13626	13656	13726	13585	13507	**13505**
	Ta100	14224	13764	13733	13818	13703	13638	**13623**
200×20	Ta101	15334	15006	15057	15117	15111	14931	**14901**
	Ta102	15522	15229	15263	15309	15326	15180	**15087**
	Ta103	15713	15329	15360	15495	15440	15218	**15205**
	Ta104	15687	15233	15276	15452	15400	15188	**15109**
	Ta105	15443	15149	15123	15257	15215	15076	**15001**
	Ta106	15472	15224	15223	15370	15372	15220	**15108**
	Ta107	15522	15199	15288	15289	15327	15185	**15113**
	Ta108	15540	15322	15283	15402	15410	15203	**15139**
	Ta109	15394	15162	15207	15337	15280	15093	**15066**
	Ta110	15523	15239	15254	15379	15357	15132	**15141**
500×20	Ta111	37860	36960	37206	37614	37139	36908	**36865**
	Ta112	38044	37359	37485	37965	37474	37192	**37132**
	Ta113	37732	36827	37142	37477	37154	36872	**36778**
	Ta114	38062	37328	37291	37986	37471	37245	**37132**
	Ta115	37991	37032	37267	37592	37162	36936	**36722**
	Ta116	38132	37221	37477	37969	37372	37244	**37131**
	Ta117	37561	36970	37133	37528	37324	36845	**36825**
	Ta118	37750	37219	37161	37790	37562	37045	**37019**
	Ta119	37730	37060	36939	37455	37112	**36816**	36885
	Ta120	38014	37243	37389	37818	37294	37137	**37056**

2.5.5 DE-ABC 算法与对比算法的进化曲线

为了进一步评价不同算法的收敛性能，本小节给出了阻塞流水线调度问题的最大完工时间随进化时间变化的曲线。随机选择 120 个标准算例中的 6 个 Ta53、Ta72、Ta86、Ta96、Ta109 和 Ta115 进行实验，并记录下六种算法得到的最大完工时间的最小值。在图 2.7～图 2.9 中，横坐标代表算法的运行时间，纵坐标为 HDDE、DABC、$DPSO_{svns}$、EDEc、IABC 和 DE-ABC 得到的最大完工时间。

由图 2.7～图 2.9 可知，针对每一个算例，随着时间的增加，最大完工时间逐渐减小，这说明，所有算法均具有好的收敛性。在这些进化曲线中，DE-ABC 的收敛曲线水平最低，说明所提算法比六种对比算法具有更好的收敛性。更重要的是，随着问题规模的增加，DE-ABC 在收敛性方面的优越性更加明显。

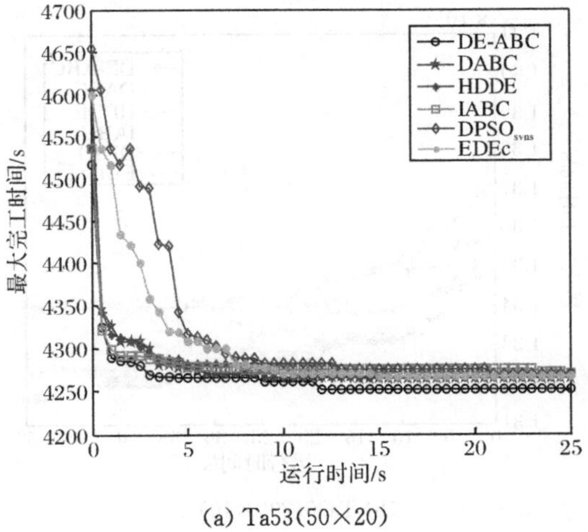

(a) Ta53(50×20)

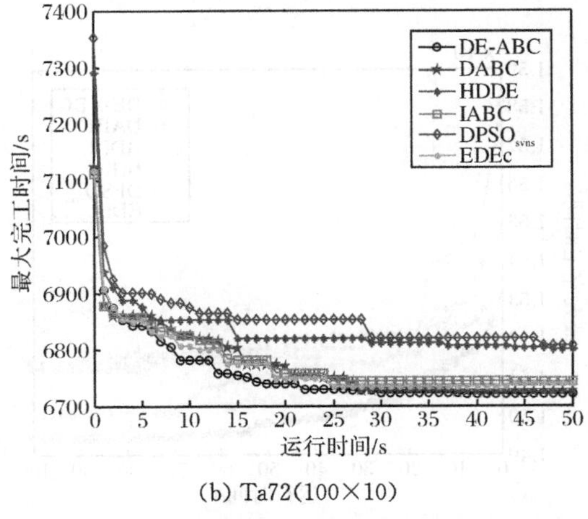

(b) Ta72(100×10)

图 2.7　算例 Ta53 和 Ta72 的进化曲线

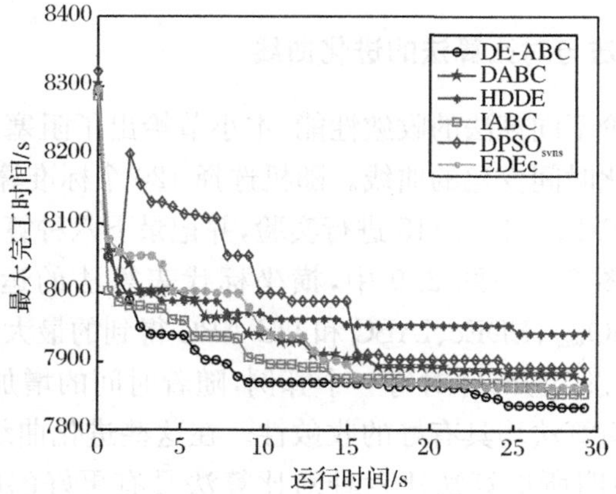

(a) Ta86(100×20)

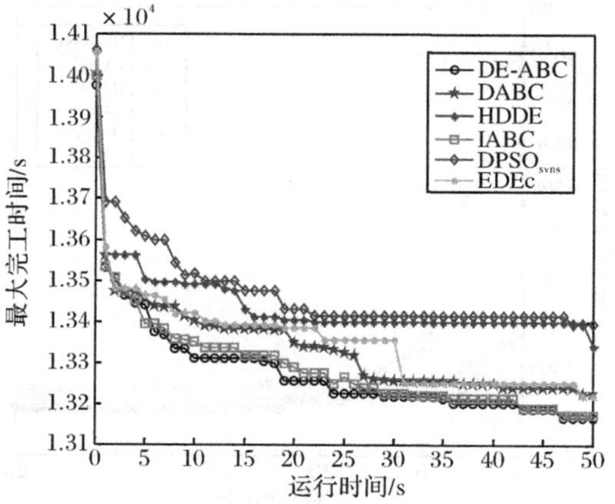

(b) Ta96(200×10)

图 2.8　算例 Ta86 和 Ta96 的进化曲线

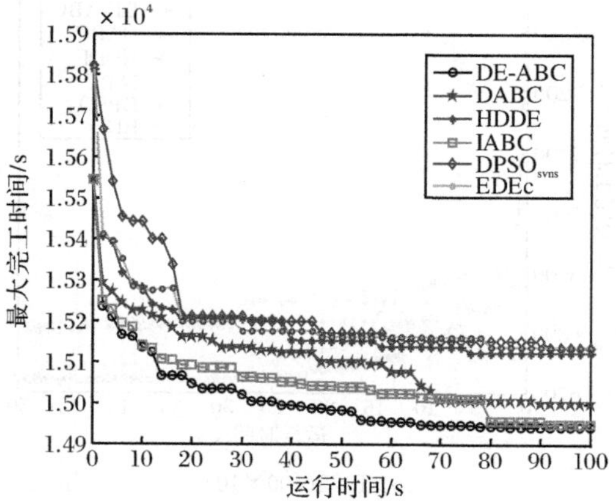

(a) Ta109(200×20)

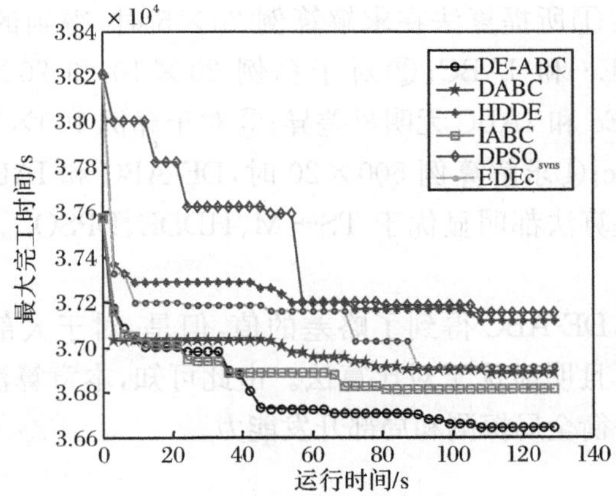

(b) Ta115(500×20)

图 2.9　算例 Ta109 和 Ta115 的进化曲线

2.5.6　非参数检验

本小节采用 Mann-Whitney U distribution test 非参数检验方法，验证所提算法在 ARPD 指标上是否明显优于对比算法。在表 2.7 中，符号"＋"和"－"分别代表所提算法明显优于和劣于对比算法，符号"0"代表这两种算法无明显差别。

表 2.7　不同算法在 ARPD 指标上的非参数检验

$n\times m$	TS+M	HDDE	$DPSO_{svns}$	DABC	EDEc	IABC
20×5	＋	－	＋	－	－	－
20×10	＋	0	0	0	0	0
20×20	＋	0	0	0	0	0
50×5	＋	＋	＋	＋	0	＋
50×10	＋	＋	＋	＋	＋	＋
50×20	＋	＋	＋	＋	＋	＋
100×5	＋	＋	＋	＋	－	＋
100×10	＋	＋	＋	＋	＋	＋
100×20	＋	＋	＋	＋	＋	＋
200×10	＋	＋	＋	＋	＋	＋
200×20	＋	＋	＋	＋	＋	＋
500×20	＋	＋	＋	＋	＋	0

由表 2.7 可知：①所提算法在求解算例 20×5 时，得到的 ARPD 值略劣于 HDDE、DABC、EDEc 和 IABC；②对于算例 20×10 和 20×20，所提算法与 HDDE、DABC、EDEc 和 IABC 无明显差异；③对于算例 100×5，所提算法得到的 ARPD 值劣于 EDEc；④求解算例 500×20 时，DE-ABC 和 IABC 无明显差异；⑤除了上述算例，所提算法都明显优于 TS+M、HDDE、$DPSO_{svns}$、DABC、EDEc 和 IABC。

对于有些算例，DE-ABC 得到了略差的值，但是，对于大部分算例，DE-ABC 都得到了更好的解，且明显优于对比算法。由此可知，本章算法具有非常好的收敛性，能够很好地平衡全局探测和局部开发能力。

2.6 本章小结

对于传统的流水线调度问题，通常有足够的缓冲区(库存)用于存放已完工的工件。但是，在诸多生产过程中，相邻机器之间通常没有缓冲区，从而造成了工件阻塞，这就是所谓的阻塞流水线调度问题。与一般的流水线调度问题相比，该问题更加复杂，已有的求解该问题的智能优化方法，如 ABC，不能很好地平衡全局和局部性能。

鉴于此，本章研究阻塞流水线调度问题时提出了基于 ABC 与 DE 的混合人工蜂群优化方法求解上述调度问题。该方法首先采用设计的初始化策略，产生高质量的初始种群；然后，在雇佣蜂阶段，采用 DDE 算子代替原有的插入方法，以产生新解；最后，在观察蜂阶段，通过设计的自适应插入交换策略，寻找更好的邻域解。

将本章方法应用于求解阻塞流水线调度问题的 120 个基准算例，并与 TS+M、HDDE、$DPSO_{svns}$、DABC、EDEc 和 IABC 在 ARPD 性能上比较。实验结果表明，本章算法具有非常好的收敛性，能够很好地平衡全局探测和局部开发能力。

本章仅考虑了以最大完工时间为指标的流水线调度问题，没有考虑推迟完工时间、提前完工时间以及总流经时间等多个目标的流水线调度问题，而后者的应用范围更加广泛。鉴于此，在接下来的章节中，将研究多目标流水线调度问题，并依据该问题的特性，提出相应的进化求解方法。

参考文献

[1] Wang L, Pan Q K, Tasgetiren M F. A hybrid harmony search algorithm for the blocking permutation flow shop scheduling problem[J]. Computers & Industrial Engineering, 2011, 61(1): 76-83.

[2] Nawaz M, Enscore E E, Ham I. A heuristic algorithm for the m-machine, n-job flow-shop

sequencing problem[J]. OMEGA-International Journal of Management Science, 1983, 11(1): 91-95.

[3] Ribas I, Companys R, Tort-Martorell X. An iterated greedy algorithm for the flowshop scheduling problem with blocking [J]. OMEGA-International Journal of Management Science, 2011, 39(3): 293-301.

[4] McCormick S T, Pinedo M L, Shenker S, et al. Sequencing in an assembly line with blocking to minimize cycle time[J]. Operations Research, 1989, 37(6): 925-935.

[5] Pan Q K, Wang L. Effective heuristics for the blocking flowshop scheduling problem with makespan minimization[J]. OMEGA-International Journal of Management Science, 2012, 40(2): 218-229.

[6] Ronconi D P. A note on constructive heuristics for the flowshop problem with blocking[J]. International Journal of Production Economics, 2004, 87(1): 39-48.

[7] Han Y Y, Pan Q K, Li J Q, et al. An improved artificial bee colony algorithm for the blocking flowshop scheduling problem [J]. The International Journal of Advanced Manufacturing Technology, 2012, 60(9-12): 1149-1159.

[8] Caraffa V, Ianes S, Bagchi T P, et al. Minimizing makespan in a blocking flowshop using genetic algorithms[J]. International Journal of Production Economics, 2001, 70(2): 101-115.

[9] Grabowski J, Pempera J. The permutation flow shop problem with blocking. A tabu search approach[J]. OMEGA-International Journal of Management Science, 2007, 35(3): 302-311.

[10] Wang X, Tang L. A discrete particle swarm optimization algorithm with self-adaptive diversity control for the permutation flowshop problem with blocking[J]. Applied Soft Computing, 2012, 12(2): 652-662.

[11] Karaboga D. Artificial bee colony algorithm[J]. Scholarpedia, 2010, 5(3): 6915.

[12] Ruiz R, Stützle T. An iterated greedy heuristic for the sequence dependent setup times flowshop problem with makespan and weighted tardiness objectives[J]. European Journal of Operational Research, 2008, 187(3): 1143-1159.

[13] Pan Q K, Tasgetiren M F, Suganthan P N, et al. A discrete artificial bee colony algorithm for the lot-streaming flow shop scheduling problem[J]. Information Sciences, 2011, 181(12): 2455-2468.

[14] Ronconi D P. A branch-and-bound algorithm to minimize the makespan in a flowshop with blocking[J]. Annals of Operations Research, 2005, 138(1): 53-65.

[15] Davendra D, Zelinka I, Bialic-Davendra M, et al. Clustered enhanced differential evolution for the blocking flow shop scheduling problem [J]. Central European Journal of Operations Research, 2012, 20(4): 679-717.

[16] Wang L, Pan Q K, Suganthan P N, et al. A novel hybrid discrete differential evolution algorithm for blocking flow shop scheduling problems[J]. Computers & Operations Research, 2010, 37(3): 509-520.

第 3 章 多目标批量流水线调度问题的进化求解

第 2 章研究了阻塞流水线调度问题的进化求解方法，提出了 DE-ABC 算法，弥补了已有 DABC 算法在全局搜索能力上的缺陷。对于阻塞流水线调度问题，通常一个(批)工件是完整的，不可分割的。但是，在实际生产中，一个(批)工件可以分割为若干转移批量(批次)，每个转移批量(批次)在当前机器上加工之后，允许进入下游的机器上加工。每个转移批量在这样的批量加工方式下，可以加速生产流程，降低生产成本，具有广泛的工程应用背景和重要的理论研究价值。

本章考虑在无限中间缓冲区的条件下，将流水线调度问题的工件分割为若干转移批量，形成批量流水线调度问题，并采用 INSGA-II，同时优化该问题的最大完工时间、总流经时间、机器等待时间和提前完工时间等 4 个目标函数。关于无缓冲区条件下的批量流水线调度问题，将在第 5 章详细阐述。

本章的贡献体现在如下三方面：①基于 NEH 启发式算法，产生 4 个性能优越的初始解，显著提高初始种群的质量；②利用非支配解信息，建立概率模型，通过对模型的采样和学习，产生高质量的解；③提出重启策略，提高种群的多样性。

本章的结构安排如下：3.1 节是问题的研究背景；3.2 节给出多目标批量流水线调度问题的数学模型；3.3 节阐述提出的 INSGA-II；整个算法的流程在 3.4 节提供；3.5 节是实验结果与分析；3.6 节总结本章内容，并指出需要进一步研究的问题。

3.1 研究背景

近几十年来，很多智能优化算法，如 GA、HS、PSO、ABC 和 EDA 等，已成功用于求解单目标批量流水线调度问题。但是，在实际的生产车间调度中，不仅考虑最大完工时间等单个目标，还要同时考虑推迟完工时间、提前完工时间和总流经时间等多个目标，而后者的应用范围更加广泛。

NSGA-II 是 Deb[1] 提出的一种典型的求解多目标优化问题的进化算法。该算法具有个体精英保留机制等特性，引起了很多学者的关注。已有的 NSGA-II 解决流水线调度时，通常改进非支配排序方法或者加入局部搜索，以提高算法的局部开发能力，但是，对于 NSGA-II 的交叉和变异算子，没有进一步研究。传统的交叉和变异算子具有随机性、无目的性和无方向性，很难产生高质量的新解，从而降低了算法的收敛速度，影响了算法的效率。因此，本章采用 EDA 代替传统的交叉算子，利用非支配解的信息，建立概率模型，通过采样和学习，产生高质量的子代，以加快算法的收敛速度。此外，INSGA-II 采用提出的重启策略，丰富种群的多样性。

3.2　多目标批量流水线调度问题的数学模型

在批量流水线调度问题中，一个(批)典型的批量流水线调度问题中，每个螺丝可以看成一个完整的工件，该工件由若干个螺栓、螺柱、螺钉、螺母、垫圈或销等组成，如图 3.1 所示。螺栓在当前机器上加工之后，被传送到下游机器上加工，此时，当前机器可以空闲出来加工螺柱，这样的批量加工方式，充分提高了资源的利用率。

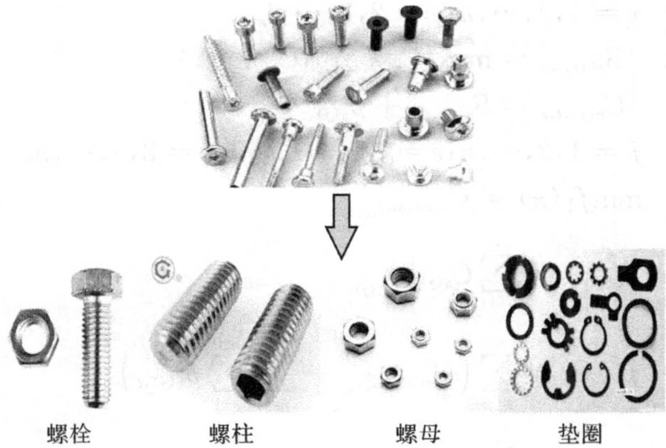

图 3.1　紧固件组成部分

批量流水线调度问题具体描述如下：有一个工件序列 $\pi=\{\pi(1),\pi(2),\cdots,\pi(j),\cdots,\pi(n)\}$，按照相同的工艺路线，在 m 台机器上加工。在本书中，批量是等量分割的，分割数量通过均匀分布函数获得。假设 $\pi(j)$ 被分割为若干小批量，即，$\pi(j)=\{\pi(j)^1,\pi(j)^2,\cdots,\pi(j)^{l_{\pi(j)}}\}$。约定：

(1) 每个小批量的加工次序都相同；

(2) 一个工件的所有小批量加工完后，下一个工件的小批量才可以加工；

(3) 在一台机器上，只能加工一个小批量，且一个小批量只能在一台机器上加工；

(4) 机器之间存在无限缓冲区；

(5) 同一台机器上的相邻批量之间有等待时间，机器准备和小批量运输时间包含在加工时间内，已知加工时间、交货期和每个工件的小批量数目。

式(3.1)～式(3.10)给出了调度序列 π 的 4 个目标函数的计算过程。

$$\begin{cases} S_{\pi(1),1,1} = 0 \\ C_{\pi(1),1,1} = S_{\pi(1),1,1} + p_{\pi(1),1} \end{cases} \tag{3.1}$$

$$\begin{cases} S_{\pi(1),t,1} = C_{\pi(1),t-1,1} \\ C_{\pi(1),t,1} = S_{\pi(1),t,1} + p_{\pi(1),t} \end{cases} \quad t = 2,3,\cdots,m \tag{3.2}$$

$$\begin{cases} S_{\pi(j),1,1} = C_{\pi(j-1),1,l_{\pi(j-1)}} \\ C_{\pi(j),1,1} = S_{\pi(j),1,1} + p_{\pi(1),1} \end{cases} \quad j = 2,3,\cdots,n \tag{3.3}$$

$$\begin{cases} S_{\pi(j),t,1} = \max\{C_{\pi(j),t-1,1}, C_{\pi(j-1),t,l_{\pi(j-1)}}\} \\ C_{\pi(j),t,1} = S_{\pi(j),t,1} + p_{\pi(j),t} \end{cases} \tag{3.4}$$

$$j = 2,3,\cdots,n; t = 2,3,\cdots,m$$

$$\begin{cases} S_{\pi(j),1,e} = C_{\pi(j),1,e-1} \\ C_{\pi(j),1,e} = S_{\pi(j),1,e} + p_{\pi(j),1} \end{cases} \tag{3.5}$$

$$j = 1,2,\cdots,n; e = 2,3,\cdots,l_{\pi(j)}$$

$$\begin{cases} S_{\pi(j),t,e} = \max\{C_{\pi(j),t-1,e}, C_{\pi(j),t,e-1}\} \\ C_{\pi(j),t,e} = S_{\pi(j),t,e} + p_{\pi(j),t} \end{cases} \tag{3.6}$$

$$j = 1,2,\cdots,n; e = 2,3,\cdots,l_{\pi(j)}; t = 2,3,\cdots,m$$

$$\min f_1(\pi) = C_{\pi(n),m,l_{\pi(n)}} \tag{3.7}$$

$$f_2(\pi) = \sum_{j=1}^{n} C_{\pi(j),m,l_{\pi(j)}} \tag{3.8}$$

$$f_3(\pi) = \sum_{t=1}^{m} \left(C_{\pi(n),t,l_{\pi(n)}} - \sum_{j=1}^{n} \sum_{l-1}^{l_{\pi(j)}} p_{\pi(j),t} \right) \tag{3.9}$$

$$f_4(\pi) = \sum_{j=1}^{n} \max(0, d_j - C_{\pi(j),m,l_{\pi(j)}}) \tag{3.10}$$

本节涉及变量符号含义如表 3.1 所示。

表 3.1　变量符号解释

符号	含义
$\pi(j)$	工件序列 π 中第 j 个工件
$l_{\pi(j)}$	工件 j 包含的小批量总数
$\pi(j)^e$	工件 j 的第 e 个小批量
$p_{\pi(j),t}$	工件 j 在机器 t 上的加工时间
$p'_{e,t}$	小批量 e 在机器 t 上的加工时间
$C_{\pi(j),t,e}$	工件 j 的第 e 个小批量在机器 t 上的完工时间
$S_{\pi(j),t,e}$	工件 j 的第 e 个小批量在机器 t 上的开始时间
d_j	工件 j 的交货期
f_1	所有工件的最大完工时间
f_2	所有工件的总流经时间
f_3	所有机器的等待时间
f_4	推迟完工时间

例 3.1　本例给出了批量加工和传统加工的区别。假设有 2 个工件 $\pi(1)$ 和 $\pi(2)$，$\pi(1)$ 在 3 台机器上的加工时间分别为 6、12 和 9，$\pi(2)$ 为 2、10 和 4。若将两个工件等量分割，且 $\pi(1)$ 和 $\pi(2)$ 分别包含 3 个和 2 个小批量，每个工件各自小批量的加工时间如下：

$$[P'_{e,t}]_{3\times3}=\begin{bmatrix}p'_{1,1} & p'_{1,2} & p'_{1,3}\\ p'_{2,1} & p'_{2,2} & p'_{2,3}\\ p'_{3,1} & p'_{3,2} & p'_{3,3}\end{bmatrix}=\begin{bmatrix}2 & 4 & 3\\ 2 & 4 & 3\\ 2 & 4 & 3\end{bmatrix}$$

$$[P'_{e,t}]_{2\times3}=\begin{bmatrix}p'_{1,1} & p'_{1,2} & p'_{1,3}\\ p'_{2,1} & p'_{2,2} & p'_{2,3}\end{bmatrix}=\begin{bmatrix}1 & 5 & 2\\ 1 & 5 & 2\end{bmatrix}$$

如图 3.2 所示，按照 $\pi(1)$ 到 $\pi(2)$ 的顺序加工，传统流水线调度问题的最大完工时间为 32，而批量流水线调度问题的时间仅为 26，后者在很大程度上缩短了最大完工时间，减少了机器的空闲时间，从而加速了生产流程。

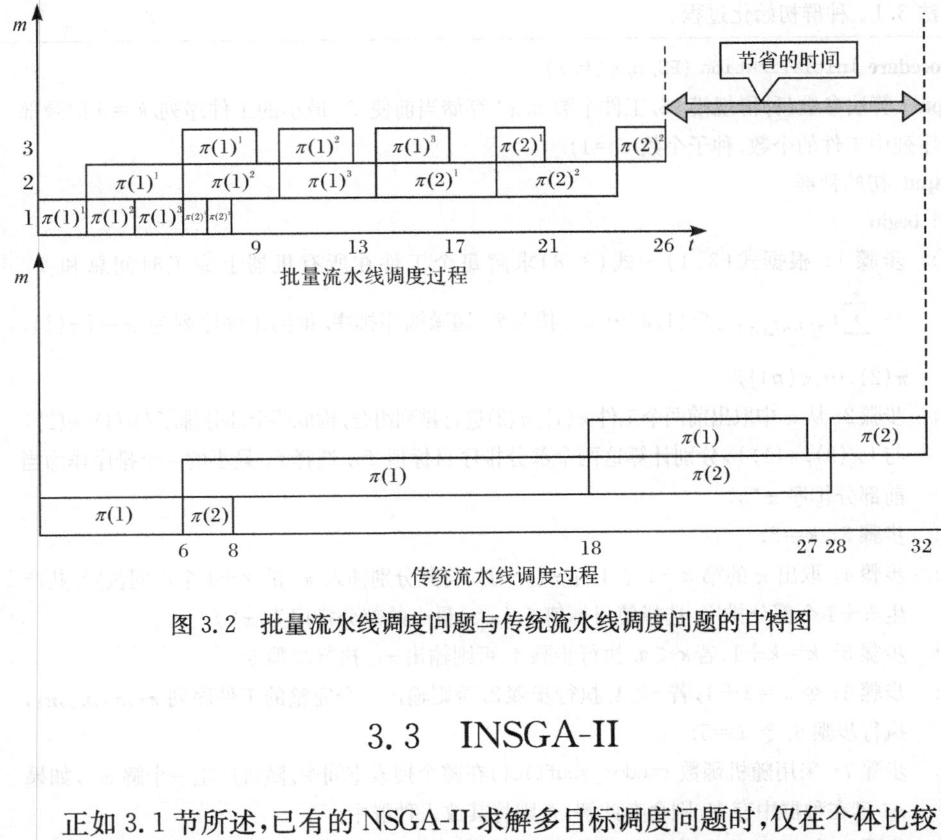

图 3.2　批量流水线调度问题与传统流水线调度问题的甘特图

3.3　INSGA-II

正如 3.1 节所述，已有的 NSGA-II 求解多目标调度问题时，仅在个体比较、排序和选择上做了改进，而没有对交叉算子和变异算子做进一步的研究。传统的交叉算子和变异算子具有随机性、无目的性和无方向性，很难产生高质量的子代，从而降低了算法的收敛速度。鉴于此,本章提出了新的交叉算子和变异算子,即采用分布估计和插入交换方法,分别替换传统的交叉算子和变异算子,并将其嵌入NSGA-II 中。本章主要从初始化种群、子代产生方法以及重启策略对所提算法进行详细描述。

3.3.1 初始化种群

高质量的初始解有助于提高初始种群的质量,从而加速算法收敛。如果在种群中,存在一个使某一目标函数值最小的解,那么,该解在进化过程中将以更快的速度趋向最优解。鉴于此,本章采用基于 NEH 启发式算法,分别最小化最大完工时间、机器等待时间、总流经时间和推迟完工时间等 4 个目标函数,得到相应的 4 个初始解。为了保证种群的多样性,剩余解随机产生。算法 3.1 给出了种群初始化的过程[2]。

算法 3.1 种群初始化过程

procedure Initialization (PS, n, π^*, k, i)

input: 算法参数(种群规模 PS, 工件个数 n, π^* 存储当前使 f_i 最小的工件序列, $k=0$ 记录部分序列中工件的个数, 种子个数 $i=1$)

output: 初始种群

begin

步骤 1: 根据式(3.1)~式(3.8)求解每个工件在所有机器上完工时间总和 $T_j = \sum_{t=1}^{m} C_{\pi(j),t,l_{\pi(j)}}$, $j\in\{1,2,\cdots,n\}$, 按照 T_j 递减顺序排序, 得到工件序列为: $\pi=\{\pi(1),\pi(2),\cdots,\pi(n)\}$;

步骤 2: 从 π 中取出前两个工件 $\pi(1)$, $\pi(2)$进行排列组合, 构成两个部分排序$\{\pi(1),\pi(2)\}$与$\{\pi(2),\pi(1)\}$, 分别计算这两个部分排序目标值 f_i, 选择 f_i 最小的一个排序作为当前部分排序 π^*;

步骤 3: $k=2$;

步骤 4: 取出 π 的第 $k+1$ 个工件 $\pi(k+1)$, 将其分别插入 π^* 的 $k+1$ 个不同位置, 共产生 $k+1$ 个部分排序. 选择使目标值 $f_i(\pi^*)$最小的部分排序为 π^*;

步骤 5: $k=k+1$, 若 $k<n$, 执行步骤 4, 否则输出 π_i, 执行步骤 6;

步骤 6: 令 $i=i+1$, 若 $i<4$, 执行步骤 2, 否则输出 4 个完整的工件序列 π_1,π_2,π_3,π_4, 执行步骤 6, 令 $i=5$;

步骤 7: 采用随机函数 random_shuffle()在整个搜索空间中, 随机产生一个解 π^*, 如果 π^* 已在种群中存在, 则舍弃此解, 否则将其放入种群中;

步骤 8: 令 $i=i+1$, 若 $i<$PS, 执行步骤 7, 否则终止算法.

end

下面通过一个例子,直观地说明产生 4 个初始解的过程。假设一个调度序列有 6 个工件,$\pi(j)=j, j=\{1,2,\cdots,6\}$,每个工件的批量数分别是 6、5、6、3、6 和 6。每个工件按照一定顺序在 3 台机器上加工,其加工时间分别是{12,8,9}、{29,1,26}、{23,12,28}、{14,31,24}、{16,7,10}和{6,29,4},且同一工件所有小批量在相同机器上的加工时间是相同的。这 4 个初始解的产生过程如下。

(1) $i=1$,通过式 $T_j=\sum_{t=1}^{m} C_{\pi(j),t,l_{\pi(j)}}$,计算 6 个工件在所有机器上的完工时间分别是 169、318、353、238、216 和 364,按照 T_j 递减的顺序,得到初始解 $\pi=\{6,3,2,4,5,1\}$。

(2) 取出 π 中的前两个工件 6 和 3,组合得到 2 个部分序列{3,6}和{6,3},分别计算它们的最大完工时间 $f_1(\{3,6\})=328$ 和 $f_1(\{6,3\})=360$。选择目标函数值最小的部分序列赋值给 π^*,即 $\pi^*=\{3,6\}$。

(3) $k=3$,取出 π 的第 3 个工件 2,将其插入 π^* 中 3 个不同的位置,得到{2,3,6}、{3,2,6}和{3,6,2},它们的最大完工时间为 $f_1(\{2,3,6\})=473$、$f_1(\{3,2,6\})=467$ 和 $f_1(\{3,6,2\})=458$。选择目标函数值最小的赋值给 π^*,即 $\pi^*=\{3,6,2\}$。

(4) 同理,执行步骤 4 得当 $k=4$ 时,$f_1(\{4,3,6,2\})=500$,$f_1(\{3,4,6,2\})=553$,$f_1(\{3,6,4,2\})=571$,$f_1(\{3,6,2,4\})=530$,$\pi^*=\{4,3,6,2\}$;当 $k=5$ 时,$f_1(\{5,4,3,6,2\})=596$,$f_1(\{4,5,3,6,2\})=596$,$f_1(\{4,3,5,6,2\})=591$,$f_1(\{4,3,6,5,2\})=563$,$f_1(\{4,3,6,2,5\})=560$,$\pi^*=\{4,3,6,2,5\}$;当 $k=6$ 时,$f_1(\{1,4,3,6,2,5\})=632$,$f_1(\{4,1,3,6,2,5\})=632$,$f_1(\{4,3,1,6,2,5\})=628$,$f_1(\{4,3,6,1,2,5\})=618$,$f_1(\{4,3,6,2,1,5\})=614$,$f_1(\{4,3,6,2,5,1\})=614$,$\pi^*=\{4,3,6,2,1,5\}$。

(5) 通过上述过程,得到使最大完工时间最小的初始解 $\pi_1=\pi^*=\{4,3,6,2,1,5\}$。

(6) 同理,当 $i=2$ 时,得到 $\pi_2=\{6,5,1,3,4,2\}$;当 $i=3$ 时,得到 $\pi_3=\{4,1,5,3,6,2\}$;当 $i=4$ 时,得到 $\pi_4=\{4,1,5,2,3,6\}$。

3.3.2　子代产生方法

交叉算子和变异算子是 NSGA-II 的关键部分,目的是将父代染色体中的优良基因遗传给子代,以产生高质量的子代个体。多目标问题的特殊性在于,进化过程中产生了很多非支配解,如果能充分利用非支配解信息,产生子代个体,那么有助于提高种群的收敛性。

Mühlenbein 等[3]提出了基于概率理论的分布式估计算法(EDA),该算法通过构建概率分布模型,以及对模型的采样和学习,产生新解。EDA 具有对优质解进行概率分析的能力,而插入算子和交换算子具有局部开发能力。鉴于此,本章以 pc 概率实施 EDA，以 1－pc 概率执行插入和交换算子，共同产生 PS 个子代。算法 3.2 给出了子代个体产生的过程。

算法 3.2 子代个体产生过程

```
procedure generate offspring(PS, pc, π^r, π_temp, cnt)
input: 算法参数(种群大小 PS, 执行 EDA 概率 pc)
output: 子代种群
begin
    for i=1 to PS;
        if (rand()<pc);
            执行 EDA 操作，产生新解；
        else
            执行基于插入和交换的变异操作；
        end if
    end for
end
```

基本的 EDA 产生新解的过程如下：首先，采用随机方法产生初始种群，每个解的维数为 n；其次，计算所有解的适应值，并基于该值，选择 S 个解，形成候选种群$[\eta_{i,j}]_{\mathrm{PS}\times n}$；再次，对候选种群进行概率统计，建立概率模型$[\xi_{i,j}]_{n\times n}$；最后，通过对概率模型的采样和学习，产生一定数量的新解。

下面基于本章研究的多目标调度问题的特性，给出候选种群和概率模型的构建，以及通过采样和学习产生新解的过程。

(1) 构建候选种群$[\eta_{i,j}]_{\mathrm{PS}\times n}$。本章将每代产生的 Q 个非支配解作为候选解。如果非支配解个数小于或等于 PS，那么，将全部 Q 个非支配解放入$[\eta_{i,j}]_{\mathrm{PS}\times n}$中，剩余 PS－$Q$ 个体采用锦标赛方法选择，即从父代种群中随机选取两个不同解 π_1 和 π_2，如果 π_1 占优 π_2，那么将 π_1 作为获胜解；如果 π_2 占优 π_1，那么选择 π_2 作为获胜解；如果 π_1 与 π_2 互不占优，那么随机选择一个放入候选种群中。重复上述方法，直到$[\eta_{i,j}]_{\mathrm{PS}\times n}$中有 PS 个解。

(2) 构建概率分布模型$[\xi_{i,j}]_{n\times n}$。首先，基于$[\eta_{i,j}]_{\mathrm{PS}\times n}$中工件的位置信息，建立两个矩阵$[\rho_{i,j}]_{n\times n}$和$[\beta_{j',j}]_{n\times n}$：

$$[\rho_{i,j}]_{n\times n}=\begin{bmatrix}\rho_{1,1} & \rho_{1,2} & \cdots & \rho_{1,n}\\ \rho_{2,1} & \rho_{2,2} & \cdots & \rho_{2,n}\\ \vdots & \vdots & & \vdots\\ \rho_{n,1} & \rho_{n,2} & \cdots & \rho_{n,n}\end{bmatrix},\quad [\beta_{j',j}]_{n\times n}=\begin{bmatrix}\beta_{1,1} & \beta_{1,2} & \cdots & \beta_{1,n}\\ \beta_{2,1} & \beta_{2,2} & \cdots & \beta_{2,n}\\ \vdots & \vdots & & \vdots\\ \beta_{n,1} & \beta_{n,2} & \cdots & \beta_{n,n}\end{bmatrix}$$

矩阵中，$\rho_{i,j}$是表示工件 j 出现在第 i 个位置的次数；$\beta_{j',j}$表示工件 j 紧跟着出现在

工件 j' 后面的次数。两个矩阵 $[\rho_{i,j}]_{n\times n}$ 和 $[\beta_{j',j}]_{n\times n}$ 的构建过程如算法 3.3 所示。

算法 3.3　两个矩阵 $[\rho_{i,j}]_{n\times n}$ 和 $[\beta_{j',j}]_{n\times n}$ 的构建过程

```
procedure [ρ_{i,j}]_{n×n}, [β_{j',j}]_{n×n}
input: 算法参数(种群规模 PS,候选种群 [η_{i,j}]_{PS×n})
output: 两个矩阵[ρ_{i,j}]_{n×n} 和[β_{j',j}]_{n×n}
begin
  for i=1 to n
     for j=1 to PS
        ρ[i][η[j][i]]=ρ[i][η[j][i]]+1;
     end for
  end for
  for j=1 to PS
    for i=1 to n-1
      if(j!=i)
        β[η[j][i]][η[j][i+1]]=β[η[j][i]][η[j][i+1]]+1;
      end if
    end for
  end for
end
```

基于 $[\rho_{i,j}]_{n\times n}$ 和 $[\beta_{j',j}]_{n\times n}$ 的数据，构建 $[\xi_{i,j}]_{n\times n}$，其中 $[\xi_{i,j}]_{n\times n}$ 中每一分量的值 $\xi_{i,j}$ 通过式(3.11)计算：

$$\xi_{i,j}=\begin{cases}\dfrac{\rho_{i,j}}{\sum\limits_{t\in\mu(i)}\rho_{i,t}}, & i=1\\[2ex] \dfrac{\dfrac{\rho_{i,j}}{\sum\limits_{t\in\mu(i)}\rho_{i,t}}+\dfrac{\beta_{j',j}}{\sum\limits_{t\in\mu(i)}\beta_{j',t}}}{2}, & i=2,3,\cdots,n\end{cases}\tag{3.11}$$

式中，$\mu(i)$ 是待排序的序列；j 代表工件；i 是工件 j 在序列中的位置；$\xi_{i,j}$ 是工件 j 在第 i 个位置的概率。

(3) 新解的产生。新解 π_{new} 开始为空，令 $i=1$，从父代种群中选择一个解，作为待排序的序列 $\mu(i)$。首先，从 $\mu(i)$ 中随机选择若干个工件，通过式(3.11)得到每个工件在第 i 个位置出现的概率；然后，选择概率值最大的工件，放入 π_{new} 中的第 i 个位置，并将其从 $\mu(i)$ 中删除，形成新的待排序序列 $\mu(i+1)$；最后，令 $i=i+1$，由式(3.11)得到 $\mu(i+1)$ 中每个工件在第 i 个位置出现的概率，选择概率值最大

的工件，放入 π_{new} 中的第 i 个位置，并将其从 $\mu(i)$ 中删除，形成 $\mu(i+1)$。重复执行此过程，直到 π_{new} 是一个完整的工件序列。

例 3.2　本例详细给出新解产生的过程。假设候选种群$[\eta_{i,j}]_{PS\times n}$中有 7 个工件序列，每个序列由 7 个工件组成，即$[\eta_{i,j}]_{7\times 7}$：

$$[\eta_{i,j}]_{7\times7}=\begin{bmatrix}2&6&1&4&7&5&3\\7&2&5&1&4&3&6\\3&2&7&6&5&4&1\\1&4&7&2&6&5&3\\2&3&4&7&6&5&1\\5&3&7&6&4&1&2\\4&1&7&5&3&2&6\end{bmatrix}$$

由算法 3.3，分别得到矩阵$[\rho_{i,j}]_{7\times7}$和$[\beta_{j',j}]_{7\times7}$为

$$[\rho_{i,j}]_{7\times7}=\begin{bmatrix}1&2&1&1&1&0&1\\1&2&2&1&0&1&0\\1&0&0&1&1&0&4\\1&1&0&1&1&2&1\\0&0&1&2&1&2&1\\1&1&1&1&3&0&0\\2&1&2&0&0&2&0\end{bmatrix},\quad [\beta_{j',j}]_{7\times7}=\begin{bmatrix}-&1&0&3&0&0&1\\0&-&1&0&1&3&1\\0&2&-&1&0&1&1\\3&0&1&-&0&0&1\\2&0&4&1&-&0&0\\1&0&0&1&3&-&0\\0&2&0&0&2&3&-\end{bmatrix}$$

新解 π_{new} 开始为空，即 $\pi_{new}=\varnothing$。令 $i=1$，从父代种群中随机选择一个解，作为待排序的序列，即 $\mu(1)=\{1,2,3,4,5,6,7\}$。

当 $i=1$ 时，从 $\mu(1)$ 中随机选择 5 个工件 2、3、5、6 和 7。由式(3.11)计算每个工件在第一个位置出现的概率值：

$$\xi_{1,2}=2/(1+2+1+1+1+0+1)=0.286$$
$$\xi_{1,3}=1/(1+2+1+1+1+0+1)=0.143$$
$$\xi_{1,5}=1/(1+2+1+1+1+0+1)=0.143$$
$$\xi_{1,6}=0/(1+2+1+1+1+0+1)=0$$
$$\xi_{1,7}=1/(1+2+1+1+1+0+1)=0.143$$

选择概率值最大的工件放入 π_{new} 中，即 $\pi_{new}=\{2\}$，并将其从 $\mu(1)$ 中删除。

当 $i=2$ 时，$\mu(2)=\{1,3,4,5,6,7\}$，由式(3.11)，计算 $\mu(2)$ 中每个工件在第 2 个位置出现的概率值：

$$\xi_{2,1}=(1/(1+2+1+0+1+0)+0/(0+1+0+1+3+1))/2=0.100$$
$$\xi_{2,3}=(2/(1+2+1+0+1+0)+1/(0+1+0+1+3+1))/2=0.283$$
$$\xi_{2,4}=(1/(1+2+1+0+1+0)+0/(0+1+0+1+3+1))/2=0.100$$
$$\xi_{2,5}=(0/(1+2+1+0+1+0)+1/(0+1+0+1+3+1))/2=0.083$$

$\xi_{2,6} = (1/(1+2+1+0+1+0)+3/(0+1+0+1+3+1))/2 = 0.35$

$\xi_{2,7} = (0/(1+2+1+0+1+0)+1/(0+1+0+1+3+1))/2 = 0.083$

选择概率值最大的工件放入 π_{new} 中，即 $\pi_{new}=\{2,6\}$。令 $i=i+1$，继续计算剩余工件的概率值，直到 π_{new} 是个完整的工件序列。

基于插入和交叉的变异算子与第 3 章变异算子的不同之处是，本章基于插入算子和交叉算子，设计了 6 种变异策略：①insert_$f(\pi,p1,p2)$；②insert_$b(\pi,p1,p2)$；③swap$(\pi,p1,p2)$；④执行 2 次 insert_$f(\pi,p1,p2)$；⑤执行 2 次 insert_$b(\pi,p1,p2)$；⑥执行 2 次 swap$(\pi,p1,p2)$。其中，insert_$f(\pi,p1,p2)$是向前插入方法(图 3.3(a))，insert_$f(\pi,p1,p2)$是向后插入方法(图 3.3(b))。

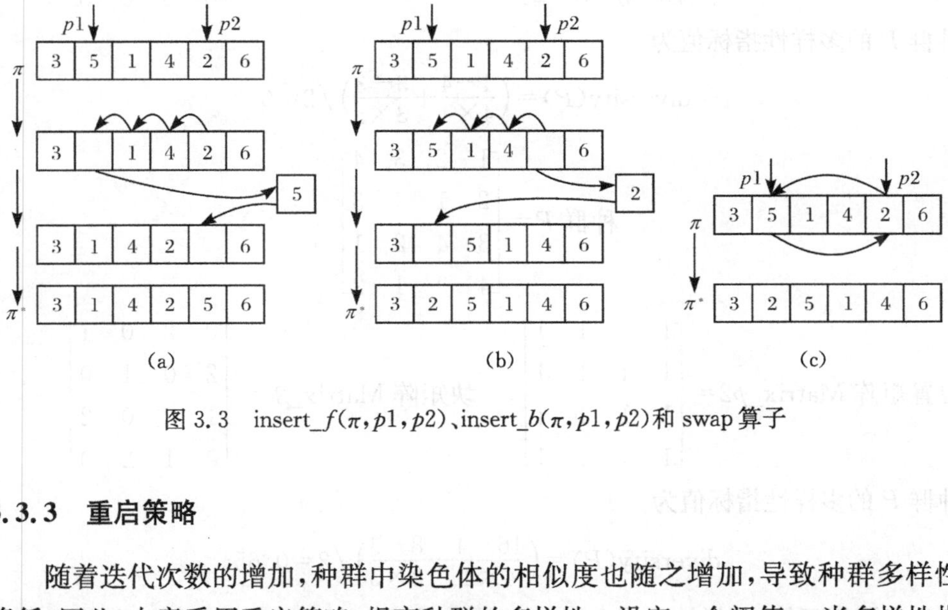

图 3.3　insert_$f(\pi,p1,p2)$、insert_$b(\pi,p1,p2)$和 swap 算子

3.3.3　重启策略

随着迭代次数的增加，种群中染色体的相似度也随之增加，导致种群多样性降低，因此，本章采用重启策略，提高种群的多样性。设定一个阈值 γ，当多样性指标小于 γ 时，基于当前种群的信息，生成一个新种群。具体步骤如下。

步骤 1：采用算法 3.3 建立位置矩阵 Matrix_ρ 和块矩阵 Matrix_β。这里，Matrix_ρ 记录了整个种群中工件在不同位置上的次数，Matrix_β 记录了整个种群中相邻工件组合的次数。

步骤 2：统计 Matrix_ρ 中大于 0 的工件个数，记为 θ。

步骤 3：统计 Matrix_β 中大于 0 的工件个数，记为 η。

步骤 4：计算种群多样性指标为

$$\text{diversity}(P) = \left(\frac{\theta - n}{n \times \min(\text{PS}, n)} + \frac{\eta - (n-1)}{(n-1) \times \min(n-1, \text{PS}-1)}\right) \Big/ 2$$

步骤 5：如果 diversity$(P) < \gamma$，那么将非支配解集中 40% 的解放入种群中，剩

余解随机产生。

例 3.3　本例给出多样性指标的计算过程：

$$种群\ P=\begin{bmatrix}1&2&3&4\\1&2&3&4\\1&2&3&4\\1&2&3&4\end{bmatrix}$$

$$位置矩阵\ \mathrm{Matrix\_}p1=\begin{bmatrix}4&0&0&0\\0&4&0&0\\0&0&4&0\\0&0&0&4\end{bmatrix},\quad 块矩阵\ \mathrm{Matrix\_}\beta 1=\begin{bmatrix}0&4&0&0\\0&0&4&0\\0&0&0&4\\0&0&0&0\end{bmatrix}$$

种群 P 的多样性指标值为

$$\mathrm{diversity}(P)=\left(\frac{4-4}{4\times 4}+\frac{3-3}{3\times 3}\right)/2=0$$

$$种群\ P=\begin{bmatrix}1&2&3&4\\2&1&4&3\\3&4&2&1\\4&3&1&2\end{bmatrix}$$

$$位置矩阵\ \mathrm{Matrix\_}p2=\begin{bmatrix}1&1&1&1\\1&1&1&1\\1&1&1&1\\1&1&1&1\end{bmatrix},\quad 块矩阵\ \mathrm{Matrix\_}\beta 2=\begin{bmatrix}0&2&0&1\\2&0&1&0\\1&0&0&2\\0&1&2&0\end{bmatrix}$$

种群 P 的多样性指标值为

$$\mathrm{diversity}(P)=\left(\frac{16-4}{4\times 4}+\frac{8-3}{3\times 3}\right)/2=0.65$$

由该例可知，多样性取值在 0～1。当解非常相似或者都相同时，多样性指标值趋于或等于 0；当种群存在不同解，或者解中每个工件占据不同位置时，多样性指标值趋于 1。因此，多样性指标越大，种群的多样性越好。

3.4　算法描述

将 3.3 节提出的初始化种群、EDA 以及种群重启等策略融入 NSGA-II 中，提出了 INSGA-II。该算法采用基于离散工件序列的编码方式，能够直接产生合法的解。该算法的步骤如下。

步骤 1：初始化算法的参数值。

步骤 2：采用 3.3.1 小节的 NEH 和随机方法初始化种群，并通过式(3.1)～

式(3.8)计算所有解的目标函数值,令 $t=1$。

步骤 3:以 pc 概率执行 3.3.2 小节提出的 EDA,以 1－pc 概率执行基于插入和交换的变异算子,共同产生子代种群,并计算新解的目标函数值。

步骤 4:将子代与父代种群合并,基于 Pareto 占优和拥挤距离更新父代种群。

步骤 5:设置一个有限的外部储备集(external archiver set,EAs)保留每代的非支配解,并动态更新 EAs。

步骤 6:令 $t=t+1$,每隔一定的迭代次数,计算种群的多样性指标。如果多样性指标低于给定的阈值,那么采用重启策略,重新初始化种群。

步骤 7:判定算法终止条件是否满足,如果是,算法结束;否则,转步骤 3。

图 3.4 是本章算法的流程,其中,灰底部分是本章所提的算子。从流程图可以直观地看出,INSGA-II 与已有的 NSGA-II 的区别在于,前者采用 EDA 代替传统的交叉方法,以产生高质量的解。此外,前者融入了重启策略,有助于提高种群的多样性,从而提高算法的效率。

3.5 节将通过实验,验证本章所提方法的可行性和高效性。

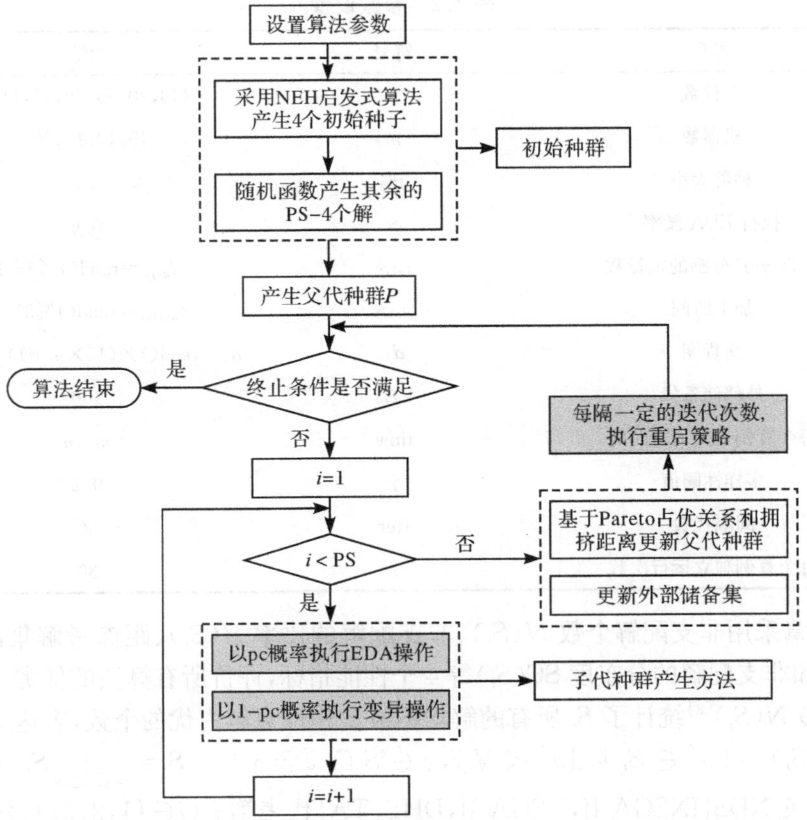

图 3.4　所提算法的流程

3.5 实　验

3.5.1 实验设置

本章将所提算法应用于求解批量流水线调度问题的 24 个不同规模的算例[4]，并与已有的三种算法 DHS[5]、TA[6]和 NSGA-II[7]比较。

所有算法采用相同的最大 CPU 逝去时间作为终止条件。如果每个算法执行的环境不同，那么采用 CPU 时间作为终止条件是不合理的。这是因为，CPU 时间受操作系统和其他应用程序的影响。所以，为了公平起见，所有算法在相同的环境下测试，即，均采用具有相同库函数的 Visual C＋＋ 6.0 编码，操作系统为 Microsoft Windows 7 X64，PC 环境为 Pentium(R) Dual 2.79GHz 和 1.96GB 内存。此外，在所有算法执行过程中，没有并行程序运行，并将可能占用系统资源的后台程序关闭。其他参数的设置如表 3.2 所示。

表 3.2　参数设置

参数	符号	值
工件数	n	{10,20,50,70,90,110}
机器数	m	{5,10,15,20}
种群大小	PS	20
执行 EDA 概率	pc	0.6
工件 $\pi(j)$分割的批量数	$l_{\pi(j)}$	$l_{\pi(j)}$=rand()%6+1
加工时间	$p_{\pi(j)}$	$p_{\pi(j),t}$=rand()%31+1
交货期	d_j	d_j=rand()%(15×m+1)+15×n
外部储备集	EAs	100
每个算例最大运行时间	time	$m\times n$
多样性阈值	γ	0.2
间隔代数	Iter	50
每个算例独立运行次数	t	30

本章采用非支配解个数 $N(S_i)$、非支配解的比率 $R(S_i)$、距参考解集的距离 $D(S_i)$和非支配解的分布度 $\mathrm{SC}(S_i)$等 4 个性能指标，评价所有算法的优劣。

(1) $N(S_i)$[8]统计了 S_i 所有的解均不被 S 中任意解占优的个数，表达式为

$$N(S_i)=|\, x'\in S_i \mid \exists x' \prec \forall y, y\in S \cap x\neq y \,|,\quad S=\bigcup_{i=1,2,3,4} S_i \tag{3.12}$$

式中，$S_i\in$ NDS{INSGA-II，NSGA-II，DHS，TA}代表第 i ($i\in\{1,2,3,4\}$)个算法得到的非支配解集，S 代表所有算法的非支配解集的并集。由式(3.12)可知，

$N(S_i)$的值越大，算法 i 得到的非支配解的个数越多。

(2) $R(S_i)$[8]用于评价某算法得到的非支配解集的质量，表达式为

$$R(S_i) = \frac{N(S_i)}{|S_i|} \tag{3.13}$$

由式(3.13)可知：如果 $R(S_i)=0$，那么在 S 中存在解，占优 S_i 的任一解；如果 $R(S_i)=1$，那么 S_i 所有的解均不被 S 中的解占优；如果 $0<R(S_i)<1$，那么 S_i 中存在一些解，不被 S 的解占优。因此，$R(S_i)$的值越大，S_i 的非支配解的质量越高。

(3) $D(S_i)$[8]测试了 S_i 到参考解集的最小距离，用于评价某算法的收敛性能，表达式为

$$D(S_i) = \frac{1}{|S^*|}\sum_{y\in S^*} d_y(S_i) \tag{3.14}$$

$$d_y(S_i) = \min_{x\in S_i}\left\{\sqrt{\sum_{k=1}^{4}\left(\frac{f_k(x)-f_k(y)}{f_k^{\max}(\cdot)-f_k^{\min}(\cdot)}\right)^2}\right\} \tag{3.15}$$

式中，S^* 为参考解集，是 S 的非支配解集；$f_k(x)$和 $f_k(y)$分别代表解 x 和 y 的第 k 个目标函数值；$f_k^{\max}(\cdot)$和 $f_k^{\min}(\cdot)$分别代表参考解集中，第 k 个目标函数的最大和最小值。由式(3.14)可知，$D(S_i)$的值越小，解集越趋近于 Pareto 最优前沿；反之，越远离 Pareto 最优前沿。

(4) $\mathrm{SC}(S_i)$[9]用于评价某算法得到的非支配解集的分布性，表达式为

$$\mathrm{SC}(S_i) = \sqrt{\frac{1}{|S_i|-1}\sum_{j=1}^{|S_i|}(\overline{d}-d_j)^2} \tag{3.16}$$

$$d_j = \min_{i\in\{1,2,\cdots,|S_i|\}}\left(\sum_{k=1}^{4}|f_k^i(x)-f_k^i(x)|\right),\quad x\in S_i; j\in\{1,2,\cdots,|S_i|\}\cap j\neq i$$

$$\overline{d} = \frac{1}{|S_i|}\sum_{j=1}^{|S_i|} d_j \tag{3.17}$$

由式(3.16)可知，如果 $\mathrm{SC}(S_j)=0$，那么所有非支配解是均匀分布的；反之，非支配解是参差分布的。因此，$\mathrm{SC}(S_j)$的值越小，非支配解分布得越均匀。

通过下列四组实验，从不同角度验证所提算法的高效性。

(1) 分析参数 pc 对 INSGA-II 的影响；

(2) 初始化策略的性能分析；

(3) 所提六种变异算子的性能分析；

(4) INSGA-II、NSGA-II、DHS 和 TA 算法的不同性能指标值。

3.5.2　参数 pc 对 INSGA-II 的影响

图 3.5 和图 3.6 给出了参数 pc 分别对 INSGA-II 的 $R(S_i)$和 $\mathrm{SC}(S_i)$性能指标的影响。不失一般性，参数 pc 的取值在 0～1 变化，且变化步长为 0.1。图中，横坐标

表示参数取值，纵坐标表示参数值对应的 24 个算例的平均 $R(S_i)$ 和 $SC(S_i)$ 值。

由图 3.5 可知：①当 pc 在 0～0.2 取值时，曲线变化相对平缓，随着 pc 值的增加，INSGA-II 的非支配解比例逐渐减小；②当 pc＝0.6 时，新解以较大的概率通过 EDA 产生，此时，$R(S_i)$ 值是最大的，这说明，EDA 能够充分利用非支配解的信息，构建优良基因的概率模型，通过对有价值信息的采样和学习，产生高质量的解；③当 pc 在 0.7～1 取值时，$R(S_i)$ 的值均小于 pc 在 0～0.7 所得的值，尤其是当 pc＝1 时，所提算法仅采用 EDA 产生新解，导致算法陷入局部最优。因此，需要依一定的概率，对新解执行变异操作，通过轻微扰动，有助于算法跳出局部最优。由上述分析可知，本章将 pc 设置为 0.6 时，$R(S_i)$ 值是最佳的。图 3.6 从 $SC(S_i)$ 角度，分析了参数对算法性能的影响。由图 3.6 可知，当 pc＝0.6 时，$SC(S_i)$ 是最小的，因此将 pc 设置为 0.6 是合理的。

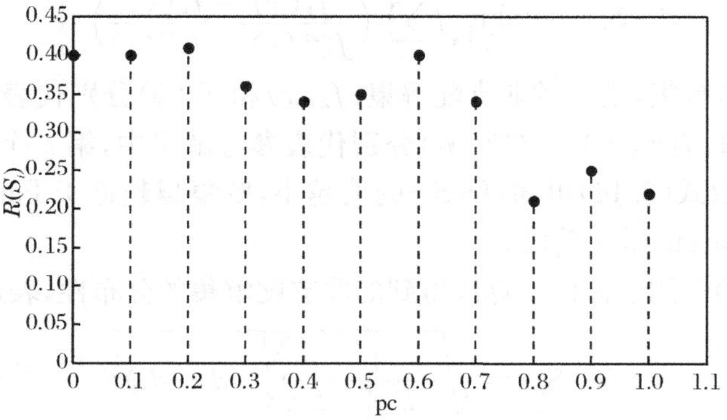

图 3.5　参数 pc 对 $R(S_i)$ 的影响

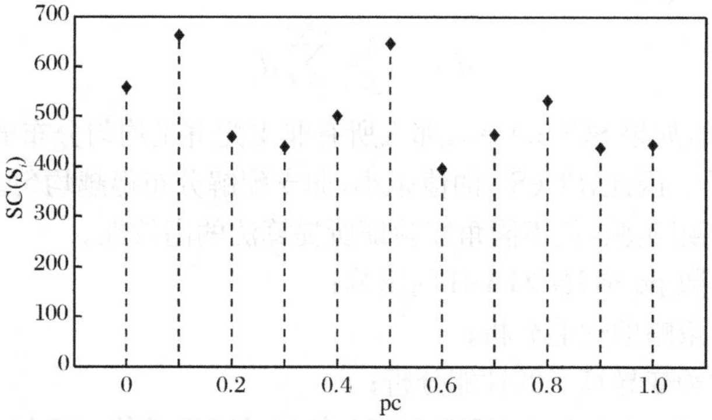

图 3.6　参数 pc 对 $SC(S_i)$ 的影响

3.5.3　初始化策略的性能分析

为了检验所提初始化策略的有效性，本章将所提方法与随机方法在相同的实验环境下对比，除了初始化策略不同之外，其他设置都相同。在表 3.3 中，“vNEH”表示采用 vNEH 和随机方法初始化种群，“Random” 表示仅采用随机方法初始化种群。

表 3.3　vNEH 和随机方法的性能

$n \times m$	vNEH			Random		
	$R(S_i)/\%$	$D(S_i)$	时间/s	$R(S_i)/\%$	$D(S_i)$	时间/s
10×5	98	0.00	0.00	33	0.72	0.00
10×10	60	0.28	0.00	20	0.78	0.00
10×15	100	0.00	0.00	25	0.62	0.00
10×20	0	0.20	0.00	100	0.00	0.00
30×5	100	0.00	0.02	25	0.13	0.00
30×10	100	0.00	0.01	33	0.54	0.00
30×15	100	0.00	0.02	60	0.12	0.00
30×20	100	0.00	0.02	0	1.25	0.00
50×5	0	0.83	0.03	100	0.00	0.00
50×10	100	0.00	0.05	0	1.75	0.00
50×15	33	0.19	0.08	33	0.00	0.00
50×20	0	0.66	0.09	95	0.00	0.00
70×5	100	0.00	0.06	0	1.12	0.00
70×10	100	0.00	0.14	0	0.51	0.00
70×15	100	0.00	0.19	81	0.95	0.00
70×20	100	0.00	0.30	91	0.10	0.00
90×5	100	0.00	0.11	50	0.34	0.00
90×10	80	0.04	0.28	85	0.04	0.00
90×15	55	0.26	0.42	55	0.06	0.00
90×20	100	0.00	0.58	0	1.20	0.02
110×5	100	0.00	0.22	0	0.12	0.00
110×10	100	0.00	0.48	0	0.21	0.00
110×15	100	0.00	0.77	0	0.07	0.00
110×20	91	0.01	1.05	80	0.30	0.02
平均值	**80**	**0.10**	0.21	40	0.46	**0.00**

由表 3.3 可知：①针对 $R(S_i)$ 值，所提方法可得到 17 个最好的值，而随机方法仅得到 4 个；②对于 $D(S_i)$ 值，本章方法得到 18 个最好的值，而随机方法仅得到 5 个；③针对 24 个算例的平均 $R(S_i)$ 和 $D(S_i)$ 值，本章方法得到的平均 $R(S_i)$ 和 $D(S_i)$ 值分别为 80%和 0.10，而随机方法仅分别为 40%和 0.46；④从运行时间来看，本章方法的平均运行时间为 0.21s，略大于随机方法，但均衡性能指标和时间，所提初始化策略具有更好的优越性，并能够产生高质量的初始种群，有助于加速算法的收敛速度。

3.5.4 变异算子的性能分析

为了检验六种变异策略对所提算法性能的影响，表 3.4 给出了六种策略的 $D(S_i)$值和 $R(S_i)$值，其中"rm" ($m=1,2,3,4,5,6$)代表了 3.3.2 小节提出的六种变异策略。

表 3.4 六个变异策略的性能

$n\times m$	$D(S_i)$						$R(S_i)/\%$					
	r1	r2	r3	r4	r5	r6	r1	r2	r3	r4	r5	r6
10×5	0.02	0.02	0.01	0.01	0.68	0.21	69	65	87	74	87	85
10×10	0.00	0.00	0.01	0.01	0.34	0.04	98	98	98	100	98	98
10×15	0.00	0.00	0.00	0.00	0.00	0.00	88	88	87	100	100	88
10×20	0.00	0.00	0.00	0.00	0.07	0.03	96	96	91	96	96	96
30×5	0.01	0.01	0.01	0.03	1.65	2.24	63	41	50	19	25	43
30×10	0.01	0.01	0.01	0.01	0.97	0.92	21	17	22	8	26	27
30×15	0.01	0.01	0.01	0.01	2.48	7.60	49	0	62	47	16	0
30×20	0.32	0.32	0.25	0.06	6.09	6.20	2	30	0	15	2	100
50×5	0.01	0.01	0.01	0.03	1.08	3.29	63	19	11	29	6	2
50×10	0.04	0.04	0.02	0.02	1.69	2.84	04	11	33	35	25	65
50×15	0.03	0.03	0.03	0.12	1.59	1.6	49	59	37	18	87	0
50×20	0.05	0.05	0.43	0.02	7.63	4.07	64	46	26	69	0	48
70×5	0.02	0.02	0.02	0.03	2.12	0.83	86	40	7	16	43	36
70×10	0.17	0.17	0.11	0.06	9.07	8.16	14	4	15	64	29	23
70×15	0.08	0.08	0.03	0.03	2.36	7.98	0	17	100	96	10	46
70×20	0.09	0.09	0.03	0.07	2.00	4.81	14	11	38	10	100	61
90×5	0.01	0.01	0.01	0.01	2.71	0.49	99	43	16	21	92	56
90×10	0.02	0.02	0.03	0.01	1.62	2.33	5	22	24	4	17	75
90×15	0.12	0.12	0.01	0.06	4.17	11.21	56	16	80	25	40	55
90×20	0.07	0.07	0.08	0.13	7.51	3.10	3	7	84	42	79	9
110×5	0.01	0.01	0.05	0.02	2.60	3.46	50	90	19	70	51	14
110×10	0.01	0.01	0.03	0.01	0.79	6.14	12	1	0	25	12	87
110×15	0.09	0.09	0.05	0.13	0.30	4.57	53	35	42	21	20	23
110×20	0.00	0.00	0.00	0.00	0.00	0.00	48	69	61	2	52	72
平均值	0.05	0.05	0.05	**0.04**	2.48	3.42	46	39	45	42	46	**50**

由表 3.4 可知:①针对 $D(S_i)$指标,策略 $r4$ 得到的平均值为 0.04,其次是 $r1$、$r2$、$r3$、$r5$、$r6$ 的平均 $D(S_i)$值,这说明插入算子比交换算子具有更好的收敛性;②策略 $r6$ 得到的 $R(S_i)$值为 50%,其次是 $r1$ 和 $r5$,表明交换算子比插入算子得到更多的非支配解,丰富了种群的多样性。从上述分析可知,插入算子和交换算子在不同指标上有各自的优越性,因此本章随机采用六种策略中的一种,对新解扰动,以产生高质量的解,从而很好地平衡 $D(S_i)$和 $R(S_i)$的值。

3.5.5 INSGA-II、NSGA-II、DHS 和 TA 算法的性能分析

表 3.5 和表 3.6 分别给出了不同性能指标的实验结果,以验证所提算法的有效性。表中最后一行计算了 24 个算例的平均性能指标值。

表 3.5 给出了 INSGA-II、NSGA-II、DHS 和 TA 所得的最小(MIN)、最大(MAX)和平均(AVG)非支配解个数。由表 3.5 可知,在相同的时间内,INSGA-II 所得的 MIN、MAX 和 AVG 的值分别为 86.4、88.8 和 87.6,均优于 NSGA-II(11.2、16.5 和 13.8)、DHS(12.8、13.8 和 13.3),以及 TA(34.9、34.9 和 34.9),这说明 INSGA-II 能够在相同的时间内得到更多的非支配解。

表 3.5　INSGA-II、NSGA-II、DHS 和 TA 得到非支配解个数

$n\times m$	INSGA-II			NSGA-II			DHS			TA		
	MIN	MAX	AVG	MIN	MAX	AVG	MIN	MAX	AVG	MIN	MAX	AVG
10×5	29.0	40.0	34.5	9.0	19.0	14.0	61.0	65.0	63.0	27.0	27.0	27.0
10×10	23.0	27.0	25.0	11.0	16.0	13.5	21.0	25.0	23.0	23.0	23.0	23.0
10×15	34.0	34.0	34.0	6.0	15.0	10.5	26.0	28.0	27.0	13.0	13.0	13.0
10×20	31.0	31.0	31.0	6.0	13.0	9.5	32.0	35.0	33.5	14.0	14.0	14.0
30×5	100	100	100	10.0	18.0	14.0	23.0	26.0	24.5	34.0	34.0	34.0
30×10	95.0	100	97.5	7.0	17.0	12.0	13.0	18.0	15.5	22.0	22.0	22.0
30×15	96.0	100	98.0	11.0	16.0	13.5	18.0	19.0	18.5	55.0	55.0	55.0
30×20	92.0	100	96.0	11.0	16.0	13.5	12.0	13.0	12.5	23.0	23.0	23.0
50×5	100	100	100	9.0	15.0	12.0	12.0	13.0	12.5	41.0	41.0	41.0
50×10	99.00	100	99.5	14.0	16.0	15.0	8.0	8.0	8.0	35.0	35.0	35.0
50×15	100	100	100	13.0	17.0	15.0	10.0	10.0	10.0	32.0	32.0	32.0
50×20	93.0	100	96.5	13.0	18.0	15.5	11.0	12.0	11.5	24.0	24.0	24.0
70×5	95.0	100	97.5	12.0	16.0	14.0	4.0	4.0	4.0	43.0	43.0	43.0
70×10	99.0	100	99.5	13.0	18.0	15.5	7.0	7.0	7.0	38.0	38.0	38.0

续表

$n \times m$	INSGA-II			NSGA-II			DHS			TA		
	MIN	MAX	AVG	MIN	MAX	AVG	MIN	MAX	AVG	MIN	MAX	AVG
70×15	99.0	100	99.5	14.0	18.0	16.0	7.0	7.0	7.0	45.0	45.0	45.0
70×20	100	100	100	12.0	18.0	15.0	7.0	7.0	7.0	25.0	25.0	25.0
90×5	100	100	100	11.0	16.0	13.5	4.0	4.0	4.0	39.0	39.0	39.0
90×10	100	100	100	15.0	17.0	16.0	4.0	4.0	4.0	39.0	39.0	39.0
90×15	100	100	100	15.0	17.0	16.0	4.0	4.0	4.0	69.0	69.0	69.0
90×20	88.0	100	100	9.0	15.0	12.0	5.0	5.0	5.0	30.0	30.0	30.0
110×5	100	100	94.0	11.0	16.0	13.5	4.0	4.0	4.0	28.0	28.0	28.0
110×10	100	100	100	13.0	17.0	15.0	5.0	5.0	5.0	40.0	40.0	40.0
110×15	100	100	100	12.0	18.0	15.0	4.0	4.0	4.0	56.0	56.0	56.0
110×20	100	100	100	10.0	14.0	12.0	5.0	5.0	5.0	42.0	42.0	42.0
平均值	**86.4**	**88.8**	**87.6**	11.2	16.5	13.8	12.8	13.8	13.3	34.9	34.9	34.9

表 3.6 给出了 INSGA-II、NSGA-II、DHS 和 TA 的 $N(S_i)$值。由表 3.6 可知，INSGA-II 所得的平均 $N(S_i)$值为 80.70，而 NSGA-II、DHS 和 TA 的平均 $N(S_i)$值为 0.08、8.30 和 0.38，这说明，INSGA-II 得到的 S_i 中，存在更多的解，不被 S 的解占优，即 INSGA-II 得到的大部分非支配解，都占优 NSGA-II、DHS 和 TA 的非支配解，从而 INSGA-II 在 $N(S_i)$性能上优于其他算法。

表 3.6　INSGA-II、NSGA-II、DHS 和 TA 得到 $N(S)$、$R(S)$和 $D(S)$

$n \times m$	$N(S_i)$				$R(S_i)/\%$				$D(S_i)$			
	INSGA-II	NSGA-II	DHS	TA	INSGA-II	NSGA-II	DHS	TA	INSGA-II	NSGA-II	DHS	TA
10×5	25	0	36	0	72	0	57	0	0.01	0.18	0.05	0.27
10×10	15	0	17	0	60	0	74	0	0.02	0.48	0.09	0.09
10×15	34	0	20	0	100	0	74	0	0.05	2.37	0.01	0.45
10×20	26	0	22	0	84	0	66	0	0.00	0.73	0.04	0.49
30×5	90	0	12	0	90	0	49	0	0.05	1.16	0.03	0.58
30×10	100	0	8	0	100	0	52	0	0.02	2.54	0.80	3.51
30×15	92	0	14	0	94	0	76	0	0.03	4.07	0.48	3.56

续表

$n\times m$	$N(S_i)$				$R(S_i)/\%$				$D(S_i)$			
	INSGA-II	NSGA-II	DHS	TA	INSGA-II	NSGA-II	DHS	TA	INSGA-II	NSGA-II	DHS	TA
30×20	100	0	5	0	100	0	40	0	0.03	5.89	0.91	4.82
50×5	100	0	9	2	100	0	72	5	0.03	1.13	0.05	0.79
50×10	79	0	6	0	79	0	75	0	0.00	3.14	0.18	3.99
50×15	95	0	3	0	95	0	30	0	0.02	1.69	0.04	1.40
50×20	100	0	1	0	100	0	9	0	0.01	4.09	0.86	4.16
70×5	100	2	3	0	100	14	75	0	0.02	0.52	0.12	0.94
70×10	98	0	6	0	98	0	86	0	0.00	4.96	0.08	7.06
70×15	100	0	1	0	100	0	14	0	0.00	4.35	0.12	4.68
70×20	100	0	6	0	100	0	86	0	0.01	3.72	0.14	3.61
90×5	100	0	4	0	100	0	100	0	0.01	3.56	0.10	5.40
90×10	100	0	4	0	100	0	100	0	0.02	1.78	0.08	1.78
90×15	99	0	4	1	99	0	100	1	0.02	1.42	0.09	1.55
90×20	100	0	4	4	100	0	80	13	0.06	0.95	0.13	0.80
110×5	73	0	1	0	78	0	25	0	0.01	3.70	0.46	4.40
110×10	45	0	4	1	45	0	80	3	0.08	1.43	0.07	1.30
110×15	66	0	4	0	66	0	100	0	0.03	2.03	0.59	3.89
110×20	100	0	5	1	100	0	100	2	0.03	1.02	0.17	1.07
平均值	**80.70**	0.08	8.30	0.38	**90.00**	0.58	67.50	1.00	**0.02**	2.37	0.24	2.52

由表 3.6 可知，虽然 INSGA-II 在算例 10×10、90×15 和 110×15 上，所得 $R(S_i)$小于 DHS，但是，在剩余 21 个算例上，均不差于 DHS。此外，INSGA-II 在 24 个算例上的平均 $R(S_i)$值为 90.00%，均优于 NSGA-II、DHS 和 TA。结合表 3.5和表 3.6 可知，INSGA-II 能够产生更多更高质量的非支配解。

表 3.6 还给出了所有算法的 $D(S_i)$值。由表 3.6 可知，INSGA-II 得到的平均 $D(S_i)$值为 0.02，明显小于 NSGA-II、DHS 和 TA；由图 3.7 可知，INSGA-II 所得的非支配解分布比较均匀，其次是 DHS、TA 和 NSGA-II。通过上述$|S_i|$、$N(S_i)$、$R(S_i)$、$D(S_i)$和 SC(S_i)等 5 个性能指标可以看出，所提算法可以产生更多分布更均匀的高质量的解，并能够快速收敛到 Pareto 前沿。

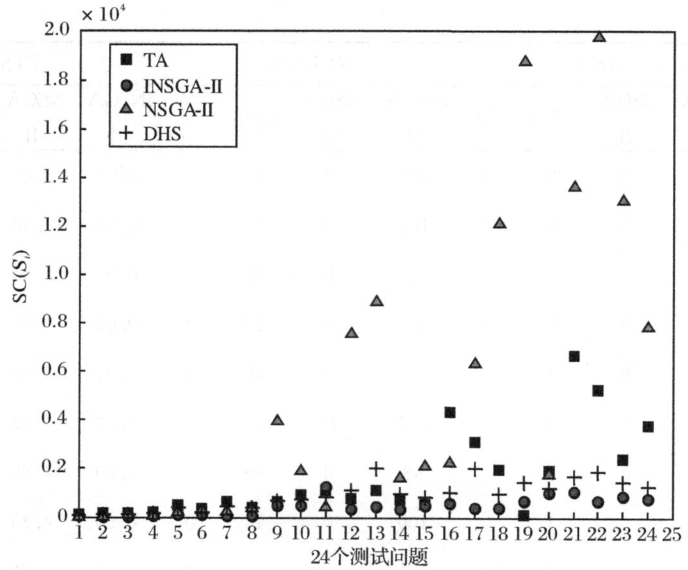

图 3.7 INSGA-II、NSGA-II、DHS 和 TA 的分布指标

图 3.8 和图 3.9 给出了 INSGA-II 求解算例 10×5 时，得到的其中 2 个调度序列{7-8-9-4-3-10-6-1-2-5}（调度序列一）和{6-7-9-4-8-3-1-2-10-5}（调度序列二）的甘特图。在调度序列中，10 个工件分割的批量数分别为 2、1、4、3、1、1、4、6、6 和 2，交货期为 191、218、189、170、205、178、199、168、156 和 157。2 个调度序列对应的 4 个函数目标值分别为 $f_1=597$、$f_2=541$、$f_3=3210$ 和 $f_4=138$ 以及 $f_1=599$、$f_2=554$、$f_3=3922$ 和 $f_4=18$。此外，图 3.10 给出了 INSGA-II 求解算例 10×20 时，得到的其中 1 个调度序列{1-6-8-10-5-9-4-3-2-7}的甘特图。10 个工件分割的批量数为 6、5、5、4、1、1、6、3、2 和 2，交货期为 191、442、410、388、315、357、346、441、417 和 335，所得函数值为 $f_1=1132$、$f_2=7566$、$f_3=7306$、$f_4=0$。

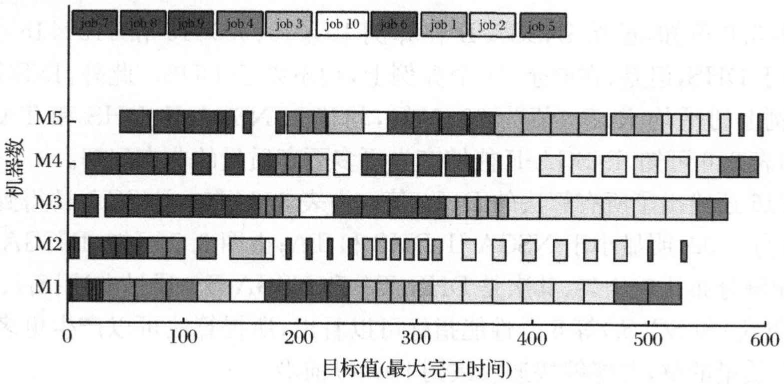

图 3.8 INSGA-II 得到的 10×5 算例的调度序列一

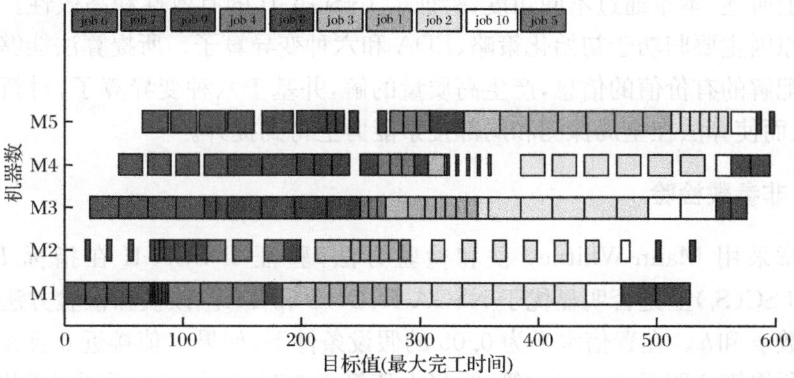

图 3.9　INSGA-II 得到的 10×5 算例的调度序列二

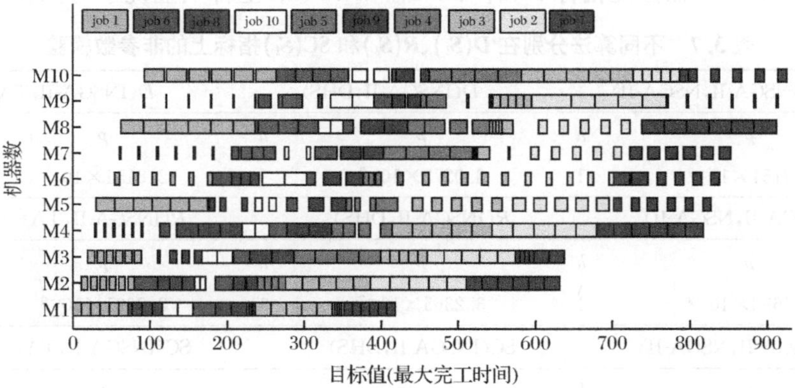

(a) 最优解在机器 1～10 上的目标值

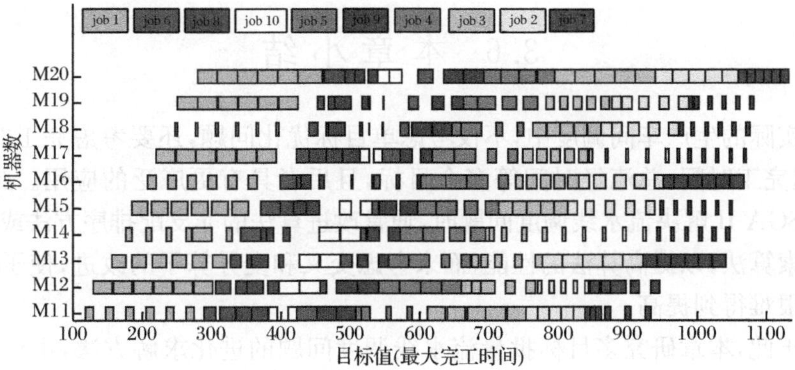

(b) 最优解在机器 11～20 上的目标值

图 3.10　INSGA-II 得到的 10×20 算例的最优解

综上所述，本章通过不同角度，验证了 INSGA-II 的有效性和高效性。该方法优越的原因主要归功于初始化策略、EDA 和六种变异算子。所提算法能够充分利用非支配解的有价值的信息，产生高质量的解，并基于六种变异算子，对新解轻微扰动，从而使算法在全局探测和局部搜索能力上得到提升。

3.5.6 非参数检验

本章采用 Mann-Whitney 秩和检验方法，验证 INSGA-II 在指标 $D(S_i)$、$R(S_i)$和 $SC(S_i)$上是否明显优于 NSGA-II、DHS 和 TA。该秩和检验方法有 2 个重要参数 p 和 h。在置信水平为 0.05 的假设条件下，如果 p 值接近 0 且 h 值等于 1，那么所提算法明显优于对比算法；当 h 值等于 0 时，两种算法无明显差别。

由表 3.7 可知，所提算法在 3 个性能指标上，p 值都接近 0，而 h 值都为 1，这表明，INSGA-II 在性能指标 $D(S_i)$、$R(S_i)$和 $SC(S_i)$上都明显优于对比算法。

表 3.7 不同算法分别在 $D(S_i)$、$R(S_i)$和 $SC(S_i)$指标上的非参数检验

D(INSGA-II, NSGA-II)		D(INSGA-II, DHS)		D(INSGA-II, TA)	
p	h	p	h	p	h
2.8151×10^{-9}	1	3.0272×10^{-7}	1	2.8151×10^{-9}	1
R(INSGA-II, NSGA-II)		R(INSGA-II, DHS)		R(INSGA-II, TA)	
p	h	p	h	p	h
2.2698×10^{-9}	1	3.2365×10^{-7}	1	2.2691×10^{-9}	1
SC(INSGA-II, NSGA-II)		SC(INSGA-II, DHS)		SC(INSGA-II, TA)	
p	h	p	h	p	h
2.3569×10^{-9}	1	2.9584×10^{-7}	1	2.6512×10^{-9}	1

3.6 本章小结

在实际的生产车间调度中，不仅考虑单目标优化问题，还要考虑完工时间、提前/推迟完工时间、总流经时间等多个目标，且后者具有更广泛的应用。此外，已有的 NSGA-II 解决流水线调度问题时，通常改进算法的非支配排序方法或者加入局部搜索算法，以提高算法的性能，而未考虑交叉和变异算子的改进，使子代种群的质量很难得到提高。

鉴于此，本章研究多目标批量流水线调度问题的进化求解方法，主要内容包括：首先，建立多目标批量流水线调度问题的数学模型；其次，采用离散工件序列编码方式，设计初始化策略，以产生高质量的初始种群；再次，利用非支配解信息，建立概率分布模型，通过学习和采样，产生子代个体；最后，当种群多样性指标小于给定阈值时，采用重启策略，提高种群的多样性。

将本章方法用于求解批量流水线调度优化问题的 24 个算例，并与 DHS、TA 和 NSGA-II 在 $|S_i|$、$N(S_i)$、$R(S_i)$、$D(S_i)$ 和 $SC(S_i)$ 等 5 个性能指标上比较，实验结果表明，所提算法具有非常好的收敛性，能够产生高质量的解。

本章的多目标批量流水线调度问题，是机器之间存在无限缓冲区的前提下进行的研究，因此在接下来的章节，将无缓冲区约束加入多目标批量流水线调度问题中，研究阻塞多目标批量流水线调度问题，并依据该调度问题的特性，提出有针对性的进化求解方法。

参考文献

[1] Deb K. Multi-objective evolutionary optimization: Past, present, and future [A]//Parmee I C. Evolutionary Design and Manufacture[M]. London: Springer, 2000: 225-236.

[2] Han Y Y, Gong D W, Sun X Y, et al. An improved NSGA-II algorithm for multi-objective lot-streaming flow shop scheduling problem [J]. International Journal of Production Research, 2014, 52(8): 2211-2231.

[3] Mühlenbein H, Paass G. From recombination of genes to the estimation of distributions I. binary parameters[A]//Rudolph G, Jansen T, Beume N, et al. Parallel Problem Solving from Nature—PPSN IV[M]. Berlin: Springer, 1996: 178-187.

[4] Yoon S H, Ventura J A. An application of genetic algorithms to lot-streaming flow shop scheduling[J]. IIE Transactions, 2002, 34(9): 779-787.

[5] Tiwari A, Chang P C, Tiwari M K, et al. A Pareto block-based estimation and distribution algorithm for multi-objective permutation flow shop scheduling problem[J]. International Journal of Production Research, 2015, 53(3): 793-834.

[6] Marimuthu S, Ponnambalam S G, Jawahar N. Threshold accepting and ant-colony optimization algorithms for scheduling m-machine flow shops with lot streaming[J]. Journal of Materials Processing Technology, 2009, 209(2): 1026-1041.

[7] Deb K, Pratap A, Agarwal S, et al. A fast and elitist multiobjective genetic algorithm: NSGA-II[J]. IEEE Transactions on Evolutionary Computation, 2002, 6(2): 182-197.

[8] Pan Q K, Wang L, Qian B. A novel differential evolution algorithm for bi-criteria no-wait flow shop scheduling problems [J]. Computers & Operations Research, 2009, 36 (8): 2498-2511.

[9] Van-Veldhuizen D A , Lamont G B. On measuring multiobjective evolutionary algorithm performance[C]. Proceedings of IEEE Congress on Evolutionary Computation, La Jolla, 2000, 1: 204-211.

第 4 章　多目标阻塞批量流水线调度问题的进化求解

第 3 章研究了多目标批量流水线调度问题，提出了 INSGA-II 进化求解算法，克服了传统的交叉算子由于随机性和无目的性，难以产生高质量解的缺陷。第 3 章研究的多目标批量调度问题，是在无限缓冲区的条件下，将工件分割为若干转移批量，而没有考虑机器之间无缓冲区的情况。本章将阻塞约束融入上述多目标批量调度问题中，形成了一个新的调度问题，即，多目标阻塞批量流水线调度问题。与一般的批量流水线调度问题相比，该问题更加复杂，目前尚未有相应的研究成果。本章研究多目标阻塞批量流水线调度问题的数学模型构建，以及该问题的进化求解方法。

正如第 2 章所述，ABC 算法在求解离散组合优化问题时，取得了很好的效果，然而，该算法在求解多目标优化问题时，尚有三方面需要改进：①基于多目标问题的特性，设计有针对性的初始化策略，提高初始种群的质量；②利用非支配解的信息，设计有针对性的个体产生方法，提高算法的收敛速度；③借鉴 NSGA-II，设计精英保留机制。鉴于此，本章提出了 HDABC 算法，求解多目标阻塞批量流水线调度问题。

本章的贡献主要有如下三方面：①建立了多目标阻塞批量流水线调度问题的数学模型；②提出了基于 MME 和 NEH 的启发式算法变体，以产生高质量的初始种群；③基于 ABC 和 NSGA-II 在优化机制、结构和能力上的互补性，利用前者较强的收敛性和后者较好的个体精英保留机制，提出了 HDABC 算法求解上述调度问题。

本章结构安排如下：4.1 节是问题的研究背景；4.2 节给出多目标阻塞批量流水线调度问题的数学模型；4.3 节阐述提出的 HDABC 算法；整个算法的流程在 4.4 节提供；4.5 节是实验结果与分析；最后，4.6 节总结本章内容，并指出需要进一步研究的问题。

4.1　研究背景

近年来，将多目标优化理论与 ABC 算法有效结合，形成了两类多目标 ABC 算法。一类是基于 Pareto 占优关系的连续多目标 ABC 算法。Zhang 等[1]采用混合多目标 ABC(hybrid multi-objective artificial bee colony，HMOABC)算法，求解铜条生产的配料优化问题。文中首先基于实际的生产配料过程，考虑了原材料的成本和最大化熔炼炉中废弃物的数量等两个目标，建立了非线性约束多目标优化模型；然后，在 ABC 算法的框架下，融入了快速排序方法、拥挤距离和多样性选择等策略，提出了采用 HMOABC 算法求解上述多目标优化问题。Akbari 等[2]提出了多目标 ABC(multi-objective artificial bee colony，MOABC)算法，该方法采用基于网格的精英保留策略，通过外部储备集，控制蜂群的飞行行为，并基于非支配解信息，调整它们的轨迹。

第二类是基于 Pareto 占优关系的离散多目标 ABC 算法。Khorsandi 等[3]提出了模糊多目标 ABC 算法，优化分布系统重置中的电压稳定性和混合能源系统分级(太阳能电池、风力发电机和燃料电池)的总功率损失、总电能消耗成本和总发电量等三个目标。Li 等[4]提出了离散多目标 ABC 算法，求解柔性作业调度的最大完工时间、总负载和关键机器负载等三目标优化问题。该算法采用局部搜索平衡全局与局部搜索能力。Wang 等[5]提出了基于 Pareto 占优的离散多目标 ABC 算法，同样求解上述柔性作业调度的三目标优化问题。与上述方法不同之处是，在观察蜂阶段，该算法采用交叉算子修改共享解，并基于关键路径的局部搜索，对产生的新解进行局部扰动。

上述两类算法在求解多目标调度问题时，都存在如下缺陷：①对于连续多目标 ABC 算法，其编码方式是连续的，不能直接产生合法的工件序列；②对于离散多目标 ABC 算法，上述文献都未充分利用非支配解的信息，设计有针对性的初始化和个体产生方法，以引导种群进化。此外，目前尚未将多目标 ABC 算法应用于求解阻塞批量流水线调度问题。

鉴于此，本章主要从三方面对多目标 ABC 算法进行改进：首先，采用 MME 和 NEH 的启发式算法变体，产生高质量的初始种群；然后，充分利用每一代的非支配解信息，产生高质量的子代个体，引导种群快速收敛到 Pareto 前沿；最后，基于 Pareto 占优关系的局部搜索，在给定解的邻域内扰动，提高算法的局部开发能力。

4.2　多目标阻塞批量流水线调度问题的数学模型

多目标阻塞批量流水线调度问题描述如下：一个工件序列 $\pi=\{\pi(1),\pi(2),\cdots,\pi(j),\cdots,\pi(n)\}$，按照相同的工艺路线，在 m 台机器上加工。$\pi(j)$被分割为若干小批量，即：$\pi(j)=\{\pi(j)^1,\pi(j)^2,\cdots,\pi(j)^{l_{\pi(j)}}\}$。约定所有机器上每个小批量的加工次序都相同，加工过程满足以下条件：

(1) 同一工件的所有小批量加工完之后，下一个工件的小批量才可以加工；

(2) 一台机器只能加工一个小批量，且一个小批量只能在一台机器上加工；

(3) 机器之间没有缓冲区；

(4) 同一机器的相邻两个批量之间有等待时间；

(5) 机器准备时间和小批量运输时间包含在加工时间内。加工时间、交货期和工件分割的小批量数目都是已知的。

相邻机器之间没有缓冲区，造成工件阻塞，从而产生了阻塞时间，因此，每个工件的小批量的开始时间不仅为非负数，还应包含阻塞时间。此外，每个工件小批量在第一台机器上的完工时间，也包含前一个工件小批量造成的阻塞时间。

本章最小化阻塞批量流水线调度问题的最大完工时间和提前完工时间等两个目标函数，表达式为

$$\min f_1(\pi)=C_{\pi(n),m,l_{\pi(n)}} \tag{4.1}$$

$$f_2(\pi)=\sum_{j=1}^{n}\max(0,d_j-C_{\pi(j),m,l_{\pi(j)}}) \tag{4.2}$$

式(4.3)～式(4.10)给出了最大完工时间的计算过程。

$$\begin{cases}S_{\pi(1),1,1}=0\\C_{\pi(1),1,1}=S_{\pi(1),1,1}+p_{\pi(1),1}\end{cases} \tag{4.3}$$

$$\begin{cases}S_{\pi(1),t,1}=C_{\pi(1),t-1,1}\\C_{\pi(1),t,1}=S_{\pi(1),t,1}+p_{\pi(1),t}\end{cases}\quad t=2,3,\cdots,m \tag{4.4}$$

$$\begin{cases}S_{\pi(j),1,1}=\max\{C_{\pi(j-1),1,l_{\pi(j-1)}},S_{\pi(j-1),2,l_{\pi(j-1)}}\}\\C_{\pi(j),1,1}=S_{\pi(j),1,1}+p_{\pi(j),1}\end{cases}\quad j=2,3,\cdots,n \tag{4.5}$$

$$\begin{cases}S_{\pi(j),t,1}=\max\{C_{\pi(j),t-1,1},S_{\pi(j-1),t+1,l_{\pi(j-1)}}\}\\C_{\pi(j),t,1}=S_{\pi(j),t,1}+p_{\pi(j),t}\end{cases}\quad t=2,3,\cdots,m-1;j=2,3,\cdots,n \tag{4.6}$$

$$\begin{cases}S_{\pi(j),m,1}=\max\{C_{\pi(j),m-1,1},C_{\pi(j-1),m,l_{\pi(j-1)}}\}\\C_{\pi(j),m,1}=S_{\pi(j),m,1}+p_{\pi(j),m}\end{cases}\quad j=2,3,\cdots,n \tag{4.7}$$

$$\begin{cases}S_{\pi(j),1,e}=\max\{C_{\pi(j),1,e-1},S_{\pi(j),2,e-1}\}\\C_{\pi(j),1,e}=S_{\pi(j),1,e}+p_{\pi(j),1}\end{cases}\quad e=2,3,\cdots,l_{\pi(j)};j=1,2,3,\cdots,n \tag{4.8}$$

$$\begin{cases}S_{\pi(j),t,e}=\max\{C_{\pi(j),t-1,e},S_{\pi(j),t+1,e-1}\}\\C_{\pi(j),t,e}=S_{\pi(j),t,e}+p_{\pi(j),t}\end{cases}\quad \begin{matrix}e=2,3,\cdots,l_{\pi(j)};t=2,3,\cdots,m-1;\\j=1,2,3,\cdots,n\end{matrix} \tag{4.9}$$

$$\begin{cases}S_{\pi(j),m,e}=\max\{C_{\pi(j),m-1,e},C_{\pi(j),m,e-1}\}\\C_{\pi(j),m,e}=S_{\pi(j),m,e}+p_{\pi(j),m}\end{cases}\quad e=2,3,\cdots,l_{\pi(j)};j=1,2,3,\cdots,n \tag{4.10}$$

本节涉及变量符号含义如表 4.1 所示。

表 4.1　变量符号解释

符号	含义
$\pi(j)$	工件序列 π 中第 j 个工件
$\pi(j)^e$	工件 j 的第 e 个小批量
$l_{\pi(j)}$	工件 j 包含的小批量总数
$p_{\pi(j),t}$	工件 j 在机器 t 上的加工时间
$p'_{e,t}$	小批量 e 在机器 t 上的加工时间
$C_{\pi(j),t,e}$	工件 j 的第 e 个小批量在机器 t 上的完工时间
$S_{\pi(j),t,e}$	工件 j 的第 e 个小批量在机器 t 上的开始时间
d_j	工件 j 的交货期
f_1	所有工件的最大完工时间
f_2	推迟完工时间

下面，通过一个例子给出传统批量和阻塞批量流水线调度问题的区别。假设有 2 个工件 $\pi(1)$ 和 $\pi(2)$，每个工件等量分割，且分别包含 3 个和 2 个小批量，每个工件各自小批量的加工时间如下：

$$[P'_{e,t}]_{3\times 3}=\begin{bmatrix} p'_{1,1} & p'_{1,2} & p'_{1,3} \\ p'_{2,1} & p'_{2,2} & p'_{2,3} \\ p'_{3,1} & p'_{3,2} & p'_{3,3} \end{bmatrix}=\begin{bmatrix} 1 & 2 & 3 \\ 1 & 2 & 3 \\ 1 & 2 & 3 \end{bmatrix}$$

$$[P'_{e,t}]_{2\times 3}=\begin{bmatrix} p'_{1,1} & p'_{1,2} & p'_{1,3} \\ p'_{2,1} & p'_{2,2} & p'_{2,3} \end{bmatrix}=\begin{bmatrix} 4 & 2 & 3 \\ 4 & 2 & 3 \end{bmatrix}$$

2 个工件按照 $\pi(1)$ 到 $\pi(2)$ 的顺序加工。当 $\pi(1)^2$ 在第 1 台机器上加工完之后，由于机器之间没有缓冲区，且机器 2 正在加工 $\pi(1)^1$，因此，$\pi(1)^2$ 被阻塞在当前机器上，直到 $\pi(1)^1$ 加工完之后，才被传送到机器 2 上加工，这就造成了 $\pi(1)^3$ 的延迟开工。由图 4.1 所示，传统批量流水线调度问题的最大完工时间为 18，而阻塞批量调度问题的最大完工时间为 19。后者存在的阻塞，在很大程度上增加了完工时间，减缓了生产流程。因此，需要寻找好的调度策略，使得工件阻塞时间和完工时间缩短，从而提高生产效率和节省生产成本。

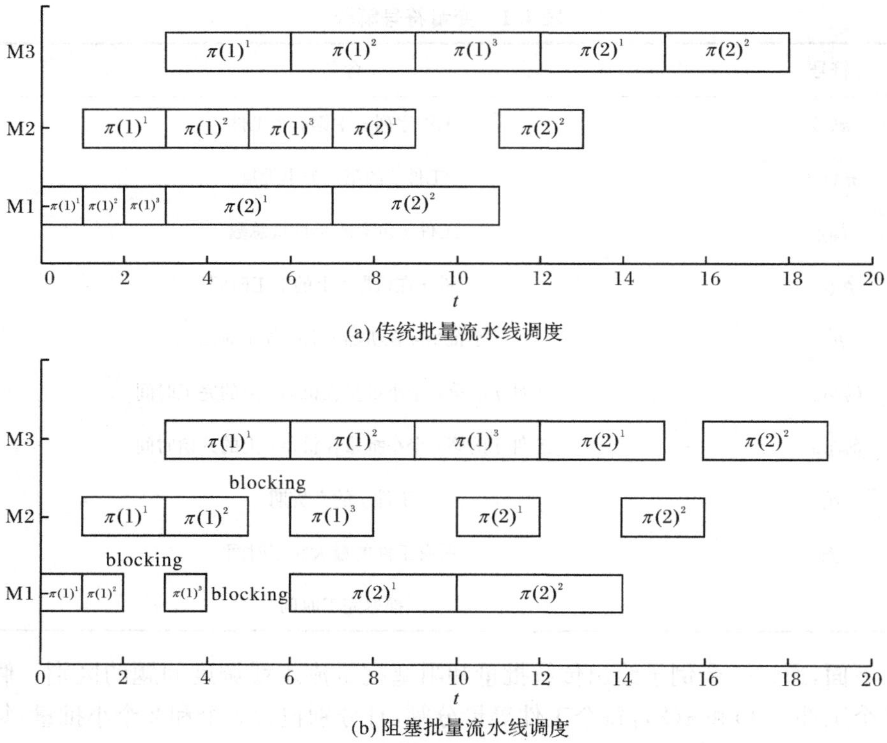

图 4.1 批量调度与阻塞批量流水线调度问题甘特图

4.3 混合人工蜂群算法

正如 4.1 节所述，已有的 ABC 算法在求解多目标阻塞批量流水线调度问题时，需要设计高效的初始化策略、有针对性的个体产生方法，以及精英保留机制，因此，本章提出了 HDABC 算法。该方法首先采用两个启发式算法变体，产生若干个高质量的初始解；然后，针对两种蜂群，分别提出了新个体的产生方法，即，在雇佣蜂阶段，利用非支配解的有价值信息，设计新的交叉算子；在观察蜂阶段，基于 Pareto 占优关系，设计多目标局部搜索方法；最后，采用一个外部储备集，保存每一代产生的非支配解，并动态更新。所提方法的具体实施过程如下。

4.3.1 初始化种群

NEH 启发式算法和 MME 启发式算法是依据问题的特性提出的，该方法能够在很短的时间内，产生高质量的解，因此，常作为初始化策略，提高初始种群的质量。

NEH 启发式算法的思想是[6]：首先，计算每个工件在所有机器上的总完工时间，按照总完工时间的非增排序，得到一个初始序列；然后，通过不断执行插入操作，输出使某一个目标函数值最小的调度序列。该方法的具体描述如算法 4.1 所示。

算法 4.1　NEH 启发式算法

---

procedure NEH(PS, n, π^*, k)

input：算法参数(种群规模 PS，工件个数 n，π^* 存储当前使 f_i 最小的工件序列，$k=0$ 记录部分序列中工件的个数)

output：初始种子 π^*

begin

　步骤 1：由式(4.3)～式(4.10)求解每个工件在所有机器上完工时间总和 $T=\sum_{t=1}^{m} C_{\pi(j),t,l_{\pi(j)}}$，按照 T_j 递减顺序排序，得到工件序列为：$\pi=\{\pi(1),\pi(2),\cdots,\pi(n)\}$；

　步骤 2：从 π 中取出前两个工件 $\pi(1)$，$\pi(2)$ 进行排列组合，构成两个部分排序：$\{\pi(1),\pi(2)\}$ 与 $\{\pi(2),\pi(1)\}$，分别计算这两个部分排序目标值 f_2，选择 f_2 最小的一个排序作为当前部分排序 π^*；

　步骤 3：$k=2$；

　步骤 4：取出 π 的第 $k+1$ 个工件 $\pi(k+1)$，将其分别插入 π^* 的 $k+1$ 个不同位置，共产生 $k+1$ 个部分排序．选择使目标值 $f_2(\pi^*)$ 最小的部分排序为 π^*；

　步骤 5：$k=k+1$，若 $k<n$，执行步骤 4；否则输出 π^*；

end

MME 启发式算法的思想是[7]：寻找一个最短的关键路径，减少工件在机器上的阻塞时间，最终使得工件调度序列的最大完工时间最短。该方法的具体描述如算法 4.2 所示。

算法 4.2　MME 启发式算法

---

procedure MME(PS, n, π, U)

input：算法参数(种群规模 PS，工件个数 n，工件序列 $\pi=\varnothing$，未调度序列 U)

output：高质量的初始种子 π^*

begin

　步骤 1：采用 MM 启发式算法产生调度序列，$\pi=\{\pi(1),\pi(2),\cdots,\pi(j),\cdots,\pi(n)\}$．

　　步骤 1.1：选择在第一台机器上加工时间最短的工件放入 π 中作为第一个工件 $\pi(1)$；然后选择在最后一台机器上加工时间最短的工件作为最后一个工件 $\pi(n)$．

　　步骤 1.2：令 $j=2$；$U=U-\{\pi(1),\pi(n)\}$．

　　步骤 1.3：其余工件，$\pi(3),\pi(4),\cdots,\pi(n)$ 通过函数值 F 来获得：

　for $j=2$ to $n-1$

　　for $i=1$ to n

续表

if($\pi(i) \notin U$);

$$F_i = \theta \times \sum_{t=1}^{m-1} | p_{\pi(j),t} - p_{\pi(j),t+1} | + (1-\theta) \times \sum_{t=1}^{m-1} p; t, \theta \in [0,1];$$

end if

end for

选择使函数 F 最小的工件作为序列 π 的第 j 个工件，并从 U 中删除，$U = U - \{\pi(j)\}$.

end for

步骤 2：对 π 执行 NEH 操作，产生高质量初始种子 π^*.

步骤 2.1：取出 π 中的前两个工件 $\pi(1)$ 和 $\pi(2)$ 进行排列组合，构成两个部分排序 $\{\pi(1), \pi(2)\}$ 和 $\{\pi(2), \pi(1)\}$. 然后计算其目标函数值（最大完工时间）. 选择目标函数值 f_1 较小的排序作为 π^* 并令 $k=2$.

步骤 2.2：取出 π 的第 $k+1$ 个工件 $\pi(k+1)$，将其分别插入 π^* 的 $k+1$ 个不同位置，共产生 $k+1$ 个部分排序. 选择目标值 f_1 最小的部分排序为 π^*.

步骤 2.3：$k=k+1$. 若 $k<n$，则转步骤 2.2；否则算法结束，得到一个完整排序 π^*. 并重新赋给 π，即 $\pi = \pi^*$.

end

NEH 启发式算法已成功用于求解以提前完工时间为指标的批量流水线调度问题，采用 MME 启发式算法，求解阻塞流水线调度问题的最大完工时间，同样具有很好的性能，因此，本章采用 NEH 算法和 MME 算法，分别优化提前完工时间和最大完工时间。

值得注意的是，NEH 和 MME 各自仅能够产生一个初始调度序列，而针对多目标阻塞批量流水线调度问题，不能同时优化两个目标函数，并一次产生多个不同的解。为了解决上述问题，本章基于 NEH 启发式算法和 MME 启发式算法，设计了启发式算法的变体 vNEH 和 vMME，其中，vNEH 的具体描述如算法 4.3 所示。

算法 4.3　vNEH 启发式算法

procedure vNEH(PS, n, π^*, k)

input：算法参数（种群规模 PS，工件个数 n，π^* 存储当前使 f_i 最小的工件序列，$k=0$ 记录部分序列中工件的个数）

output：β 个初始种子

begin

步骤 1：由式(4.3)～式(4.10)求解每个工件在所有机器上完工时间总和 $T = \sum_{t=1}^{m} C_{\pi(j),t,l_{\pi(j)}}$，按照 T_j 递减顺序排序，得到工件序列为：$\pi = \{\pi(1), \pi(2), \cdots, \pi(n)\}$.

续表

步骤 2:从 π 中取出前两个工件 $\pi(1)$, $\pi(2)$ 进行排列组合,构成两个部分排序:{$\pi(1)$, $\pi(2)$}与{$\pi(2)$, $\pi(1)$},分别计算这两个部分排序目标值 f_2,选择 f_2 最小的一个排序作为当前部分排序 π^*.

步骤 3:$k=2$.

步骤 4:取出 π 的第 $k+1$ 个工件 $\pi(k+1)$,将其分别插入 π^* 的 $k+1$ 个不同位置,共产生 $k+1$ 个部分排序.选择使目标值 $f_2(\pi^*)$ 最小的部分排序为 π^*.

步骤 5:$k=k+1$,如果 $k<n-1$,执行步骤 4;否则,执行步骤 6.

步骤 6:取出 π 的第 n 个工件 $\pi(n)$,将其分别插入 π^* 的 n 个不同位置,得到 n 个完整的排序,计算 f_1 和 f_2 目标函数值,基于 Pareto 占优关系和拥挤距离选择 β 个初始种子.

end

由算法 4.1 和算法 4.3 可知,两者的区别在于,后者比前者增加了步骤 6。该步骤可同时优化 f_1 和 f_2,并基于 Pareto 占优关系和拥挤距离,选择多个初始解。类似地,本章对 MME 做了如下修改,得到 vMME 启发式:在算法 4.2 中,将步骤 2.3 的内容改为"$k=k+1$。若 $k<n-1$,执行步骤 2.2;否则,执行步骤 2.4";增加了步骤 2.4,具体内容为"取出 π 的第 n 个工件 $\pi(n)$,将其分别插入 π^* 的 n 个不同位置,得到 n 个完整的排序,计算 f_1 和 f_2 的值,基于 Pareto 占优关系和拥挤距离,选择 γ 个初始解"。

基于 vNEH 启发式算法和 vMME 启发式算法,种群的初始化过程如下。

步骤 1:采用 vNEH 启发式算法和 vMME 启发式算法,产生 $\beta+\gamma$ 个高质量的初始解;

步骤 2:采用随机函数 random_shuffle(),在整个搜索空间中随机产生一个解 π'。如果 π' 已在种群中,那么将该解舍弃;否则,将其放入种群中;

步骤 3:如果种群中解的个数小于 PS,那么,转步骤 2;否则,算法终止。

4.3.2　个体产生方法

在雇佣蜂阶段,已有的个体产生方法具有随机性和无目的性,很大程度地减缓了算法的收敛速度。为了提高算法的性能,本章提出了新的交叉和变异算子,以产生新解。该算子利用非支配解的有价值信息,引导种群进化,加速算法收敛速度,从而提高算法的效率。个体产生方法的具体描述如算法 4.4 所示。

算法 4.4 雇佣蜂产生个体方法

```
procedure employee(PS,pc)
input:算法参数(种群大小 PS,执行交叉概率 pc)
output:PS 个新解
begin
  for i=1 to PS;
    if (rand()<pc);
      if (rand() % 2)
        执行所提算子 ISBOX,产生新解
      else
        执行所提算法 ISJOX,产生新解
      end if
    else
      switch (rand() % 3)
        case 0:insert(π);
        case 1:swap(π);
        case 2:Destruction_Construction(d)
      end switch
    end if
  end for
end
```

交叉算子利用种群信息,能够产生全局较好的解。目前,常用于离散调度问题的交叉算子有:单点顺序交叉(one-point order crossover,OP)[8]、两点顺序交叉(two-point order crossover, TP)[8]、广义位置交叉(generalized position crossover,GPX)[9]、顺序交叉(order crossover,OX)[10]、相似工件顺序交叉(similar job order crossover,SJOX)[11],以及相似块顺序交叉(similar block order crossover, SBOX)[11]等。已有文献表明,SJOX 和 SBOX 优于其他 4 种交叉算子[11]。此外,Zhang 等[12]提出了基于 SJOX 的人工染色体交叉(artificial chromosome SJOX, ASJOX),并通过实验,验证了该算子优于 SJOX。

SBOX 算子将两个父代个体相同位置的相同工件块遗传给子代。ASJOX 算子选择一个较好的个体作为人工染色体,将父代个体与人工染色体中相同位置的相同工件遗传给子代。尽管 SBOX 和 ASJOX 在求解单目标调度问题时,具有较高的性能,但是,对于多目标调度问题,还存在如下两方面的不足:①ASJOX 仅考虑了一个精英个体的信息,没有考虑所有精英个体的信息;②SBOX 仅考虑了两父代个体相同位置相同基因块的信息,没有考虑不同位置相同基因块的信息,此外,

SBOX 也没有考虑所有精英个体基因块的信息。鉴于此，本章针对多目标调度问题的特性，提出了改进的 SBOX 和 ASJOX，分别记为 ISBOX (improved similar block order crossover)和 ISJOX(improved similar job order crossover)。

(1) ISBOX 算子产生子代的步骤。

步骤 1：产生一个临时解集(temporary set，TS)，用于存放当前储备集中所有非支配解的优良工件块，即，将组合次数最多的工件块 $ij(i,j=1,2,\cdots,n$，且 $j\neq 1)$ 放入 TS 中。如果次数相同，那么随机选择一个。

步骤 2：从当前种群中，随机选择两个父代个体，将父代个体 1 与 TS 中相同的工件块，遗传给 Offs1，同样，将父代个体 2 与 TS 中相同的相同块，遗传给 Offs2。

步骤 3：执行修补策略。两个子代的其余工件，通过单点交叉，分别从父代个体 2 和父代个体 1 中获取。

值得一提的是，ISBOX 不受位置限制，也就是说，相同或者不同位置的相同工件块都可以遗传给子代，这样避免了性能良好的工件块被破坏。

下面，通过例子更直观地说明 ISBOX 产生新解的过程。假设当前储备集中有 5 个非支配解 $\pi_i(i=1,2,\cdots,5)$，每个解包含如下 7 个工件：

$$\pi_1=\{2,6,3,1,4,5,7\}$$
$$\pi_2=\{3,5,1,6,7,2,4\}$$
$$\pi_3=\{4,5,2,1,7,3,6\}$$
$$\pi_4=\{4,1,7,2,6,3,5\}$$
$$\pi_5=\{4,5,2,6,3,7,1\}$$

步骤 1：产生一个临时解集。统计所有非支配解中，工件 j 在工件 i 之后出现的次数$(i,j=1,2,\cdots,7$，且 $j\neq i)$，并选择次数最多的，作为一个工件块。

对于上述的非支配解，工件 2、3、4、5、6 和 7 出现在工件 1 之后的次数分别为 0、0、0、1、0、1 和 2。工件块{1,7}出现了 2 次，因此，将{1,7}放入 TS 中，即 TS={{1,7}}。

同理，工件 $j(j=1,2,\cdots,7)$ 在工件 $i(i=2,\cdots,7$ 且 $j\neq i)$ 之后出现的次数分别为

工件 2：1、0、0、1、0、3 和 0

工件 3：1、0、0、0、2、1 和 1

工件 4：1、0、0、0、3、0 和 0

工件 5：1、2、0、0、0、0 和 1

工件 6：0、0、3、0、0、0 和 1

工件 7：1、2、1、0、0、0 和 0

由此可得：TS={{1,7},{2,6},{3,5},{4,5},{5,2},{6,3},{7,2}}。

步骤 2：从当前种群中，随机选择两个父代个体 parent1={1,2,6,4,5,3,7}和

parent2＝{5,2,7,1,4,3,6}。将 parent1 与 TS 中相同的工件块{2,6}和{4,5}放入 Offs1 相应的位置。同理，父代个体 2 寻找与 TS 中相同的基因块{5,2}，将其放入 Offs2 相应的位置。

步骤 3：两个子代剩余的工件，通过单点交叉得到。如果交叉点为 4，那么，将父代个体 1 中，交叉点之前未被选择的工件，依次填充到 Offs1 中；将父代个体 2 中，交叉点之后未被选择的工件，依次填充到 Offs1 中，从而得到 Offs1＝{1,2,6,4,5,3,6}。同理可得 Offs2＝{5,2,7,1,6,4,3}。图 4.2 给出了 ISBOX 产生个体的过程。

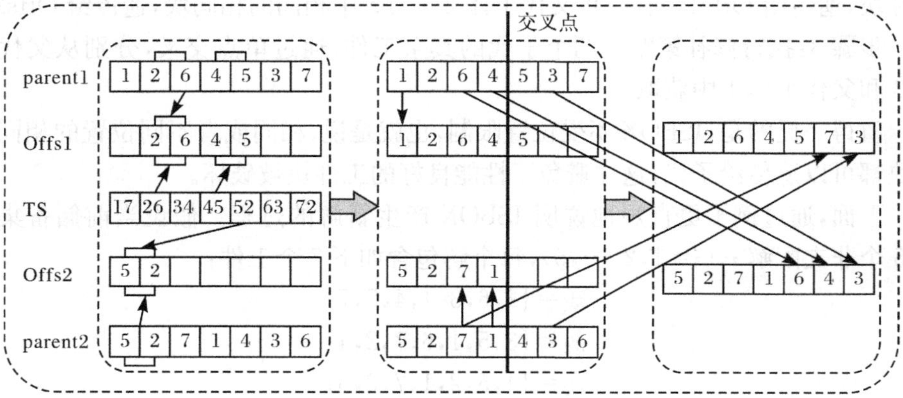

图 4.2 ISBOX 产生个体的过程

(2) ISJOX 算子产生子代的步骤。

步骤 1：产生一个临时个体(temporary individual，TI)，用于存放当前储备集中，所有非支配解的优良基因，即，统计所有非支配解中，工件 i 出现在位置 k 上的次数($i,k=1,2,\cdots,n$)。寻找出现在位置 k 上次数最多的工件 i，将其放入 TI 中的第 k 个位置上。如果次数相同，那么随机选择一个。

步骤 2：从当前种群中，随机选择两个父代个体，寻找 parent1 与 TI 中相同位置相同的工件，遗传给 Offs1；同理，寻找 parent2 与 TI 中相同位置相同的工件，遗传给 Offs2。

步骤 3：两个子代剩余的工件，通过单点交叉，分别从父代个体 2 和父代个体 1 中获取。

对于上述例子，下面给出 ISJOX 产生新解的过程。

步骤 1：统计所有非支配解中，工件 i 在位置 k 上出现的次数。

工件 1 分别在位置 1、2、3、4、5、6 和 7 上出现的次数为 0、1、1、2、0、0 和 1。工件 1 出现在位置 4 上的次数最多，因此，将工件 1 放入 TI 中的第 4 个位置上。

同理可得，工件 2、3、4、5、6 和 7 在位置 1、2、3、4、5、6 和 7 上出现的次数分

别为

工件 2:1、0、2、1、0、1 和 0
工件 3:1、0、1、0、1、2 和 0
工件 4:3、0、0、0、1、0 和 1
工件 5:0、3、0、0、0、1 和 1
工件 6:0、1、0、2、1、0 和 1
工件 7:0、0、1、0、2、1 和 1

通过上述统计,得到 TI={4,5,2,1,7,3,6}。

步骤 2:从当前种群中,随机选择两个父代个体 parent1={1,2,6,4,5,3,7}和 parent2={5,2,7,1,4,3,6}。寻找 parent1 与 TI 中相同位置相同的工件{3},将其放入 Offs1 的相应位置。同理,寻找 parent2 与 TI 中相同位置相同的工件{1,3,6},将其放入 Offs2 的相应位置。

步骤 3:两个子代剩余的工件,通过单点交叉得到。如果交叉点为 2,那么,将父代个体 1 中,交叉点之前未被选择的工件,依次填充到 Offs1 中;将父代个体 2 中,交叉点之后未被选择的工件,依次填充到 Offs 中,这样可得 Offs1={1,2,5,7,4,3,6}。同理,Offs2={5,2,4,1,7,3,6}。图 4.3 给出了 ISJOX 产生个体的过程。

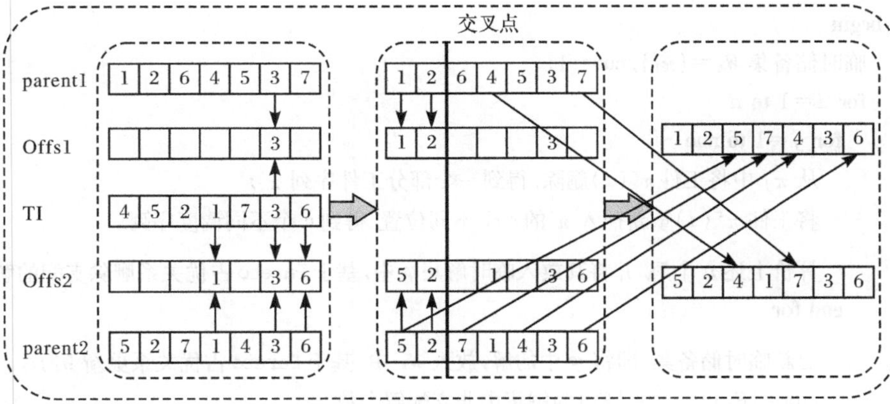

图 4.3　ISJOX 产生个体的过程

本章在雇佣蜂阶段,随机选择上述 ISBOX 和 ISJOX 中的一种,产生新的子代。这样做的好处是,每次都采用不同的交叉算子,可以提高种群的多样性,从而提高算法的全局探测能力。

正如算法 4.4 所示,在雇佣蜂阶段,除了采用所提交叉算子之外,还依一定的概率执行变异算子,其中,insert(π)和 swap(π)的实施过程,在第 3 章已给出,本章不再赘述。下面仅介绍重构方法。

重构方法的执行过程：①从 $\pi=\{\pi(1),\pi(2),\cdots,\pi(n)\}$ 中随机选择 d 个工件，将 π 分为两部分 $\pi^1=\{\pi^1(1),\pi^1(2),\cdots,\pi^1(d)\}$ 和 $\pi^2=\{\pi^2(1),\pi^2(2),\cdots,\pi^2(n-d)\}$；②从 π^1 中依次取出 $\pi^1(i)(i\in\{1,2,\cdots,d\})$，将其插入 π^2 的 $n-d+i$ 个不同位置，共产生 $n-d+i$ 个部分排序；③评价 $n-d+i$ 个部分排序，选择目标函数 f_1 的值最小的序列赋给 π^2。重复执行②和③，直到 π^2 是一个完整的工件序列；④更新原始解，即 $\pi=\pi^2$。

4.3.3 观察蜂个体产生方法

在雇佣蜂阶段，采用交叉算子和变异算子，以产生全局较好的新解。在观察蜂阶段，共享上述产生的新解，并依一定的概率，对这些解在邻域内扰动，以提高算法的局部开发能力。本章采用基于 Pareto 占优的局部搜索[13]（Pareto-based local search，PLS），产生多个邻域解。PLS 算法的具体描述如算法 4.5 所示。

算法 4.5　PLS 算法

procedure PLS(n,π^1,π^r,W_t,num)

input:算法参数(工件个数 n，选择的解 π_1，参考解 $\pi^r=\{\pi^r(1),\pi^r(2),\cdots,\pi^r(n)\}$，第 t 代的临时储备集 W_t，临时储备集中非支配解个数 num，记录部分序列中工件的个数)

output:临时储备集 W_t

```
begin
  临时储备集 W_t={π_1},num=1;
  for i=1 to n
    for j=1 to num
      从 π_j 中将工件 π^r(i)删除,得到一个部分工件序列 π′;
      将工件 π^r(i)重新插入 π′的 n 个不同位置，得到 n 个不同调度序列;
      评价上述 n 个解，并将其放入临时解集 φ 中,基于 Pareto 占优关系删除支配的解;
    end for
      更新临时储备集,即将 φ 中的解,放入 W_t 中,基于 Pareto 占优关系更新 W_t;
      num=|W_t|;      %|W_t|为解集中非支配解个数
  end for
end
```

图 4.4 给出了 PLS 的执行过程。图中，实心点代表雇佣蜂产生的 5 个解。图 4.4(a)表示依一定的概率，选择了其中两个解(A 和 C)执行局部搜索；图 4.4(b)表示在选择解的周围，进行邻域扰动，得到很多邻域解，如空心点所示；图 4.4(c)表示更新临时储备集 W_t。

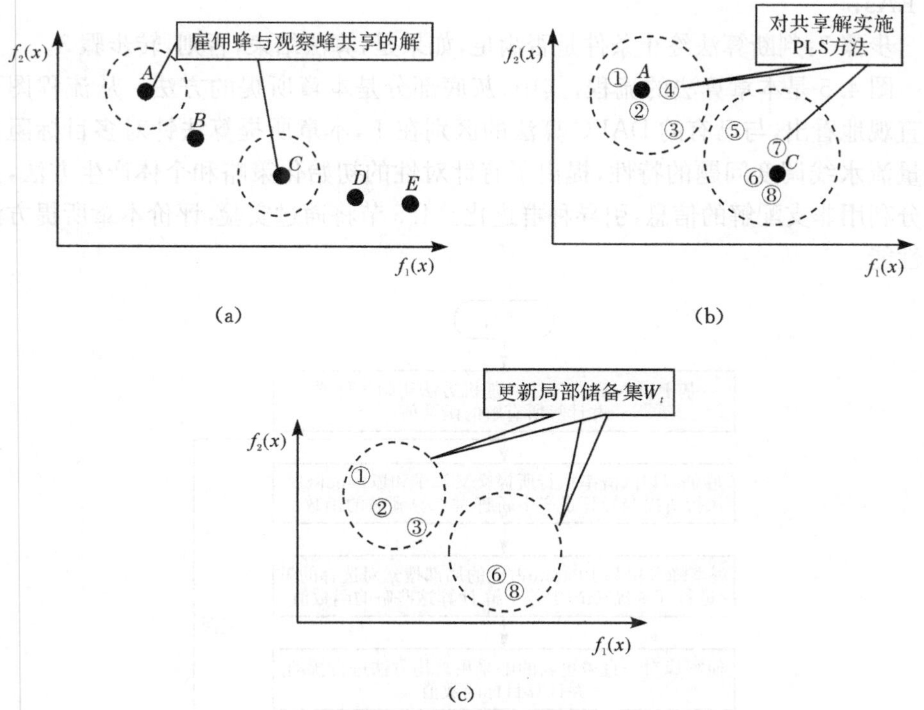

图 4.4　PLS 产生新解的过程

4.4　算法描述

将第 4.3 节提出的初始化策略、交叉变异算子和 PLS 算法，融入 DABC 算法框架下，形成 HDABC 算法。该算法采用基于离散工件序列的编码方式，能够直接产生合法的解。该算法的步骤如下。

步骤 1：设置参数，种群大小 PS、交叉概率 pc、局部搜索概率 pls 和算法终止时间 time；

步骤 2：采用 vNEH、vMME 和随机方法初始化种群，并由式(4.1)～式(4.10)，计算新解的目标函数值；

步骤 3：在雇佣蜂阶段，依 pc 概率执行 ISBOX 或 ISJOX 算子，1－pc 概率执行基于交叉、交换和重构的变异算子，并计算新解的目标函数值；

步骤 4：在观察蜂阶段，采用 PLS 对共享的解邻域搜索，以提高算法的局部开发能力；

步骤 5：在侦察蜂阶段，采用重构方法，扰动一直未更新的解；

步骤 6：设置外部储备集 EAs，用于保留每代搜索到的非支配解，并动态更

新 EAs;

步骤 7:判断算法终止条件是否满足,如果是,算法结束,否则,转步骤 3。

图 4.5 是本章算法的流程,其中,灰底部分是本章所提的方法。从流程图可以直观地看出,与已有的 DABC 算法的区别在于,本章所提算法针对多目标阻塞批量流水线调度问题的特性,提出了有针对性的初始化策略和个体产生方法,并充分利用非支配解的信息,引导种群进化。4.5 节将通过实验,评价本章所提方法的性能。

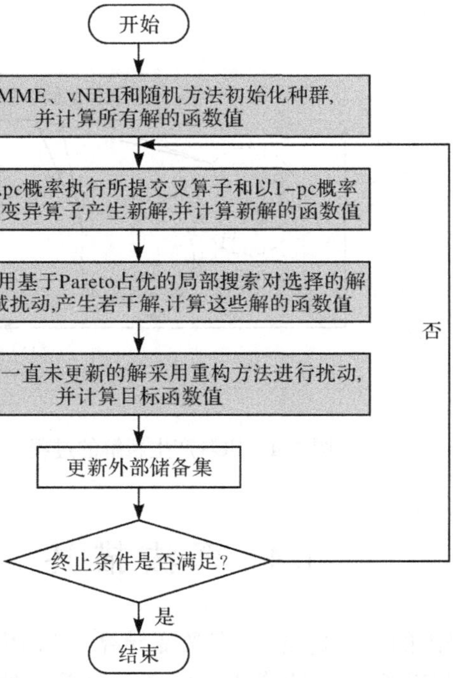

图 4.5 算法流程

4.5 实 验

4.5.1 实验设置

本章将所提算法用于求解 16 个不同规模的批量流水线调度问题[14],并分别与以下四种算法比较。2009 年,Marimuthu 等[15]采用阈值接受算法,求解多目标批量流水线调度问题。2013 年,Ventura 等[14]提出新的遗传算法(new genetic algorithm,NGA),求解带有限缓冲区的批量流水线调度问题。2014 年,Han 等[16]采用 INSGA-II,求解多目标批量流水线调度问题。2015 年,Tiwari 等[17]提出基于 Pareto-block 的分布估计算法(Pareto block-based estimation and distribution algorithm,BBEDA),求解多目标置换流水线调度问题。所有算法的运行环境均与第 4 章相同。其他参数设置如表 4.2 所示。

表 4.2　参数设置

参数	符号	值
工件数	n	{10,30,50,70,90,110}
机器数	m	{5,10,15,20}
种群大小	PS	20
交叉概率	pc	0.6
局部搜索概率	pls	0.4
工件 $\pi(j)$ 分割的批量数	$l_{\pi(j)}$	$l_{\pi(j)}$=rand()%6+1
加工时间	$p_{\pi(j),t}$	$p_{\pi(j),t}$=rand()%31+1
交货期	d_j	d_j=rand()%(15×m+1)+15×n
外部储备集	EAs	100
每个算例最大运行时间	time	30×m×n
每个算例独立运行次数	t	30

本章通过 $N(S_i)$、$R(S_i)$、$D(S_i)$、多样性指标和覆盖率指标等 5 个性能指标,评价所有算法的性能,其中,前 3 个性能指标在第 4 章已给出详细的解释,本章不再赘述。下面,仅描述多样性指标和覆盖率指标。

(1) 多样性指标。

熵,也称为信息熵,统计每个变量或分量独立出现的概率,用于衡量一个变量出现的期望值。本章采用信息熵,评价各算法得到的外部储备集的多样性。记储备集中的解为 $x^a(a=1,2,\cdots,|S_i|)$,x^a 包含的信息分量为 $x_1^a,x_2^a,\cdots,x_n^a$,这些分量出现的概率分别为 $p(x_1^a),p(x_2^a),\cdots,p(x_n^a)$,且 $\sum_{i=1}^{n} p(x_i^a)=1$。式(4.11)给出了算法 i 得到的外部储备集的信息熵,记为 $H(\mathrm{EA}(i))$。

$$H(\mathrm{EA}(i))=\frac{1}{|S_i|}\sum_{a=1}^{|S_i|}H(x^a) \tag{4.11}$$

$$H(x^a)=\frac{1}{\mathrm{max\_iter}}\sum_{t=1}^{\mathrm{max\_iter}}\left(-\sum_{j=1}^{n}p(x_j^a)\log_2 p(x_j^a)\right) \tag{4.12}$$

式中,S_1 代表算法 i 得到的非支配解集,$i\in$ {INSGA-II,BBDEA,TA,NGA,HDABC};$H(x^a)$为 x^a 的信息熵;max_iter 是算法总的迭代次数;$|S_i|$是算法 i 得到的非支配解的个数;$p(x_j^a)$等于每一个工件出现在位置 j 上的次数与$|S_i|$的比值。由式(4.11)可知,$H(\mathrm{EA}(i))$的值越大,同一工件出现在不同位置的概率越大,从

而算法 i 得到的外部储备集的多样性越好。

(2) 覆盖率指标。

Zitzler 等[19]提出了一种评价两个解集优劣的指标,该指标计算简单、快捷,能够从解集的角度,评价两个算法所得非支配解集的占优关系。表达式如下:

$$C(S_i, S_j) = \frac{1}{|S_j|} |\{x | \forall y \in S_i, yx, x \in S_j\}| \tag{4.13}$$

由式(4.13)所示,$C(S_i, S_j)$值越大,算法 i 占优算法 j 的程度越大;当 $C(S_i, S_j)=1$ 时,算法 i 的非支配解都占优算法 j 的非支配解。

本章采用上述 5 个性能指标,从不同角度评价所提算法的性能,其中,$N(S_i)$和 $R(S_i)$评价算法所得非支配解的质量,$D(S_i)$和 $H(\mathrm{EA}(i))$评价算法的收敛性和多样性,$C(S_i, S_j)$从解集的角度,评价各算法之间的占优关系。

通过下面六组实验,验证所提算法的优劣。

(1) 分析参数 pc 和 pls 对所提算法的影响;

(2) 初始化策略的性能分析;

(3) BBEDA、INSGA-II、NGA、TA 和 HDABC 交叉算子和变异算子的性能分析;

(4) PLS 占优的局部搜索算子的性能分析;

(5) BBEDA、INSGA-II、NGA、TA 和 HDABC 算法的性能分析;

(6) 所有算法随时间的进化曲线。

4.5.2 参数 pc 和 pls 对所提算法的影响

HDABC 有两个参数 pc 和 pls,前者是执行交叉算子的概率,后者是局部搜索概率。为了检验参数对 HDABC 性能的影响,不失一般性,每个参数的取值在 0～1 变化,变化步长为 0.1。表 4.3 和表 4.4 中最后一行,给出了 16 个算例的平均 $D(S)$值。

由表 4.3 可知:①当 pc=0 时,HDABC 不执行交叉操作,仅采用变异算子产生新解,这时得到的 $D(S)$值最大,说明 HDABC 的收敛性最差;②当 pc=0.6 时,$D(S)$值是最小的;③当 pc 值在 0.7～0.9 变化时,$D(S)$的值随 pc 值的增加而增大,这说明,当前解以较大的概率执行交叉算子,以较小的概率执行变异算子,这样容易导致算法陷入局部最优,而算法中之所以依一定的概率执行变异算子,是因为变异算子可以对解轻微扰动,有助于跳出局部最优。因此,从 $D(S)$的角度,本章将 pc 设置为 0.6。

表 4.3　参数 pc 对距离指标的敏感性分析

$n\times m$	pc									
	0	0.1	0.2	0.3	0.4	0.5	0.6	0.7	0.8	0.9
50×5	0.34	**0.05**	**0.05**	0.08	0.10	0.14	0.08	**0.05**	0.10	0.06
50×10	0.26	0.10	0.06	**0.02**	0.03	0.15	0.04	0.26	0.12	0.27
50×15	0.33	0.23	0.19	0.11	0.14	0.10	**0.05**	0.26	0.17	0.22
50×20	0.24	0.16	0.12	0.05	0.03	0.20	0.06	0.08	**0.01**	0.03
70×5	0.22	0.14	0.14	0.08	0.12	0.30	0.06	0.09	0.05	**0.01**
70×10	0.26	0.26	0.25	0.09	0.14	0.42	**0.03**	0.11	0.10	0.10
70×15	0.19	0.17	0.14	0.11	0.09	0.10	**0.03**	0.15	0.04	**0.03**
70×20	0.23	0.10	0.10	0.11	0.18	0.27	0.11	0.04	0.05	**0.03**
90×5	0.23	0.13	0.12	0.06	0.12	0.16	**0.03**	0.05	0.09	0.12
90×10	0.25	0.14	0.19	0.13	0.06	0.04	**0.01**	0.05	0.04	0.06
90×15	0.18	0.15	0.14	0.15	0.10	**0.01**	0.04	0.13	0.07	0.04
90×20	0.32	0.20	0.17	0.23	0.15	0.22	**0.05**	0.21	0.24	0.52
110×5	0.26	0.30	0.19	0.17	0.14	0.16	**0.08**	0.21	0.29	0.33
110×10	0.52	0.39	0.24	0.50	0.17	0.19	**0.07**	0.18	0.23	0.21
110×15	0.46	0.35	0.27	0.18	0.45	0.16	**0.09**	0.17	0.22	0.27
110×20	0.35	0.46	0.37	0.26	0.17	0.17	**0.10**	0.18	0.39	0.36
平均值	0.29	0.21	0.17	0.15	0.14	0.17	**0.06**	0.14	0.14	0.17

由表 4.4 可知：①当 pls 取值较小时，如 pls∈[0,0.3]，当前解依较小的概率执行 PLS 算法，此时，算法未能充分发挥局部搜索能力，所以收敛性较差；②当 pls=0.4 时，$D(S)$的值是最小的，随着 pls 值的逐渐增大，$D(S)$的值反而变大。这是因为，越来越多的解被选择执行局部搜索，增加了算法的时间复杂度。在给定的运行时间内，局部搜索占用的时间越多，算法的迭代次数越少，从而失去了越多产生更好解的机会。通过上述分析，本章设定 pls 的值为 0.4。

表 4.4　参数 pls 对距离指标的敏感性分析

$n\times m$	pls									
	0	0.1	0.2	0.3	0.4	0.5	0.6	0.7	0.8	0.9
50×5	0.18	0.14	0.10	0.08	0.13	0.10	**0.05**	0.09	0.09	0.12
50×10	0.43	0.11	0.20	0.25	0.08	0.43	**0.05**	0.30	0.22	0.12
50×15	0.44	0.09	0.20	**0.08**	0.18	0.14	0.36	0.19	0.26	0.23
50×20	0.22	**0.04**	0.02	0.10	0.07	0.07	0.12	0.15	0.16	0.19

续表

n×m	pls									
	0	0.1	0.2	0.3	0.4	0.5	0.6	0.7	0.8	0.9
70×5	0.38	0.31	0.25	0.22	**0.06**	0.14	0.13	0.13	0.31	0.30
70×10	0.21	**0.04**	0.09	0.05	0.18	0.12	0.06	0.07	0.13	0.15
70×15	0.22	0.09	0.10	0.07	**0.01**	0.10	0.08	0.08	0.13	0.13
70×20	0.33	0.12	0.04	**0.03**	0.05	0.05	0.14	0.15	0.24	0.23
90×5	0.22	**0.07**	0.06	0.05	**0.01**	0.05	0.11	0.16	0.19	0.10
90×10	0.92	0.39	0.12	0.11	**0.04**	0.13	0.26	0.07	0.13	0.18
90×15	0.21	0.07	0.21	0.17	0.20	0.05	0.22	0.21	0.50	0.14
90×20	0.79	0.12	0.06	0.14	0.08	0.17	**0.05**	0.12	0.14	0.14
110×5	0.65	0.22	0.17	0.09	**0.05**	0.10	0.15	0.13	0.21	0.20
110×10	0.32	0.12	0.15	0.10	**0.06**	0.11	0.12	0.15	0.32	0.30
110×15	0.46	0.36	0.21	0.18	**0.09**	0.12	0.11	0.20	0.25	0.23
110×20	0.51	0.18	0.20	0.13	**0.07**	0.13	0.20	0.19	0.21	0.23
平均值	0.41	0.15	0.14	0.12	**0.09**	0.13	0.14	0.15	0.22	0.19

总之，不同的参数取值，将产生不同的 $D(S)$ 值，且这两个参数对算法的收敛性都有一定的影响。

4.5.3　初始化策略的性能分析

表 4.5 给出了三种初始化方法在 $N(S)$、$R(S)$ 和 $D(S)$ 等 3 个性能指标上的对比结果。这三种初始化方法分别为：①仅采用随机方法产生初始种群，记为“Random”；②采用 NEH、MME 和随机方法初始种群，记为“NEH＋M”；③采用所提的 vNEH、vMME 和随机方法初始化种群，记为“proposed”。此外，表 4.5 给出了 Wilcoxon Two-Sided Rank Sum 检验，显著性水平为 0.05，其中，“†”代表所提算法明显优于对比算法。

表 4.5　不同初始化策略的性能

n×m	N(S)			R(S)/%			D(S)		
	Random	NEH＋M	proposed	Random	NEH＋M	proposed	Random	NEH＋M	proposed
50×5	4.30	0.95	0.13	100.00	2.06	1.10	0.00	1.26†	0.83
50×10	0.40†	0.33	4.30	0.00†	50.00†	**100.00**	2.75†	1.08†	**0.00**
50×15	3.40	0.80	1.20	100.00	33.00†	33.00	0.00	0.00	0.19
50×20	3.13	0.93	0.30	100.00	2.10	1.06	0.15	0.30†	**0.13**
70×5	0.20†	3.27	3.93	0.00†	24.00†	**100.00**	2.12†	1.36†	**0.00**

续表

n×m	N(S)			R(S)/%			D(S)		
	Random	NEH+M	proposed	Random	NEH+M	proposed	Random	NEH+M	proposed
70×10	0.30†	4.27†	**8.33**	0.00†	33.00†	**100.00**	0.51†	0.4†	**0.00**
70×15	3.27†	4.37†	**8.33**	74.00†	90.00†	**100.00**	0.00	0.00	0.00
70×20	2.33†	2.40†	**7.37**	50.00†	50.00†	**100.00**	0.10†	0.01	0.00
90×5	0.40†	3.03†	**10.30**	0.00†	80.00†	**100.00**	0.34†	0.00	0.00
90×10	2.30†	1.30†	**4.37**	50.00†	50.00†	**80.00**	0.00	0.10†	**0.01**
90×15	2.30†	2.33†	**6.43**	100.00	54.00	54.00	0.06	0.00	0.26
90×20	2.37†	3.33†	**7.30**	67.00†	60.00†	**100.00**	0.09†	0.05†	**0.00**
110×5	1.20†	2.37†	**7.03**	20.00†	60.00†	**100.00**	0.12†	0.10	0.00
110×10	0.43†	2.40†	**9.33**	0.00†	80.00†	**100.00**	0.21†	0.10†	**0.00**
110×15	0.43†	4.10†	**10.43**	0.00†	24.00†	**100.00**	0.07†	0.00	0.00
110×20	2.43†	3.37†	**10.37**	100.00	80.00†	**91.00**	0.00	0.00	0.01
平均值	1.82	2.47	**6.22**	47.56	48.26	**78.76**	0.41	0.30	0.09

由表 4.5 可知：①对于 N(S) 指标，本章方法平均可得到 6 个非支配解，而"NEH＋M"和"Random"方法分别得到 2 个和 1 个，这表明，所提方法能产生更多的非支配解；②对于 D(S) 指标，"proposed"方法得到的值远小于"NEH＋M"和"Random"；③"proposed"方法得到的 R(S) 值接近于 80%，而"NEH＋M"和"Random"分别为 48.26% 和 47.56%。上述结果表明，本章所提初始化策略具有更好的优越性，并能够产生高质量的初始种群，有助于加速种群的收敛。

4.5.4　交叉和变异算子性能分析

表 4.6 给出了交叉算子改进前后的对比结果，表中，"SBJOX"表示采用 SBOX 和 SJOX 产生新解；"ISBJOX"表示采用 ISBOX 和 ISJOX 产生新解。除了上述交叉算子不同之外，两组对比实验的其他算子和参数都相同。

表 4.6　不同交叉算子的性能

n×m	N(S)		R(S)/%		D(S)	
	SBJOX	ISBJOX	SBJOX	ISBJOX	SBJOX	ISBJOX
50×5	4.87†	**6.67**	63.64†	**77.78**	0.22†	**0.00**
50×10	3.07†	**4.20**	33.33†	**71.43**	0.09†	**0.02**
50×15	4.07†	**6.23**	100.00	100.00	0.00	0.01
50×20	0.95†	**6.30**	16.67†	**100.00**	0.20†	**0.00**

续表

$n\times m$	$N(S)$		$R(S)/\%$		$D(S)$	
	SBJOX	ISBJOX	SBJOX	ISBJOX	SBJOX	ISBJOX
70×5	4.20†	**7.20**	50.00	50.00	0.11†	0.02
70×10	6.33	4.17	100.00	28.57	0.00	0.22
70×15	2.23	2.20	24.00†	**71.43**	0.12†	**0.03**
70×20	3.30	1.30	83.33	50.00	0.03	0.15
90×5	2.30†	**3.03**	66.67†	**83.00**	0.29†	**0.01**
90×10	3.13†	**4.87**	24.00†	**83.33**	0.40†	**0.21**
90×15	0.43†	**7.33**	0.00†	**74.00**	0.00	0.06
90×20	3.37	3.27	84.71	66.67	0.08†	**0.05**
110×5	4.37†	**6.43**	36.36†	**88.89**	0.16†	**0.07**
110×10	4.30†	**9.17**	33.33†	**89.00**	0.37†	**0.11**
110×15	1.33†	**4.27**	28.57†	**80.00**	0.23†	**0.09**
110×20	2.37†	**4.37**	42.86†	**80.00**	0.14†	**0.10**
平均值	3.16	**5.06**	49.22	**74.63**	0.15	**0.07**

由表 4.6 可知，ISBJOX 在求解阻塞批量流水线调度问题时，平均可以得到 5 个非支配解，而 SBJOX 平均得到 3 个；对于非支配解比率，ISBJOX 得到的大部分非支配解，不被 SBJOX 得到的非支配解占优，且前者所得到的 $D(S)$ 值几乎接近 0，远小于后者得到的 $D(S)$ 值。上述结果表明，ISBJOX 能产生较多的高质量的解，其原因是，ISBOX 和 ISJOX 充分利用了每代非支配解的信息产生新解，从而引导种群快速收敛。

表 4.7 给出了两组变异算子在 $N(S)$、$R(S)$ 和 $D(S)$ 等 3 个性能指标上的对比结果，表中，“int＋swp”表示仅采用插入和交换变异算子产生新解；“proposed”表示采用插入、交换和重组方法产生新解。除了上述变异算子不同之外，2 组对比实验的其他算子和参数都相同。

表 4.7　不同变异算子的性能

$n\times m$	$N(S)$		$R(S)/\%$		$D(S)$	
	int＋swp	proposed	int＋swp	proposed	int＋swp	proposed
50×5	2.30†	**7.37**	64.00†	**78.00**	0.33†	**0.30**
50×10	4.07†	**7.30**	71.00	33.00	0.14	0.18
50×15	2.30†	**3.37**	38.00†	**40.00**	0.32†	**0.20**
50×20	1.33†	**3.33**	17.00†	**100.00**	0.30	0.28

续表

n×m	N(S)		R(S)/%		D(S)	
	int+swp	proposed	int+swp	proposed	int+swp	proposed
70×5	3.07†	**4.20**	50.00	50.00	0.16	0.13
70×10	4.07	4.30	100.00	29.00	0.66†	**0.47**
70×15	2.20†	**6.37**	24.00†	**71.00**	0.40†	**0.02**
70×20	4.20	3.03	83.00	50.00	0.21	**0.27**
90×5	6.43	4.07	67.00	57.00	0.45†	**0.30**
90×10	1.20†	**4.37**	24.00†	**83.00**	0.61†	**0.00**
90×15	0.40†	**2.30**	0.00†	**24.00**	0.37†	**0.07**
90×20	6.27	6.33	86.00	67.00	0.04	**0.03**
110×5	4.33†	**8.43**	36.00†	**89.00**	0.10†	**0.02**
110×10	3.30	3.27	33.00†	**60.00**	0.15†	**0.01**
110×15	2.3†	**4.17**	29.00†	**80.00**	0.20†	**0.05**
110×20	3.27	4.37	43.00†	**80.00**	0.13†	**0.02**
平均值	3.19	**4.79**	47.81	**62.00**	0.29	**0.15**

由表 4.7 可知:对于 $N(S)$和 $R(S)$指标,“proposed”方法能够产生较多的非支配解,且有 62%的解不被“in+swp”方法得到的非支配解占优;针对$D(S)$指标,“proposed”方法得到的 $D(S)$值约为 0.15,而“int+swp”方法的值为 0.29。上述结果表明,增加一种额外的变异算子(重组方法),有利于提高算法的局部开发能力。所提变异算子中,三种变异算子等概率的随机选择,也增加了种群多样性。

4.5.5　pls 性能分析

为了验证本章所提基于 Pareto 占优的局部搜索算法的性能,图 4.6 给出了加入与不加入局部搜索的 HDABC 算法所得的 Pareto 前沿。该实验从 16 个算例中随机选择 6 个作为求解对象,每个算例分别采用加入局部搜索的 HDABC 算法和不加入局部搜索的 HDABCnl 算法求解。

由图 4.6 可知,HDABC 所得 Pareto 前沿的收敛性远好于 HDABCnl。这些结果表明,pls 具有很好的局部搜索能力,能够加速收敛速度,引导种群向真实Pareto前沿进化。

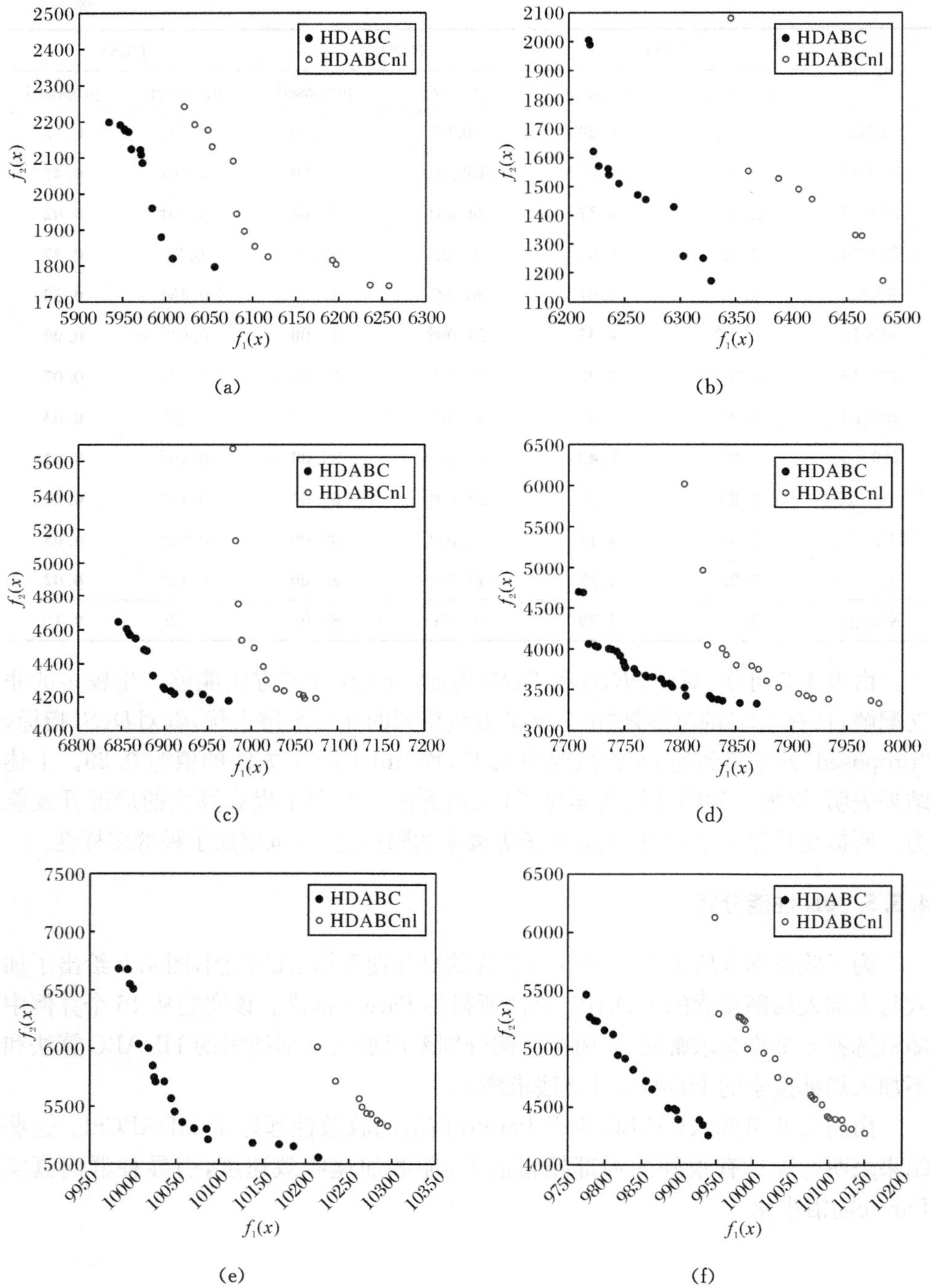

图 4.6 HDABC 和 HDABCnl 得到的 Pareto 前沿

4.5.6　BBEDA、INSGA-II、NGA、TA 和 HDABC 算法性能分析

表 4.8～表 4.10 给出了 HDABC、TA、INSGA-II、NGA 和 BBEDA 在$N(S_i)$、$R(S_i)$、$D(S_i)$、$C(S_i,S_j)$和$H(\mathrm{EA}(i))$(为方便起见,5 个指标分别简称 N、R、D、C 和 H)的对比结果。此外,该表还给出了上述 N、R、D 和 H 指标的 Wilcoxon Two-Sided Rank Sum 检验,显著性水平为 0.05,其中,"†"代表算法 HDABC 明显优于算法 TA、NGA、INSGA-II 和 BBEDA。

表 4.8　算法 HDABC、TA、INSGA-II、NGA 和 BBEDA 得到 *N* 和 *R* 指标

$n\times m$	N					$R/\%$					时间/s
	TA	INSGA-II	NGA	BBEDA	HDABC	TA	INSGA-II	NGA	BBEDA	HDABC	
50×5	0.40	2.30	0.30	2.20†	**9.27**	0.00†	50.00†	0.85	50.00†	**100.00**	7.50
50×10	0.40	1.40†	0.17	2.33†	**7.00**	0.00†	50.00†	0.68	100.00	**88.00**	14.00
50×15	0.43	3.03†	0.37	3.07†	**8.27**	0.00†	66.00†	0.86	66.00†	**78.00**	22.50
50×20	0.33	3.37†	0.27	1.10†	**11.07**	0.00†	50.00†	0.53	21.00†	**100.00**	30.00
70×5	1.10	0.3†	0.00	0.40†	**9.30**	24.00	0.00†	0.00	0.00†	**100.00**	10.50
70×10	0.10	1.13†	0.10	1.20†	**9.36**	0.00†	50.00†	0.00	21.00†	**100.00**	21.00
70×15	0.27	0.33†	0.07	0.43†	**8.03**	0.00†	0.00†	0.00	0.00†	**89.00**	31.50
70×20	0.20	1.27†	0.03	0.47†	**6.07**	0.00†	21.00†	0.00	0.00†	**60.00**	42.00
90×5	2.03	0.02†	0.00	0.27†	**12.33**	100.00	0.00†	0.00	0.00†	**100.00**	13.50
90×10	0.17	3.30†	0.00	7.10†	**12.33**	0.00†	66.00†	0.00	100.00	**100.00**	27.00
90×15	0.12	0.07†	0.00	7.40	**6.20**	0.00†	0.00†	0.00	100.00	**100.00**	40.50
90×20	0.13	4.37†	0.00	0.43†	**7.47**	0.00†	78.00†	0.00	0.00†	**100.00**	54.00
110×5	1.17	3.33†	0.00	0.43†	**10.30**	24.00	100.00	0.00	0.00†	**100.00**	16.50
110×10	0.07	1.2†	0.00	0.43†	**11.03**	0.00†	50.00†	0.00	0.00†	**100.00**	33.00
110×15	4.20	3.07†	0.00	4.10†	**12.20**	67.00	66.00†	0.00	44.00†	**92.00**	49.00
110×20	0.33	4.27†	0.00	9.17	**6.43**	0.00†	50.00†	0.00	100.00	**84.00**	66.00
平均值	0.72	2.05	0.08	2.53	**9.17**	13.44	43.56	0.18	37.63	**93.19**	29.90

表 4.9　算法 HDABC、TA、INSGA-II、NGA 和 BBEDA 得到 *D* 和 *H* 指标

$n\times m$	D					H				
	TA	INSGA-II	NGA	BBEDA	HDABC	TA	INSGA-II	NGA	BBEDA	HDABC
50×5	0.21	0.14†	0.34	0.16†	**0.01**	183.83	200.36	86.11†	82.68†	**414.42**
50×10	0.15	0.02	0.21	0.00	**0.01**	183.30	198.34	234.69	79.67†	**264.20**
50×15	0.05	0.02	0.12	0.00	**0.00**	181.33	192.89	221.21	342.00†	139.14
50×20	0.62	0.25	0.19	0.17	0.42	188.00	231.56	203.61	288.91	151.68
70×5	0.21	0.20†	0.08	0.00	**0.00**	269.76	287.64	242.69	92.07†	**463.86**

续表

n×m	D					H				
	TA	INSGA-II	NGA	BBEDA	HDABC	TA	INSGA-II	NGA	BBEDA	HDABC
70×10	0.05	0.06†	0.67	0.08†	**0.00**	167.82	294.36	412.80	231.37†	**433.41**
70×15	0.18	0.30†	0.03	0.21†	**0.00**	270.92	296.57	260.15	318.77†	**404.94**
70×20	0.16	0.08†	0.20	0.09†	**0.00**	274.77	356.11	371.11	389.01	**389.28**
90×5	0.02	0.19†	0.13	0.25†	**0.00**	358.78	469.32	391.72	522.65†	**747.61**
90×10	0.05	0.03	0.09	0.03	**0.00**	354.79	454.23	327.67	284.79†	**741.69**
90×15	0.06	0.11†	0.04	0.05†	**0.00**	363.19	472.36	492.97	371.97†	414.02
90×20	0.12	0.10†	0.58	0.08†	**0.01**	358.27	462.31	479.52	468.34†	**576.00**
110×5	0.08	0.08†	0.17	0.04†	**0.00**	452.3†	500.44	543.15	523.51†	**789.34**
110×10	0.03	0.09†	0.19	0.05†	**0.02**	351.03	461.31	494.07	410.32	450.48
110×15	0.05	0.05†	0.24	0.08†	**0.01**	346.82†	568.67	394.90	364.23†	389.78
110×20	0.16	0.07†	0.20	0.12†	**0.03**	346.74	543.95	297.31	198.23†	371.67
平均值	0.14	0.11	0.22	0.09	**0.03**	291.10	374.40	340.86	310.46	**446.36**

表 4.10　算法 HDABC、TA、INSGA-II、NGA 和 BBEDA 得到 *C* 指标

n×m	C(A5,A1)	C(A5,A2)	C(A5,A3)	C(A5,A4)	C(A1,A5)	C(A2,A5)	C(A3,A5)	C(A4,A5)
50×5	0.25	0.25	0.57	0.25	0.00	0.00	0.00	0.00
50×10	0.36	0.49	1.00	0.33	0.00	0.00	0.00	0.00
50×15	0.57	0.53	0.88	0.01	0.00	0.00	0.00	0.00
50×20	0.32	0.39	0.87	0.00	0.00	0.00	0.00	0.00
70×5	0.27	0.37	1.00	0.21	0.00	0.00	0.00	0.00
70×10	0.45	0.22	1.00	0.17	0.00	0.00	0.00	0.00
70×15	0.32	0.56	1.00	0.08	0.00	0.00	0.00	0.00
70×20	0.12	0.54	1.00	0.03	0.00	0.19	0.00	0.00
90×5	0.65	0.02	1.00	0.29	0.00	0.00	0.00	0.00
90×10	0.47	0.08	1.00	0.16	0.00	0.00	0.00	0.00
90×15	0.54	0.26	1.00	0.09	0.00	0.00	0.00	0.00
90×20	0.26	0.57	0.98	0.23	0.00	0.00	0.00	0.00
110×5	0.32	0.20	1.00	0.37	0.00	0.00	0.00	0.00
110×10	0.58	0.18	1.00	0.44	0.00	0.00	0.00	0.00
110×15	0.59	0.07	0.99	0.25	0.00	0.00	0.00	0.03
110×20	0.65	0.28	1.00	0.12	0.00	0.03	0.00	0.00
平均值	0.42	0.31	0.96	0.19	0.00	0.01	0.00	0.00

(1) 由表 4.8 可知，在相同的时间内，HDABC 平均得到 9 个非支配解，远多于 TA、INSGA-II、NGA 和 BBEDA 所得的非支配解个数 1、2、0 和 3；针对 R 指标，HDABC 的平均值为 93.19%，远大于 TA、INSGA-II、NGA 和 BBEDA 所得的 13.44%、43.56%、0.18%和 37.63%，也就是说，HDABC 有 93.19%解不被其他所有算法得到的非支配解占优。上述结果说明，INSGA-II 能够在相同的时间内，得到更多高质量的非支配解。

(2) 表 4.9 给出了 D 和 H 指标的值。HDABC 的 16 个算例的平均 D 值为 0.03，远小于 TA、INSGA-II、NGA 和 BBEDA 所得的 0.14、0.11、0.22 和 0.09，这表明，HDABC 具有很好的收敛性，能够引导种群向 Pareto 最优前沿进化；H 值反映了种群中染色体相似性的程度。当每个工件序列非常相似或相同时，H 值很小；当每个工件在序列中占据不同位置时，H 值很大。由表 4.9 可知，HDABC 得到的平均 H 值远大于其他对比算法，这说明，HDABC 具有很好的多样性。

(3) 为了进一步验证所提算法的收敛性，表 4.10 给出了 C 指标值。两个解集之间的并集不一定为空，即，两个解集中的非支配解之间存在互不占优的情况。为了充分说明解集之间的占优关系，表 4.10 中给出了 $C(S_i,S_j)$和 $C(S_j,S_i)$的值。为简化起见，TA、INSGA-II、NGA、BBEDA 和 HDABC 算法分别简称为 A1、A2、A3、A4 和 A5。

由表 4.10 可知，HDABC 与 TA、INSGA-II、NGA 和 BBEDA 的平均覆盖率分别为：0.42、0.31、0.96 和 0.19，而 TA、NGA 和 BBEDA 分别与 HDABC 所得的平均覆盖率都为 0，INSGA-II 与 HDABC 的平均覆盖率为 0.01，这说明，HDABC所得非支配解中存在 42%、31%、96% 和 19% 的解，分别占优 TA、INSGA-II、NGA 和 BBEDA 得到的解，而 TA、INSGA-II、NGA 和 BBEDA 得到解中，几乎没有占优 HDABC 的，但存在互不支配的解。由上述结果可知，HDABC 所得的解都不次于其他算法所得的解。因此，HDABC 性能优于其他算法。

(4) 图 4.7 和图 4.8 给出了 HDABC、TA、INSGA-II、NGA 和 BBEDA 在算例 70×5、70×10、110×15 和 110×20 上 D 指标的进化曲线。所有算法的最大运行代数为 1000，间隔为 50。参考解集是所有算法运行 1000 代的非支配解集。由图 4.7 和图 4.8 可知，HDABC 的进化曲线是最低的，这说明，随着迭代次数的增加，HDABC 能够引导种群向真实的 Pareto 前沿进化。

(5) 图 4.9～图 4.11 给出了 HDABC 的 Pareto 前沿随着迭代次数 200、500 和 800 的变化情况。由图可知，对于小规模算例 50×5 和 50×10，所提算法得到的非支配解的个数相对较少，利用的解的有价值信息也较少，导致算法收敛比较缓慢；随迭代次数的增加，越来越多的非支配解被利用，以产生高质量的解，从而加快了种群的进化速度。

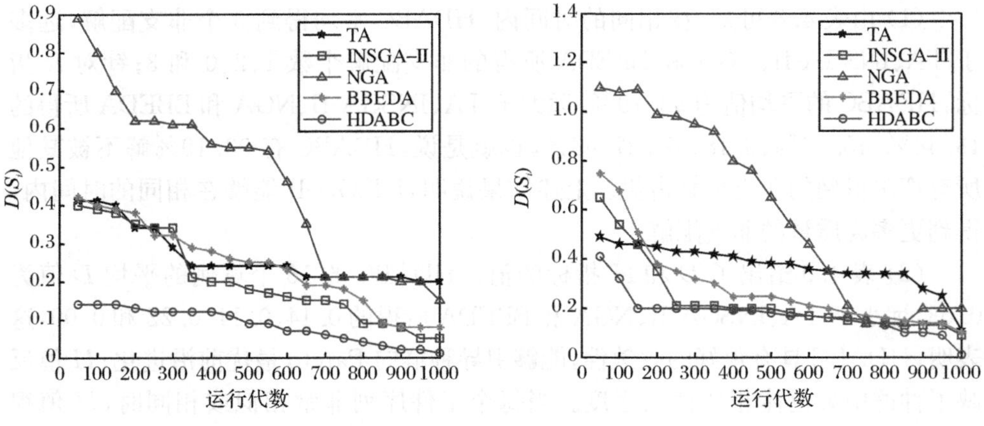

(a) 70×5　　(b) 70×10

图 4.7　算例 70×5 和 70×10 的进化曲线

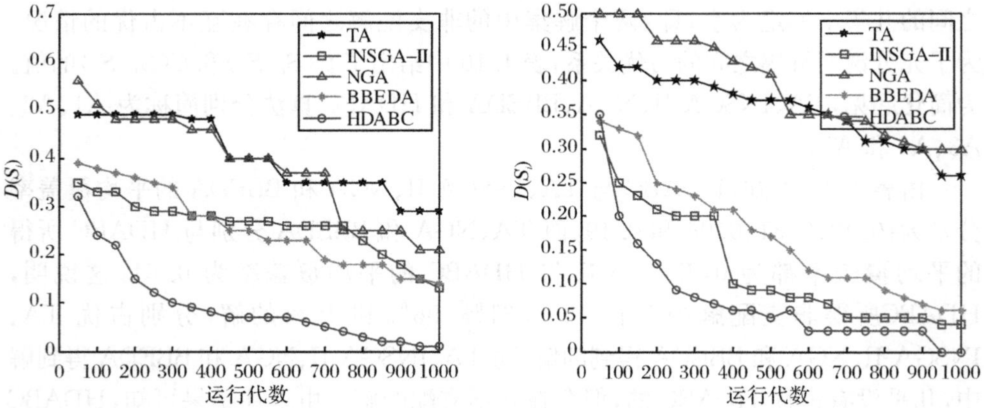

(a) 110×15　　(b) 110×20

图 4.8　算例 110×15 和 110×20 的进化曲线

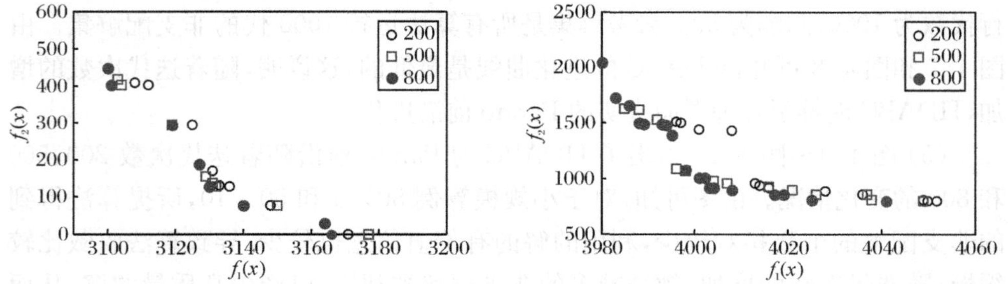

(a) 50×5　　(b) 50×10

图 4.9　算例 50×5 和 50×10 不同迭代次数时的 Pareto 前沿

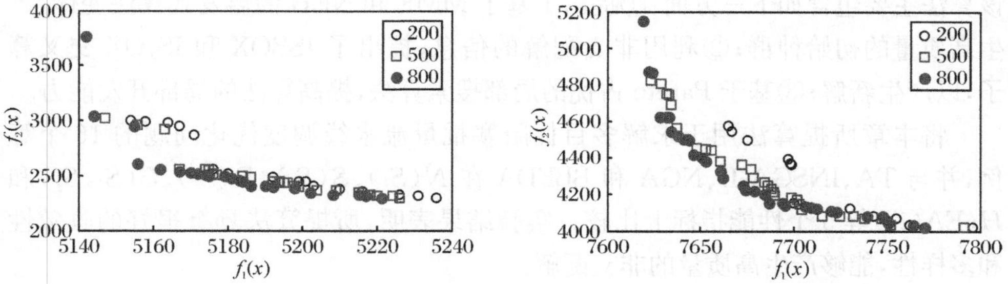

(a) 70×5　　　　(b) 90×5

图 4.10　算例 70×5 和 90×5 不同迭代次数时的 Pareto 前沿

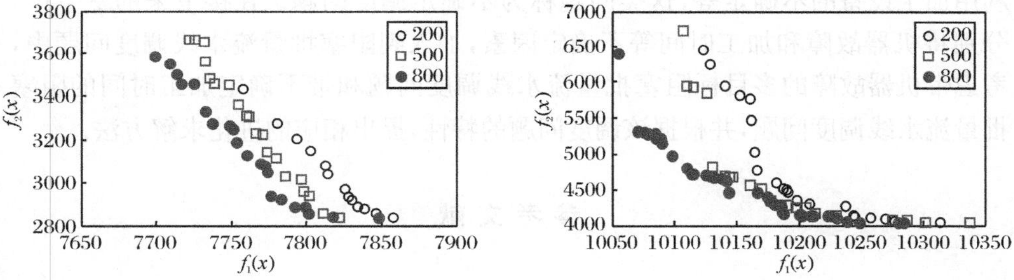

(a) 90×20　　　　(b) 110×20

图 4.11　算例 90×20 和 110×20 不同迭代次数时的 Pareto 前沿

综上所述，本章通过不同的角度，验证了 HDABC 算法的有效性和高效性。该方法优越的原因主要归功于初始化策略、新交叉算子和局部搜索方法。通过充分利用非支配解有价值的信息产生高质量的解，并基于 Pareto 占优的局部搜索对解轻微扰动，平衡了算法的全局探测和局部开发能力。

4.6　本章小结

本章在第 3 章多目标批量流水线调度问题的基础上，增加了阻塞约束，形成了多目标阻塞批量流水线调度问题。目前，尚未有相应的文献研究该问题，因此，本章首先给出了二目标阻塞批量流水线调度问题的数学模型；然后，采用 HDABC 算法，求解上述问题。

如前所述，ABC 算法在求解离散组合优化问题时，取得了很好的效果。然而，该算法求解多目标优化问题时，没有针对多目标优化问题的特性，设计有效的个体产生方法。鉴于此，本章考虑多目标优化问题的特性，并借鉴已有多目标优化算法的思想，提出了 HDABC 算法，求解上述多目标阻塞批量流水线调度问题。

该算法主要包含如下三方面：①提出了基于 MME 和 NEH 的启发式算法变体，产生高质量的初始种群；②利用非支配解的信息，提出了 ISBOX 和 ISJOX 交叉算子，以产生新解；③基于 Pareto 占优的局部搜索算法，提高算法的局部开发能力。

将本章所提算法用于求解多目标阻塞批量流水线调度优化问题的 16 个算例，并与 TA、INSGA-II、NGA 和 BBEDA 在 $N(S_i)$、$S(S_i)$、$D(S_i)$、$C(S_i,S_j)$ 和 $H(\mathrm{EA}(i))$ 等 5 个性能指标上比较。实验结果表明，所提算法具有很好的收敛性和多样性，能够产生高质量的非支配解。

前面几章仅针对确定型流水线调度问题，建立其数学模型，并设计有针对性的求解方法。但是，很多实际的调度问题，往往存在多种类型的不确定因素，如某生产工序的处理时间不确定、产品的交货期不确定，以及设备发生故障导致的可利用加工设备的不确定等，这类问题称为不确定调度问题。在接下来的章节中，分别将机器故障和加工时间等不确定因素，加入到阻塞批量流水线调度问题中，考虑带机器故障的多目标阻塞批量流水线调度问题和带不确定加工时间的阻塞批量流水线调度问题，并根据该调度问题的特性，提出相应的进化求解方法。

参 考 文 献

[1] Zhang H, Zhu Y L, Zou W P, et al. A hybrid multi-objective artificial bee colony algorithm for burdening optimization of copper strip production[J]. Applied Mathematical Modelling, 2012, 36(6): 2578-2591.

[2] Akbari R, Hedayatzadeh R, Ziarati K, et al. A multi-objective artificial bee colony algorithm[J]. Swarm and Evolutionary Computation, 2012, 2: 39-52.

[3] Khorsandi A, Hosseinian S H, Ghazanfari A. Modified artificial bee colony algorithm based on fuzzy multi-objective technique for optimal power flow problem[J]. Electric Power Systems Research, 2013, 95: 206-213.

[4] Li J Q, Pan Q K, Gao K Z. Pareto-based discrete artificial bee colony algorithm for multi-objective flexible job shop scheduling problems[J]. The International Journal of Advanced Manufacturing Technology, 2011, 55(9-12): 1159-1169.

[5] Wang L, Zhou G, Xu Y, et al. An enhanced Pareto-based artificial bee colony algorithm for the multi-objective flexible job-shop scheduling[J]. The International Journal of Advanced Manufacturing Technology, 2012, 60(9-12): 1111-1123.

[6] Nawaz M, Enscore E E, Ham I. A heuristic algorithm for the m-machine, n-job flow-shop sequencing problem[J]. OMEGA-International Journal of Management Science, 1983, 11(1): 91-95.

[7] Ronconi D P. A branch-and-bound algorithm to minimize the makespan in a flowshop with blocking[J]. Annals of Operations Research, 2005, 138(1): 53-65.

[8] Michalewicz Z. Genetic Algorithms + Data Structures = Evolution Programs[M]. Berlin:

Springer, 1996.

[9] Mattfeld D C. Evolutionary Search and the Job Shop: Investigations on Genetic Algorithms for Production Scheduling[M]. Heidelberg: Physica-Verlag, 1996.

[10] Davis L. Applying adaptive algorithms to epistatic domains[C]. IJCAI, Los Angeles, 1985, 85: 162-164.

[11] Ruiz R, Maroto C, Alcaraz J. Two new robust genetic algorithms for the flowshop scheduling problem[J]. OMEGA-International Journal of Management Science, 2006, 34(5): 461-476.

[12] Zhang Y, Li X P, Wang Q. Hybrid genetic algorithm for permutation flowshop scheduling problems with total flowtime minimization[J]. European Journal of Operational Research, 2009, 196(3): 869-876.

[13] Behnamian J, Ghomi S M T F, Zandieh M. A multi-phase covering Pareto-optimal front method to multi-objective scheduling in a realistic hybrid flowshop using a hybrid metaheuristic[J]. Expert Systems with Applications, 2009, 36(8): 11057-11069.

[14] Ventura J A, Yoon S H. A new genetic algorithm for lot-streaming flow shop scheduling with limited capacity buffers [J]. Journal of Intelligent Manufacturing, 2013, 24(6): 1185-1196.

[15] Marimuthu S, Ponnambalam S G, Jawahar N. Threshold accepting and ant-colony optimization algorithms for scheduling m-machine flow shops with lot streaming [J]. Journal of Materials Processing Technology, 2009, 209(2): 1026-1041.

[16] Han Y Y, Gong D W, Sun X Y, et al. An improved NSGA-II algorithm for multi-objective lot-streaming flow shop scheduling problem [J]. International Journal of Production Research, 2014, 52(8): 2211-2231.

[17] Tiwari A, Chang P C, Tiwari M K, et al. A Pareto block-based estimation and distribution algorithm for multi-objective permutation flow shop scheduling problem[J]. International Journal of Production Research, 2015, 53(3): 793-834.

[18] Gunawan S, Farhang-Mehr A, Azarm S. Multi-level multi-objective genetic algorithm using entropy to preserve diversity[A]//Fonseca C M, Fleming P J, Zitzler E, et al. Proceedings of Evolutionary Multi-Criterion Optimization[M]. Berlin: Springer, 2003: 148-161.

[19] Zitzler E, Deb K, Thiele L. Comparison of multiobjective evolutionary algorithms: Empirical results[J]. Evolutionary Computation, 2000, 8(2): 173-195.

第5章　多目标区间阻塞批量流水线调度问题的进化求解

第4章讨论了多目标阻塞批量流水线调度问题的进化求解方法。针对多目标调度问题的特性，基于ABC算法和NSGA-II在优化机制、结构、行为和能力上存在的互补性，提出了HDABC算法，以弥补已有的多目标ABC算法收敛速度慢等缺陷。

前面都是在确定的生产环境下研究批量流水线调度问题。在实际生产中，常存在很多不确定因素，如某生产工序的处理时间不确定、产品的交货期不确定，以及设备发生故障等不确定。上述不确定因素的存在，使已有的批量流水线调度问题的模型不能准确反映真实的生产环境。此外，现有的智能优化方法生成的最优调度方案，也无法按照预定的目标正常执行，从而难以求解不确定多目标调度问题。鉴于此，本章考虑加工时间不确定因素，建立多目标区间阻塞批量流水线调度问题的数学模型，并研究求解该问题的进化优化方法。

正如第4章所述，针对多目标特性，利用非支配解的信息，设计有针对性的交叉算子，能够提高算法的收敛速度。本章借鉴上述思想，利用当前非支配解集和种群的信息，提出改进的差分算子，并代替传统的交叉操作，以提高算法的全局探测能力；采用基于理想点选择的局部搜索算法，提高算法的局部开发能力。

本章的贡献主要体现在如下两方面。①采用基于区间中点和半径的转化方法，将多目标区间阻塞批量流水线调度问题，转化为传统的多目标优化问题，并通过参数动态调整策略，在进化前期，着重优化最大完工时间和提前完工时间的大小；在进化后期，着重优化最大完工时间和提前完工时间的不确定度。②基于NSGA-II算法的框架，提出三种针对该问题的改进算子：(a)利用vMME启发式算法，提高初始种群的质量；(b)改进差分算子，增强算法的全局探测能力；(c)采用基于理想点选择的局部搜索算法，提高算法的局部开发能力。

本章结构安排如下：5.1节是问题的研究背景；5.2节给出多目标区间阻塞批量流水线调度问题的数学模型；5.3节阐述所提的算法；整个算法的流程在5.4节提供；5.5节给出实验结果与分析；5.6节总结本章内容，并指出需要进一步研究的问题。

5.1 研究背景

正如 1.3 节所述，近几年来，求解加工时间不确定的流水线调度问题的方法，根据目标函数或(和)约束函数包含参数的不确定类型，可分为随机调度、区间调度和模糊调度等三类。随机调度方法，将随机参数调度问题转化为确定型调度问题，尽管降低了问题求解的难度，但是，很难获取不确定因素的分布函数。同样，如何选择模糊数的隶属函数类型及其参数，至今也缺乏有效的方法。相对于不确定因素的分布函数而言，其上下界取值范围更容易获得。

在实际生产中，加工时间的上下界容易获取，已有文献根据上下界的信息，求解期望完工时间的均值。然而，针对区间流水线调度问题，不仅需要考虑优化目标函数值的大小，还需要考虑不确定因素对目标函数值的影响，力求找到一个稳定性和鲁棒性较好的最小完工时间。但是，已有文献未将不确定指标作为优化目标。鉴于此，本章考虑带区间加工时间的阻塞批量流水线调度问题，利用区间上下界的信息，将多目标区间阻塞批量流水线调度问题转化为传统的多目标阻塞批量流水线调度问题，优化的目标函数既考虑了最大完工时间和提前完工时间，又考虑了该指标的不确定性。

5.2 多目标区间阻塞批量流水线调度问题的数学模型

5.2.1 多目标区间阻塞批量流水线调度问题的描述

本章考虑加工时间为区间的阻塞批量流水线调度问题。工件 $\pi(j)$ 在机器 t 上的加工时间下界 $P^{L}_{\pi(j),t}$ 和上界 $P^{U}_{\pi(j),t}$ 是已知的，且满足 $0<P^{L}_{\pi(j),t}\leqslant P^{U}_{\pi(j),t}$。此外，该问题还满足以下条件：

(1) 相同机器上同一个工件的所有小批量加工完之后，下一个工件的小批量才可以加工；

(2) 一台机器上只能加工一个小批量，且一个小批量只能在一台机器上加工；

(3) 同一机器的相邻两个批量之间有等待时间；

(4) 机器之间没有缓冲区；

(5) 加工时间的取值是区间，且机器准备时间和小批量运输时间包含在加工时间内。

本章考虑多目标区间批量流水线调度问题的最大完工时间和提前完工时间，表达式如下：

$$\min f_1 = C_{\pi(n),m,l_{\pi(n)}}(p)$$

$$f_2 = \sum_{j=1}^{n} \max(0, d_j - C_{\pi(j),m,l_{\pi(j)}}(p)) \tag{5.1}$$

s. t.

$g_1 = C_{\pi(j),1,1}(p_{\pi(j),1}) - C_{\pi(j-1),1,w_{\pi(j-1)}}(p_{\pi(j),1}) - p_{\pi(j),1} \geqslant 0, \quad j=2,3,\cdots,n$

$g_2 = C_{\pi(j),1,e}(p_{\pi(j),1}) - C_{\pi(j),1,e-1}(p_{\pi(j),1}) - p_{\pi(j),1} \geqslant 0$

$j=1,2,\cdots,n; e=2,3,\cdots,w_{\pi(j)}$

$g_3 = S_{\pi(j),t,e}(p_{\pi(j),t}) - S_{\pi(j),t+1,e-1}(p_{\pi(j),t}) \geqslant 0$

$j=1,2,\cdots,n; e=2,3,\cdots,w_{\pi(j)}; t=1,2,\cdots,m$

$g_4 = S_{\pi(j),t,1}(p_{\pi(j),t}) - S_{\pi(j-1),t+1,w_{\pi(j-1)}}(p_{\pi(j),t}) \geqslant 0, \quad j=2,3,\cdots,n; t=1,2,\cdots,m$

式中，$w_{\pi(j)}$ 为工件 $\pi(j)$ 分割的总批次（批量数）；e 为第 e 个小批量；$C_{\pi(n),m,l_{\pi(n)}}(p)$ 为最后一个工件的最后一个小批量，在最后一台机器上的最大完工时间，该值为区间；p 为带区间的加工时间；$S_{\pi(j),t,e}(p_{\pi(j),t})$ 和 $C_{\pi(j),t,e}(p_{\pi(j),t})$ 为工件 $\pi(j)$ 的第 e 个小批量在机器 t 上的开始时间和完工时间，该值也是一个区间；$p_{\pi(j),t}$ 为工件 $\pi(j)$ 在机器 t 上的加工时间，$p_{\pi(j),t} \in [P^{\mathrm{L}}_{\pi(j),t}, P^{\mathrm{U}}_{\pi(j),t}]$；$d_j$ 为工件 $\pi(j)$ 的交货期；f_1 和 f_2 是带区间的完工时间和提前完工时间；$g_1 \sim g_4$ 是区间批量流水线调度问题的约束条件，且 g_1 和 g_2 给出了每个工件相邻小批量之间的关系，即，当且仅当前一个小批量在第一台机器上加工完之后，当前小批量才可加工，不允许在同一机器上同时加工，g_3 反映了同一个工件的所有小批量在相邻机器上的开始时间满足的约束，即，每一个工件被阻塞在当前机器上，直到下游机器空闲，g_4 表明当且仅当一个工件的所有小批量都加工完后，下一个工件的小批量才允许加工。

对于一个加工时间为区间的调度问题而言，计算每个工件在每台机器上的完工时间是很难的。一般来说，如果优化问题的参数是一个区间，那么该优化问题的目标函数也是一个区间。即使完工时间能够计算出来，也难以比较不同解的区间目标函数值和解的占优关系，从而难以确定最优解。为了克服上述困难，本章首先将多目标区间阻塞批量流水线调度问题，转化为传统的多目标阻塞批量流水线调度问题；然后，采用已有的多目标进化方法求解。该问题的具体转化过程，将在 5.2.2 小节阐述。

5.2.2 多目标区间阻塞批量流水线调度问题的转化

正如文献[1]所述，一个区间有两个重要的特征值：区间的中点和半径。其中，中点反映了区间的大小，半径反映了区间的不确定度。目前，已有文献在求解区间调度问题时，将区间加工时间通过区间半径和中点的加权和，转化为一个确定的实数。该方法对于一个线性问题而言是可行的，但是，对于具有非线性的调度问题而言，显然是不合适的。对于一个不确定调度问题，不确定目标函数值的稳定性和平均值是大家关心的。因此，本章通过计算目标函数值的中点和半径处理不确定因素，从而将区间目标函数值转化为一个实数。

本章考虑最小化最大完工时间和提前完工时间，基于区间的上述两个特征值，将多目标区间阻塞批量流水调度问题，转化为传统的阻塞批量流水线调度问题，转化后的目标函数如下：

$$F_1=\lambda\times m(f_1)+(1-\lambda)\times r(f_1) \tag{5.2}$$

$$F_2=\lambda\times m(f_2)+(1-\lambda)\times r(f_2) \tag{5.3}$$

式中

$$m(f_1)=(f_1^{\mathrm{L}}+f_1^{\mathrm{U}})/2$$

$$r(f_1)=(f_1^{\mathrm{U}}-f_1^{\mathrm{L}})/2$$

$$m(f_2)=(f_2^{\mathrm{L}}+f_2^{\mathrm{U}})/2$$

$$r(f_2)=(f_2^{\mathrm{U}}-f_2^{\mathrm{L}})/2$$

f_i^{L}和f_i^{U}分别是目标函数$f_i(i=1,2)$的下界和上界；$m(f_i)$和$r(f_i)$分别是区间函数f_i的中点和半径。

下面，通过一个例子更直观地说明上述转化过程。假设有 4 个工件($\pi(j),j=1,2,3,4$)和 3 台机器。每个工件分别在 3 台机器上的加工时间为

$$\pi(1):[3,6]、[7,8]和[4,9]，\quad \pi(2):[4,7]、[5,9]和[3,6]$$

$$\pi(3):[3,6]、[5,8]和[2,6]，\quad \pi(4):[5,9]、[5,8]和[4,8]$$

首先，基于每个加工时间区间多次随机采样，得到每个工件在每台机器上确定的加工时间。假设每个工件在每台机器上的采样数为 3 次，这样得到了 3 组确定的加工时间矩阵：

$$p_{4\times3}^{1}=\begin{bmatrix}4&7&4\\4&5&5\\3&7&2\\5&5&6\end{bmatrix},\quad p_{4\times3}^{2}=\begin{bmatrix}5&8&6\\6&7&6\\6&8&2\\6&8&4\end{bmatrix},\quad p_{4\times3}^{3}=\begin{bmatrix}3&7&5\\5&9&4\\4&6&4\\8&7&8\end{bmatrix}$$

其次，采用式(5.1)，计算相应的最大完工时间和提前完工时间f_1和f_2：

$$f_1^1=36,\quad f_1^2=53,\quad f_1^3=45,\quad f_2^1=69,\quad f_2^2=82,\quad f_2^3=91$$

然后，计算

$$f_1^{\mathrm{L}}=\min_{k=1,2,3}f_1^k=36,\quad f_1^{\mathrm{U}}=\max_{k=1,2,3}f_1^k=53,\quad f_2^{\mathrm{L}}=\min_{k=1,2,3}f_2^k=69,\quad f_2^{\mathrm{U}}=\max_{k=1,2,3}f_2^k=91$$

最后，将上述目标函数值代入式(5.2)和式(5.3)，得到F_1和F_2的值：

$$F_1=\lambda\times(f_1^{\mathrm{L}}+f_1^{\mathrm{U}})/2+(1-\lambda)\times(f_1^{\mathrm{U}}-f_1^{\mathrm{L}})/2=\lambda\times44.5+(1-\lambda)\times8.5$$

$$F_2=\lambda\times(f_2^{\mathrm{L}}+f_2^{\mathrm{U}})/2+(1-\lambda)\times(f_2^{\mathrm{U}}-f_2^{\mathrm{L}})/2=\lambda\times80+(1-\lambda)\times11$$

由式(5.2)和式(5.3)可知，目标函数f_1的中点$m(f_i)$和半径$f(f_i)$的取值范围不同。为了公平地将两个值加权，需通过$\dfrac{m(f_1)-\min(m(f_1))}{\max(m(f_1))-\min(m(f_1))}$和

$\frac{r(f_1)-\min(r(f_1))}{\max(r(f_1))-\min(r(f_1))}$，对其进行归一化处理，使得 $m(f_1)$ 和 $m(f_2)$ 的取值范围在 0～1。同理，f_2 的中点和半径通过 $\frac{m(f_2)-\min(m(f_2))}{\max(m(f_2))-\min(m(f_2))}$ 和 $\frac{r(f_2)-\min(r(f_2))}{\max(r(f_2))-\min(r(f_2))}$ 进行归一化处理。

由式(5.2)和式(5.3)可知，参数 λ 的取值，对转化后问题的目标函数 F_i 有很大的影响。本章希望在进化前期，将权重 λ 设置得相对较大，这样将重点对区间中点进行优化，从而能够较快搜索到最大完工时间和提前完工时间的较优值；当优化解收敛到一定程度时，需要更多的微调不确定指标，使算法能够吸收不确定因素带来的影响。因此，在进化后期，将权重设置较小的值。综上所述，本章在算法开始时，将 λ 取值略小于 1；然后，随着运行时间的增加，λ 的取值单调递减；当算法快结束时，将 λ 取值设为略大于 0。λ 的具体取值详见 5.5 节。

5.3　改进的 NSGA-II

如前所述，尽管 NSGA-II 在求解连续优化问题时，表现出很好的性能，但是，在求解多目标区间阻塞批量流水线调度问题时，仍然存在一些问题。如果针对多目标调度问题的特性，设计有针对性的初始化策略、交叉变异算子和局部搜索，那么将提高算法的全局和局部搜索能力。因此，本章从以下三方面设计改进的 NSGA-II。首先，采用 vMME 启发式算法，产生一定数量的高质量初始解；然后，采用基于非支配解集和种群信息的差分算子，产生子代个体；最后，采用基于理想点选择的局部搜索算子，对产生的新解在邻域内扰动，以提高算法的局部开发能力。

5.3.1　初始化种群

本章采用第 4 章提出的 vMME 启发式算法，产生一定数量的初始化解。该方法的实施过程如算法 5.1 所示，其中，$p_{\pi(j),i}$ 是工件 $\pi(j)$ 在机器 i 上加工时间的平均采样值。

算法 5.1　vMME 启发式算法

procedure MME(PS, n, π, π^*, S)
input: 算法参数(种群规模 PS, 工件个数 n, 工件序列 $\pi=\varnothing$, π^* 存储当前使 $0.5F_1+0.5F_2$ 最小的工件序列, 未调度序列 S)
output: β 个初始解
01: **begin**

续表

步骤 1:采用 MM 启发式算法产生调度序列,$\pi=\{\pi(1),\pi(2),\cdots,\pi(j),\cdots,\pi(n)\}$.

  步骤 1.1:选择在第一台机器上加工时间最短的工件放入 π 中作为第一个工件 $\pi(1)$;然后选择在最后一台机器上加工时间最短的工件作为最后一个工件 $\pi(n)$.

  步骤 1.2:令 $j=2$;$S=S\backslash\{\pi(1),\pi(n)\}$.

  步骤 1.3:其余工件 $\pi(3),\pi(4),\cdots,\pi(j),\cdots,\pi(n)$ 通过函数值 φ 来获得.

  for $k=2$ to $n-1$

$$\theta_{\pi(j)}=\varphi\times\sum_{i=1}^{m-1}\left|p_{\pi(j),i}-p_{\pi(k-1),i+1}\right|+(1-\varphi)\times\sum_{q=1}^{m}p_{\pi(j),q},\varphi\in[0,1],\pi(j)\in S;$$

  $\pi(k)=\arg\min_{\pi(j)\in S}\theta_{\pi(j)}$;$S=S\backslash\pi(k)$;

  end for

步骤 2:对 π 执行 NEH 操作,产生高质量初始种子 π^*.

  步骤 2.1:取出 π 中的前两个工件 $\pi(1)$ 和 $\pi(2)$ 进行排列组合,构成两个部分排序 $\{\pi(1),\pi(2)\}$ 和 $\{\pi(2),\pi(1)\}$.然后计算其目标函数值(最大完工时间).选择目标函数值 f_1 较小的排序作为 π^*,并令 $k=2$.

  步骤 2.2:取出 π 的第 $k+1$ 个工件 $\pi(k+1)$,将其分别插入 π^* 的 $k+1$ 个不同位置,共产生 $k+1$ 个部分排序.选择目标值 $0.5F_1+0.5F_2$ 最小的部分排序为 π^*.

  步骤 2.3:$k=k+1$.若 $k<n-1$,则转步骤 2.2;否则执行步骤 2.4.

  步骤 2.4:取出 π 的第 n 个工件 $\pi(n)$,将其分别插入 π^* 的 n 个不同位置,得到 n 个完整的排序,将其放入解集 TS 中,计算它们的目标函数值 F_1 和 F_2.

/* **vMME 与 MME 的区别在于,后者没有下面的步骤** */

令 $C=\varnothing$,TS′=TS;

while $|C|<$num **do**

  TS′→D //基于 Pareto 占优关系从 TS′中选出非支配解,放入解集 D 中;

  $k=|D|$;

  if $k\geqslant(\beta-|C|)$ **then**

    $D\rightarrow\varepsilon$ // 从 D 中随机选择 $\beta-|C|$ 个非支配解放入 ε 中;

    $C=C\cup\varepsilon$;

  else

    $C=C\cup D$ 并且 TS′=TS′$\backslash D$;

  end if

end while

end

下面,采用 5.2.2 小节的例子,直观地说明 vMME 启发式算法产生 3 个初始解的过程。假设有 5 个工件在 3 台机器上加工,生成调度序列时,利用的参考调度序列 $S=\{1,2,3,4,5\}$。

(1) 首先计算每个工件在每台机器上加工时间的平均采样值为

$$p_{4\times 3}=\begin{bmatrix}4 & 7 & 5\\ 5 & 7 & 5\\ 5 & 7 & 3\\ 6 & 7 & 6\end{bmatrix}$$

(2) 工件 1 在第一台机器上的加工时间最短,则将工件 1 放入工件序列 π 中,$\pi(1)=1$,并将此工件从未调度序列中删除,即 $S=S\backslash\{\pi(1)\}=\{2,3,4\}$。

(3) 工件 3 在最后一台机器上的加工时间最短,则将其放入 π 的最后一个位置,$\pi(4)=3$,并将其从未调度序列中删除,即 $S=S\backslash\{\pi(4)\}=\{2,4\}$。

(4) $k=2$, $\forall\pi(j)\in S$,计算:

$$\theta_2=\varphi\times\sum_{i=1}^{m-1}|p_{2,i}-p_{1,i+1}|+(1-\varphi)\times\sum_{q=1}^{m}p_{2,q}$$

$$\theta_4=\varphi\times\sum_{i=1}^{m-1}|p_{4,i}-p_{1,i+1}|+(1-\varphi)\times\sum_{q=1}^{m}p_{4,q}$$

假设 $\varphi=0.75$,那么 $\theta_2=7.25$ 和 $\theta_4=7$。选择具有 θ 值最小的工件放入 π 的第 k 个位置,即 $\pi(2)=4$, $S=S\backslash\{\pi(4)\}=\{2\}$。

(5) 通过上述过程,MM 算法得到调度序列 $\pi=\{1,4,2,3\}$。

(6) 从 π 中取出前 2 个工件,即工件 1 和 4。通过组合排列得到 2 个部分调度序列$\{1,4\}$和$\{4,1\}$,计算它们的目标函数值为

$$0.5f_1(\{1,4\})+0.5f_2(\{1,4\})=23.62$$

$$0.5f_1(\{4,1\})+0.5f_2(\{4,1\})=21.57$$

选择目标函数值最小的部分序列$\{4,1\}$赋值给 π^*, $\pi^*=\{4,1\}$。

(7) 令 $k=3$,取出工件 $\pi(3)$,插入 π^* 的 3 个不同的位置,得到$\{2,4,1\}$,$\{4,2,1\}$和$\{4,1,2\}$计算部分序列的目标函数值 $0.5F_1+0.5F_2$:

$$0.5F_1(\{2,4,1\})+0.5F_2(\{2,4,1\})=53.66$$

$$0.5F_1(\{4,2,1\})+0.5F_2(\{4,2,1\})=42.51$$

$$0.5F_1(\{4,1,2\})+0.5F_2(\{4,1,2\})=62.31$$

选择目标函数值最小的部分序列$\{4,2,1\}$赋值给 π^*。

(8) 类似地,剩余的工件按照上述步骤计算。

将工件 $\pi(4)$插入 π^* 中,得到 4 个完整的工件序列:

$$f_1(\{3,4,2,1\})=69.21,\quad f_2(\{3,4,2,1\})=86.36$$

$$f_1(\{4,3,2,1\})=56.32,\quad f_2(\{4,3,2,1\})=87.25$$

$$f_1(\{4,2,3,1\})=69.21,\quad f_2(\{4,2,3,1\})=95.22$$
$$f_1(\{4,2,1,3\})=72.10,\quad f_2(\{4,2,1,3\})=88.27$$

(9) 将 4 个解放入解集 TS 中,即,TS={{3,4,2,1},{4,3,2,1},{4,2,3,1},{4,2,1,3}}。

(10) 令 $C=\varnothing$,TS′←TS,基于 Pareto 占优关系,选择非支配解放入 D 中,即 D={{3,4,2,1},{4,3,2,1}};此时,$k=|D|=2$ 且 $C=C\cup D$,TS′=TS′\D={{4,2,3,1},{4,2,1,3}}。因为$|C|<3$,继续从 TS′中选择非支配解放入 D 中,即 TS′→D。{4,2,3,1}和{4,2,1,3}互不占优,因此都放入 D 中,即 D={{4,2,3,1},{4,2,1,3}}。因为 $k=|D|=2$,$k\geqslant 3-2$,所以,从 D 中随机选择一个非支配解放入 ε 得到 ε={4,2,1,3}。

(11) 通过上述过程,最终得到 3 个性能较优的解,即{3,4,2,1}、{4,3,2,1}和{4,2,1,3}。

基于 vMME 启发式算法,种群的初始化过程如下。

步骤 1:采用 vMME 启发式算法,产生 β 个高质量的初始解。

步骤 2:采用随机函数 random_shuffle(),在整个搜索空间中随机产生解 π'。如果 π'已在种群中,那么将该解舍弃;否则将其放入种群中。

步骤 3:重复执行步骤 2,直到种群中有 PS 个解。

5.3.2 交叉算子

正如第 4 章所述,针对多目标特性,利用非支配解信息,设计有针对性的交叉算子,能够提高算法的收敛速度。鉴于此,本章除了利用非支配解信息之外,还利用种群个体之间的差异信息,共同产生子代个体,以提高算法的全局探测能力。本章采用变异差分算子和基于插入和交换的变异算子,产生 PS 个子代个体。具体产生过程如算法 5.2 所示。

算法 5.2　子代个体产生方法

procedure offspring(PS, pc)

input: 算法参数(种群大小 PS, 执行交叉概率 pc)

output:临时种群

```
begin
  for i=1 to PS;
      if (rand()<pc);
          执行所提交叉算子
      else
        switch (rand() % 6)
```

续表

```
                case 0:insert_f(π,p1,p2);
                case 1:insert_b(π,p1,p2);
                case 2:swap(π,p1,p2);
                case 3:insert_f(π,p1,p2),insert_f(π,p1,p2);
                case 4:insert_b(π,p1,p2),insert_b(π,p1,p2);
                case 5:swap(π,p1,p2),swap(π,p1,p2);
            end switch
        end if
    end for
end
```

算法中，变异方法与第 3 章相同，因此，本章不再赘述。下面仅详细阐述基于变异差分进化的交叉算子，如算法 5.3 所述。

算法 5.3　基于差分进化的交叉算子

procedure crossover(π, n, PS, EAs)

input: 算法参数(当前解 π，工件个数 n，种群大小 PS，当前外部储备集 EAs)

output:新解 π^*

begin

　步骤 1:从当前种群中，随机选择 3 个解 π_a、π_b、π_c，通过下面的公式，得到一个临时解 π_t[27]:

$$\pi_t=\pi_a \circ \text{flag}\cdot(\pi_b-\pi_c)$$

　步骤 2:将临时解 π_t 中重复的工件删除，得到部分工件序列 π_t'.

　步骤 3:根据下面的步骤构造人工染色体 π_{tt}.

　　步骤 3.1:统计非支配解集中，每一个工件在每一个位置出现的次数.

　　步骤 3.2:寻找在每个位置上出现次数最多的工件，然后将其放入 π_{tt} 中相应的位置上，若次数相同，则随机选择一个 π_{tt}.

　步骤 4:如果 π_t' 不是一个完整的工件序列，则执行步骤 4.1 和步骤 4.2;否则执行步骤 5.

　　步骤 4.1:从人工染色体 π_{tt} 中，删除存在于临时解 π_t' 中的所有工件，得到一个部分工件序列 π_{tt}'.

　　步骤 4.2:将 π_t' 中的工件，依次放入 π_{tt}' 中空缺位置，得到一个完整的工件序列 π^*.

　步骤 5:更新当前解，如果 π^* 优于 π，则 $\pi=\pi^*$.

end

在算法 5.3 中，式 $\pi_t=\pi_a\circ \text{flag}\cdot(\pi_b-\pi_c)$ 可表示为 $\pi_t=\pi_a\circ\Delta$，式中，$\Delta=\text{flag}\cdot(\pi_b-\pi_c)$，参数 flag 是一个布尔变量，$\text{flag}\in\{0,1\}$，对于 Δ 中的每一个分量 Δ_j 通过式(5.4)可得

$$\underset{j=1,2,\cdots,n}{\Delta_j}=\begin{cases}\pi_b(j)-\pi_c(j), & r<\mu\\ 0, & \text{其他}\end{cases}\tag{5.4}$$

式中，变量 r 是一个 0～1 的随机数；参数 μ 是给定的阈值，反映了两个体之间差异的幅度；$\pi_a\circ\Delta$ 用来产生临时解 π_t，该解中每一维变量 $\pi_t(j)$ 的值通过式(5.5)得到：

$$\pi_t(j)=\pi_a(j)\circ\Delta_j=\text{mod}((\pi_a(j)+\Delta_j+n),n),\quad j=1,2,\cdots,n\tag{5.5}$$

式中，“mod”是取余操作，保证解 π_t 中每一维的值都代表一个合法的工件。

由算法 5.3 可知，本章所提的交叉算子不仅利用了不同个体的差异性信息，还充分利用了非支配解的优良基因信息。图 5.1 直观地展示了采用所提交叉算子产生新解的过程。假设当前外部储备集 NS 中有 4 个非支配解，每个解包含 6 个工件，如下所示：

$$\text{NS}=\begin{bmatrix}2&6&3&1&4&5\\3&5&1&6&2&4\\4&5&2&1&3&6\\4&1&2&6&3&5\end{bmatrix}$$

图 5.1(a)给出了临时解 π_t 的产生过程；图 5.1(b)通过删除 π_t 中重复的工件得到部分调度序列 π_t'；图 5.1(c)首先通过统计所有解中每个工件出现在位置 k($k=1,2,\cdots,6$)上的次数，得到表 5.1 的数据；然后得到参考解 π^r。从 π^r 中删除包含在 π_t'中的工件，得到部分序列 π_t'；图 5.1(d)给出了 π_{tt}'的修复过程，即重新将 π_t'中的工件依次放入 π_{tt}'空缺的位置，最终得到一个完整的工件序列。

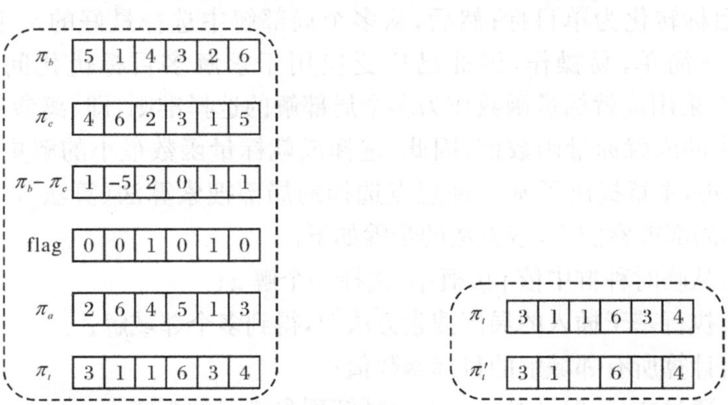

(a)　　　　　　　　　　　　　　(b)

(c)　　　　　　　　(d)

图 5.1　交叉算子产生解的过程

表 5.1　统计工件出现在特定位置的次数

	pos 1	pos 2	pos 3	pos 4	pos 5	pos 6
job 1	0	1	1	2	0	0
job 2	1	0	2	0	1	0
job 3	1	0	1	0	2	0
job 4	2	0	0	0	1	1
job 5	0	2	0	0	0	2
job 6	0	1	0	2	0	1

5.3.3　基于理想点选择的局部搜索算法

已有实验表明：在单(多)群智能优化方法中融入局部搜索算法，可以很大程度上提高算法的局部开发能力[2]。目前，多目标局部搜索算法大都利用线性加权函数，将多目标转化为单目标；然后，从多个局部解中选择最好的一个更新当前解[3]。该方法简单，易操作，因此已广泛应用于求解多目标优化问题。此外，Sindhya 等[4]采用成就标量函数作为多个局部解的选择准则，即，离参考点最近的解，具有较小的成就标量函数值，因此，选择成就标量函数最小的解更新当前解。借鉴上述思想，本章提出了基于理想点选择的局部搜索算法(算法 5.4)，以提高 NSGA-II 的局部搜索能力，该方法的步骤如下。

步骤 1：从临时种群中依 pls 概率，选择一个解 π；

步骤 2：执行基于插入的局部搜索方法[5]，得到多个邻域解；

步骤 3：计算所有邻域解的目标函数值；

步骤 4：通过式(5.6)计算每一个邻域解到参考点的距离；

步骤 5：选择离理想点距离最近的邻域解更新 π。

$$d(\pi) = \sqrt{\sum_{k=1}^{2} (F_k(\pi) - \overline{r_k})^2} \tag{5.6}$$

式中，$\bar{r}=(\overline{r_1},\overline{r_2},\cdots,\overline{r_k})$是理想点，$\overline{r_k}$的值等于当前种群中第 k 个目标函数的最小值，$d(\pi)$是给定的解到理想点的距离。由式(5.6)可知，$d(\pi)$值越小，解 π 越趋向于理想点。

算法 5.4　基于理想点选择的局部搜索

---

procedure IP $(n,\bar{r},\pi^{nd})$

input: 算法参数(工件个数 n，理想点 $\bar{r}$，参考解 π^{nd}，$\pi^{nd}=\{\pi^{nd}(1),\pi^{nd}(2),\cdots,\pi^{nd}(n)\}$随机地从非支配解集中选择)

output: 新解 π^*

begin

步骤 1：以一定的概率 pls，从临时种群中，选择一个解，$\pi=\{\pi(1),\pi(2),\cdots,\pi(n)\}$，执行步骤 2.

步骤 2：执行基于插入操作的局部搜索.

　步骤 2.1：令计数器 $i=1$;

　步骤 2.2：从参考解 π^{nd} 中，取出 $\pi^{nd}(i)$;

　步骤 2.3：从 π 删除 $\pi^{nd}(i)$，得到一个部分序列 π';

　步骤 2.4：将工件 $\pi^{nd}(i)$ 重新插入 π' 的 n 个不同位置，得到 n 个不同邻域解 $\pi_1,\pi_2,\cdots,\pi_n$；其余工件相对位置保持不变.

步骤 3：计算上述 n 个邻域解得目标函数值.

步骤 4：计算每个邻域解到理想点 $\bar{r}$ 之间的距离，选择一个距离值最小的邻域解，赋值给 π^*.

步骤 5：更新 π，即如果 $d(\pi^*)$小于 $d(\pi)$，则 $\pi=\pi^*$.

步骤 6：$i=i+1$；如果 $i\leqslant n$ 或者给定的终止时间不满足，则执行步骤 2.2；否则终止算法.

end

图 5.2 给出了基于参考点选择的局部搜索的执行过程。图中，每一个实心点代表临时种群中的解。图 5.2(a)展示了从临时种群中，依 pls 概率选择一个解 π；图 5.2(b)解释了对选择的解，执行基于插入的邻域搜索，得到 4 个邻域解，如空心点 π_1、π_2、π_3 和 π_4；图 5.2(c)给出了理想点 $\bar{r}$，如菱形所示，并分别计算 5 个解(1 个选择的解和 4 个邻域解)到理想点的距离 $d(\pi)$、$d(\pi_1)$、$d(\pi_2)$、$d(\pi_3)$和 $d(\pi_4)$(为了方便起见，图中用 d、d_1、d_2、d_3 和 d_4 表示)；图 5.2(d)表明了 π_4 距离理想点最近，因此被选择，并赋值给 π^*，更新原种群中的解 π。

由图 5.2 可知，理想点具有非常好的收敛性，以理想点为参考点，可以很好地引导选择的解，向真实的最优 Pareto 前沿方向进化。

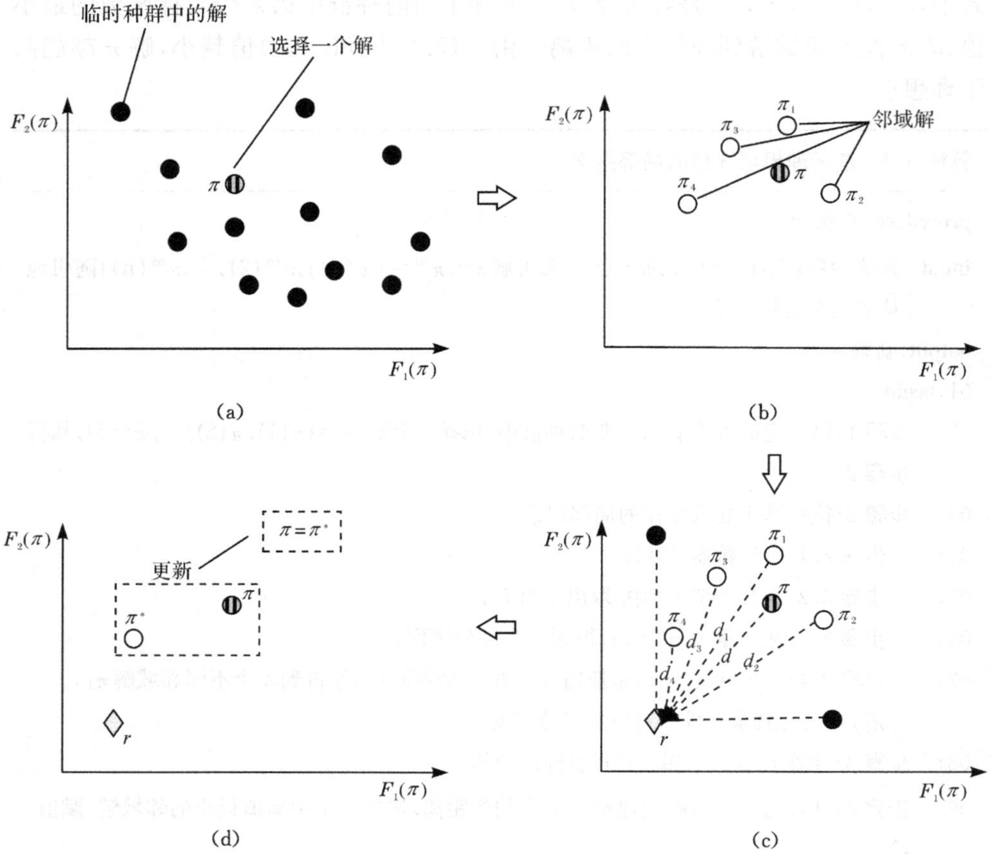

图 5.2 基于理想点选择的局部搜索产生个体过程

5.4 算法描述

将上述所提的初始化策略、子代个体产生方法和基于理想点选择的局部搜索算法，融入 NSGA-II 框架下，提出了 MNSGA-II(modified NSGA-II)，该方法的具体过程如下。

步骤 1：设置种群大小 PS、交叉概率 pc、局部搜索概率 pls 和运行时间 time 等参数的值。

步骤 2：采用 vMME 启发式算法，产生 β 个高质量的初始解，其余解随机产生，并根据式(5.3)和式(5.4)计算每个解的目标函数值。

步骤 3：依 pc 概率执行差分算子，依 1－pc 概率执行插入和交换算子，产生新解，并计算每个解的目标函数值。

步骤 4:依 pls 概率从临时种群中选择若干解,执行基于理想点选择的局部搜索方法。

步骤 5:更新父代种群,即,合并当前种群和临时种群,基于 Pareto 占优关系和拥挤距离选择 PS 个个体,作为下一次迭代的父代种群。此外,设置一个有限的外部储备集,保留每代搜索到的优质解,并动态更新储备集。

步骤 6:判断算法终止条件是否满足。如果是,算法结束;否则,转步骤 3。

图 5.3 是本章算法的流程,其中,灰底部分是本章所提的方法。从流程图可直观地看出,与已有 NSGA-II 的区别在于,本章算法针对多目标区间阻塞批量流水线调度问题的特性,提出了有针对性的初始化策略、个体产生和局部搜索方法,以更好地求解多目标调度问题。5.5 节将通过实验验证本章所提方法的性能。

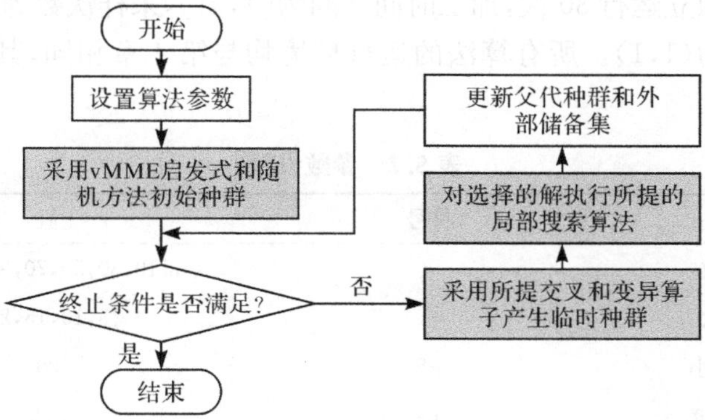

图 5.3　所提算法的流程

5.5　实　　验

5.5.1　实验设置

本章将所提算法用于求解 24 个不同规模的多目标区间阻塞批量流水线调度问题,并通过六组实验,从不同角度验证所提算法的性能。

(1) 所提初始化策略的性能分析;

(2) 所提交叉算子的性能分析;

(3) 所提基于理想点选择的局部搜索算子的性能分析;

(4) 多目标区间阻塞批量流水线调度问题转化前后性能分析;

(5) 多目标区间阻塞批量流水线调度问题转化前后进化曲线;

(6) 与已有多目标进化算法的比较。

本章采用超体积指标(hypervolume,HV)[6]评价所提算法的有效性。超体积是一个综合性指标,反映一个算法的收敛性和分布性。超体积越大,所得到的非支配解分布越均匀，且越趋向于真实的 Pareto 前沿。

文献[7]表明，超体积可用来评价带区间的非支配解集。当求解多目标区间优化问题时，通过该问题的乐观值和悲观值评价算法的性能，其中，乐观值用超体积上限值表示，记为 HV-U；悲观值用超体积下限值表示，记为 HV-L。此外，除了评价算法的收敛性能，本章还采用一个不确定度指标，评价算法处理不确定因素的能力，即采用 HV-U 和 HV-L 的差值作为不确定度指标，记为 HV-D。

本章采用上述提到的 HV-U 和 HV-D 指标评价所提算法的性能。HV-U 指标的值越大，所提算法的收敛性和分布性越好；HV-D 指标的值越小，所提算法处理区间不确定问题的能力越好。此外，本章采用 Mann-Whitney U 非参数检验方法，验证不同算法之间是否有显著的差异，原假设的显著性水平为 0.05。

每个算例独立运行 30 次，加工时间区间为[1,31]，采样次数为 300 次，计算超体积的参考点为(1,1)。所有算法的运行环境均与第 4 章相同，其他参数设置如表 5.2 所示。

表 5.2　参数设置

参数	符号	值
工件数	n	{10,30,50,70,90,110}
机器数	m	{5,10,15,20}
种群大小	PS	20
交叉概率	pc	0.6
变异概率	pm	0.4
局部搜索概率	pls	0.6
比例因子	μ	0.9
工件 $\pi(j)$ 分割的批量数	$w_{\pi(j)}$	$w_{\pi(j)}=\text{rand}()\%6+1$
交货期	d_j	$d_j=\text{rand}()\%(15\times m+1)+15\times n$
外部储备集	EAs	100
每个算例最大运行时间	time	$30\times m\times n$

在 5.2.2 小节提到，λ 随着运行时间的增加而递减变化。本章采用高斯函数[8]刻画参数 λ 的取值变化，表达式如下：

$$\lambda(t)=\alpha\times\left[\exp\left(\frac{-t^2}{\beta\times T^2}\right)+\gamma\right] \tag{5.7}$$

式中，t 为逝去时间；T 为算法的终止时间。通过前期实验，得到 α、β 和 γ 的值分别为 $\alpha=0.9626$，$\beta=0.465$ 和 $\gamma=-0.0128$。图 5.4 给出了 λ 随时间变化的趋势。

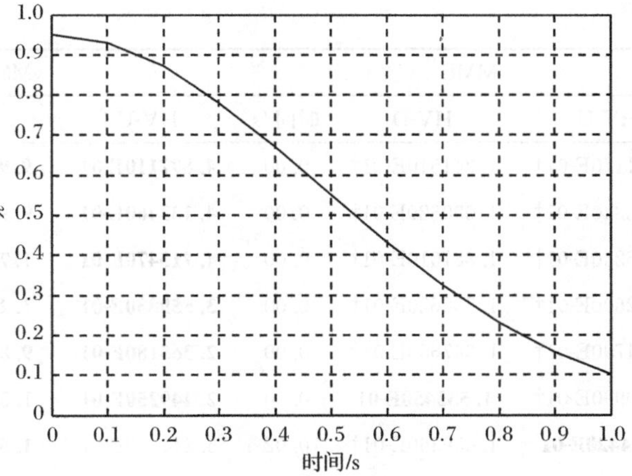

图 5.4　参数 λ 随时间变化曲线

5.5.2　初始化策略的性能分析

为了评价所提 vMME 算法的性能，分别采用 MME 算法和 vMME 算法初始化种群。

表 5.3 给出上述 2 种方法在 24 个算例上 HV-U 和 HV-D 的指标值，其中，符号"†"表示 vMME 得到的指标值明显优于对比算法。

表 5.3　vMME 和 MME 的性能

$n \times m$	MME			vMME		
	HV-U	HV-D	时间/s	HV-U	HV-D	时间/s
10×5	**8.584200E-01**	**2.141200E-02**	0.00	8.290210E-01	4.434290E-02	0.00
10×10	**8.423720E-01**	**1.659040E-01**	0.00	8.248830E-01	1.890870E-01	0.12
10×15	6.906390E-01†	1.434540E-01†	0.00	**7.664640E-01**	**1.312270E-01**	0.21
10×20	2.397100E-01†	1.951030E-01†	0.00	**3.278270E-01**	**1.417600E-01**	0.00
30×5	**6.525680E-01**	1.926760E-01†	0.00	6.385970E-01	**1.580860E-01**	0.03
30×10	1.737390E-01†	6.916700E-02	0.00	**2.534020E-01**	**6.622300E-02**	0.00
30×15	**2.974920E-01**	1.690480E-01†	0.00	2.121480E-01	**9.236000E-02**	0.00
30×20	1.355420E-01†	6.466760E-02†	0.00	**2.330530E-01**	**5.926100E-02**	0.56
50×5	1.585080E-01†	5.368150E-02†	0.00	**1.783270E-01**	**5.057500E-02**	0.00
50×10	2.333310E-01†	**1.130260E-01**	0.00	**2.520830E-01**	1.373360E-01	0.11
50×15	6.940940E-01†	3.744040E-01	0.00	**7.919860E-01**	**3.718500E-01**	0.51
50×20	5.949210E-01†	**1.348870E-01**	0.00	**6.773270E-01**	1.523650E-01	0.00
70×5	4.411270E-01	**6.463290E-02**	0.00	**4.464790E-01**	7.035300E-02	0.00
70×10	2.355280E-01†	**1.269600E-01**	0.00	**3.126270E-01**	1.393800E-01	0.00

续表

n×m	MME			vMME		
	HV-U	HV-D	时间/s	HV-U	HV-D	时间/s
70×15	4.091170E-01†	1.341510E-01†	0.00	**4.892110E-01**	**9.979000E-02**	0.04
70×20	3.253340E-01†	1.090620E-01†	0.00	**4.133460E-01**	**9.958900E-02**	0.21
90×5	3.925260E-01†	1.887010E-01†	0.00	**4.713470E-01**	**1.793320E-01**	0.00
90×10	3.042600E-01†	1.530620E-01†	0.00	**3.559830E-01**	**1.283060E-01**	0.21
90×15	2.174790E-01†	1.347650E-01†	0.00	**2.365180E-01**	**9.892400E-02**	0.00
90×20	2.020990E-01†	**1.535450E-01**	0.00	**2.449250E-01**	1.537550E-01	0.03
110×5	**5.964420E-01**	1.659360E-01†	0.02	5.214450E-01	**1.519990E-01**	0.00
110×10	**1.922260E-01**	2.111610E-01†	0.00	1.675780E-01	**1.435570E-01**	0.00
110×15	1.558810E-01†	7.315600E-02†	0.05	**1.879910E-01**	**7.073800E-02**	0.00
110×20	1.071480E-01†	8.558500E-02†	0.06	**1.538850E-01**	**7.407600E-02**	0.12

由表 5.3 可知，vMME 在 18 (18/24＝75％)个算例上得到的 HV-U 值，都高于 MME；vMME 得到了 17 个较小的 HV-D 值(17/24＝71％)。此外，从非参数检验结果上也可以看出，vMME 在大部分算例上优于 MME，其原因是，前者能够基于 Pareto 占优关系产生多个解，以提高初始种群的质量；后者仅产生一个解，减缓了算法的进化速度，降低了初始种群的质量。

5.5.3　交叉算子的性能分析

为了评价所提交叉算子(简称 NDE)的有效性，本章将其与常用的交叉算子，如 OP[9]、TP[9]、OX[10]、SJOX 和 SBOX[11]等五种算子比较。除了交叉算子不同之外，其他的参数和运行环境等都相同。

表 5.4 和表 5.5 给出了不同交叉算子得到的 HV-U 和 HV-D 的指标值，表中，符号“†”和“‡”代表所提算法分别在 HV-U 和 HV-D 的值上明显优于对比算法。

表 5.4　所提交叉算子与对比算子在 HV-U 指标上的性能

n×m	OP	TP	OX	SJOX	SBOX	NDE
10×5	6.805110E-01†	6.838640E-01†	6.825440E-01†	6.792410E-01†	6.815560E-01†	**6.895110E-01**
10×10	6.016670E-01†	5.974370E-01†	5.968160E-01†	6.013340E-01†	5.974450E-01†	**6.068830E-01**
10×15	5.614820E-01†	5.570570E-01†	5.587760E-01†	5.620080E-01†	5.598760E-01†	**5.630140E-01**
10×20	5.752310E-01†	5.797190E-01†	5.798130E-01†	**6.060600E-01**	5.786020E-01†	5.764230E-01
30×5	3.200560E-01†	3.416300E-01†	3.480320E-01†	**3.530870E-01**	**3.518110E-01**	3.503740E-01
30×10	3.078450E-01†	3.283990E-01†	3.198140E-01†	**3.364210E-01**	3.086500E-01†	3.332340E-01

续表

n×m	OP	TP	OX	SJOX	SBOX	NDE
30×15	1.422170E-01†	1.697160E-01†	1.557840E-01†	**1.686220E-01**	1.406550E-01†	1.46422E-01
30×20	2.925240E-01†	2.991840E-01†	3.054670E-01†	3.013920E-01†	**3.160360E-01**	3.109850E-01
50×5	2.490560E-01†	2.750900E-01†	2.618810E-01†	2.582970E-01†	2.783520E-01†	**2.865730E-01**
50×10	2.247570E-01†	2.396280E-01†	2.311100E-01†	2.214150E-01†	2.255020E-01†	**2.497180E-01**
50×15	1.940050E-01†	1.902960E-01†	1.951450E-01†	2.153580E-01†	2.208330E-01†	**2.285750E-01**
50×20	1.483360E-01†	1.541520E-01†	1.479470E-01†	1.699250E-01†	**1.733980E-01**	1.708420E-01
70×5	1.806510E-01†	2.075510E-01†	1.956740E-01†	1.848890E-01†	1.806050E-01†	**2.170520E-01**
70×10	1.747650E-01†	1.893320E-01†	1.924540E-01†	1.682740E-01†	1.699610E-01†	**2.034110E-01**
70×15	8.365500E-02†	9.991400E-02†	7.737800E-02†	7.194000E-02†	7.807700E-02†	**1.131040E-01**
70×20	2.235700E-02†	3.067300E-02†	2.387500E-02†	2.095600E-02†	1.877900E-02†	**3.422500E-02**
90×5	2.939690E-01†	2.849830E-01†	2.810860E-01†	2.884150E-01†	2.693340E-01†	**2.919740E-01**
90×10	5.319400E-02†	8.509100E-02†	6.903100E-02†	7.547100E-02†	8.345800E-02†	**1.031070E-01**
90×15	1.190130E-01†	1.162610E-01†	1.287810E-01†	1.292700E-01†	1.431030E-01†	**1.582960E-01**
90×20	1.010080E-01†	1.117400E-01†	9.728800E-02†	1.019640E-01†	1.086970E-01†	**1.288530E-01**
110×5	2.437270E-01†	2.499710E-01†	2.433080E-01†	2.585700E-01†	2.580730E-01†	**2.715130E-01**
110×10	8.145500E-02†	8.823100E-02†	8.854400E-02†	8.835900E-02†	8.843500E-02†	**1.061460E-01**
110×15	8.341300E-02†	9.730700E-02†	9.115700E-02†	9.411500E-02†	9.573100E-02†	**1.116620E-01**
110×20	1.259170E-01†	1.393420E-01†	1.282060E-01†	1.353600E-01†	1.356110E-01†	**1.439170E-01**

表 5.5　所提交叉算子与对比算子在 HV-D 指标上的性能

n×m	OP	TP	OX	SJOX	SBOX	NDE
10×5	1.391370E-01‡	1.396290E-01‡	1.359680E-01‡	1.424840E-01‡	1.418600E-01‡	**1.005330E-01**
10×10	1.378580E-01‡	1.325430E-01‡	1.395690E-01‡	1.392430E-01‡	1.343250E-01‡	**1.310080E-01**
10×15	1.511550E-01‡	1.467610E-01‡	2.310270E-01‡	1.508490E-01‡	1.480190E-01‡	**1.467200E-01**
10×20	1.603550E-01‡	1.677000E-01‡	1.662410E-01‡	1.595400E-01‡	1.581930E-01‡	**1.558190E-01**
30×5	2.183470E-01‡	2.106440E-01‡	2.076780E-01‡	2.188820E-01‡	2.186980E-01‡	**1.990550E-01**
30×10	1.605260E-01‡	1.587740E-01‡	1.378440E-01‡	1.602040E-01‡	1.531470E-01‡	**1.500560E-01**
30×15	1.256760E-01‡	1.416180E-01‡	**1.248170E-01**	1.378580E-01‡	1.493690E-01‡	1.283260E-01
30×20	1.640980E-01‡	1.589710E-01‡	1.478390E-01‡	1.631990E-01‡	1.468390E-01‡	**1.444440E-01**
50×5	1.838420E-01‡	1.818620E-01‡	**1.623610E-01**	1.849950E-01‡	1.888430E-01‡	1.766010E-01
50×10	1.559670E-01‡	1.498070E-01‡	**1.316780E-01**	1.567630E-01‡	1.591250E-01‡	1.429410E-01
50×15	1.381890E-01‡	1.400760E-01‡	1.347720E-01‡	1.421580E-01‡	1.450090E-01‡	**1.286620E-01**

续表

n×m	OP	TP	OX	SJOX	SBOX	NDE
50×20	1.248640E-01‡	1.301040E-01‡	1.248040E-01‡	1.285750E-01‡	1.340720E-01‡	**1.242040E-01**
70×5	**1.706130E-01**	1.862970E-01‡	1.801180E-01‡	1.915750E-01‡	1.855160E-01‡	1.713040E-01
70×10	1.355690E-01‡	1.367690E-01‡	1.324450E-01‡	1.388210E-01‡	1.397940E-01‡	**1.310990E-01**
70×15	7.768800E-02‡	9.284100E-02‡	7.025800E-02‡	7.842100E-02‡	9.492500E-02‡	**6.785900E-02**
70×20	**2.082100E-02**	2.880800E-02‡	2.173000E-02‡	2.492850E-02‡	2.568600E-02‡	2.372500E-02
90×5	1.998010E-01‡	1.800940E-01‡	1.785290E-01‡	2.069390E-01‡	1.909990E-01‡	**1.731850E-01**
90×10	**5.166930E-02**	8.268700E-02‡	6.613200E-02‡	6.829770E-02‡	7.509000E-02‡	9.486300E-02
90×15	1.090340E-01‡	1.206440E-01‡	**8.466600E-02**	1.107560E-01‡	1.187500E-01‡	1.034170E-01
90×20	9.224700E-02‡	8.897900E-02‡	**8.550870E-02**	1.155690E-01‡	1.072380E-01‡	9.815400E-02
110×5	1.836850E-01‡	1.890080E-01‡	1.738230E-01‡	1.743030E-01‡	1.718530E-01‡	**1.696900E-01**
110×10	7.794600E-02‡	8.505300E-02‡	7.860600E-02‡	7.785700E-02‡	7.784800E-02‡	**7.547300E-02**
110×15	8.422900E-02‡	9.306200E-02‡	8.611700E-02‡	8.312300E-02‡	8.248700E-02‡	**8.088400E-02**
110×20	1.039320E-01‡	1.095380E-01‡	1.026350E-01‡	1.113910E-01‡	1.132890E-01‡	**1.023100E-01**

由表 5.4 和表 5.5 可知：①针对 HV-U 指标，对于大部分算例，所提算子得到的 HV-U 指标值大多大于 OP、TP、OX、SJOX 和 SBOX；②针对 HV-D 指标，对于大部分算例，所提算子得到的 HV-D 指标值大多小于 OP、TP、OX、SJOX 和 SBOX。由上述结果可知，所提算子具有很好的收敛性，能够引导种群向真实的最优 Pareto 前沿进化。所提算子优越性的原因是，该算子能够充分利用非支配解的有价值信息和种群个体之间的差异性，产生高质量的子代个体。

5.5.4 基于理想点选择的局部搜索的性能分析

为了评价所提基于理想点选择的局部搜索算法的性能，本章做了如下两组实验：一组是检验局部搜索中参数 pls 的敏感性；另一组是与已有的多目标局部搜索算法对比。

不失一般性，参数 pls 的取值在 0～1 变化，变化步长为 0.1。在图 5.5 中，横坐标代表参数取值的变化，纵坐标代表每个参数值对应的 24 个算例的平均 HV-U 值和 HV-D 值。此外，表 5.6 给出了不同参数的非参数检验结果。对于任意两个参数值 $value_1$ 和 $value_2$（$value_1, value_2 \in \{0, 0.3, 0.5, 0.6, 0.9, 1\}$），“+”（“−”）表示当 $pls = value_1$ 时得到的性能指标值，明显优于（劣于）$pls = value_2$ 时的指标值，“0”表示两者之间无差异。

由图 5.5 可知：①当 pls=0 时，算法在搜索过程中主要靠交叉和变异算子引导种群进化，没有执行局部搜索，此时，HV-U 和 HV-D 的值都相对较差。②当

pls＝0.6 时，HV-U 的值是比较大的（略小于 pls＝0.9 时的结果），HV-D 的值是最小的；然而，随着 pls 取值的逐渐增大，所提算法的 HV-U 和 HV-D 值反而变差，这是因为在给定的运行时间内，如果越来越多的解被选择执行局部搜索算法，那么算法的时间复杂度将增加，算法的迭代次数将减少，从而失去了更多产生更好解的机会。③当 pls＝0.9 时，HV-U 的指标值最大，其次是 pls＝0.6 和 pls＝0.5 时；当 pls＝0.6 时，HV-D 的值最小，其次是 pls＝0.1 和 pls＝0.4 时。同时考虑上述两个指标，本章设置 pls 的值为 0.6。

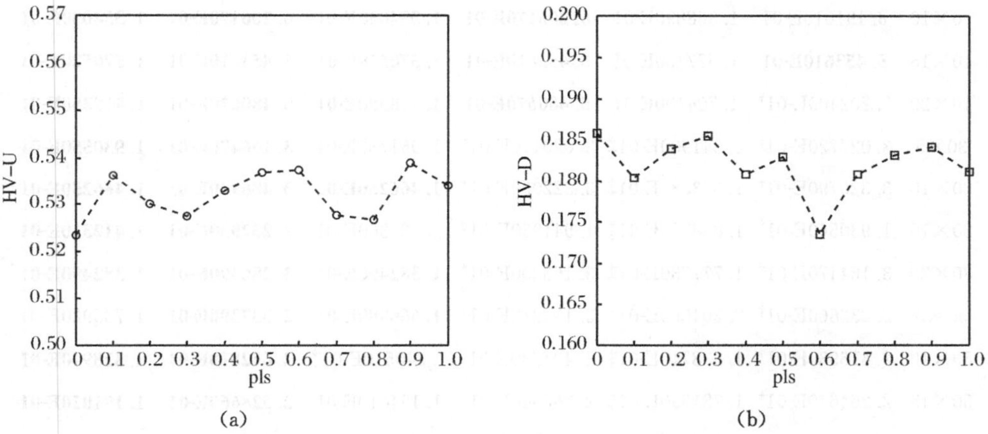

图 5.5　参数 pls 对超体积上限和不确定指标的影响

表 5.6　非参数检验值

pls	HV-U						HV-D					
	0.00	0.30	0.50	0.60	0.90	1.00	0.00	0.30	0.50	0.60	0.90	1.00
0.00	0	—	—	—	—	—	0	—	—	—	—	—
0.30	+	0	—	—	—	—	+	0	+	—	+	+
0.50	+	+	0	0	—	+	+	—	0	—	+	0
0.60	+	+	0	0	0	+	+	+	+	0	+	+
0.90	+	+	+	0	0	+	+	—	—	—	0	—
1.00	+	+	—	—	—	0	+	—	0	—	+	0

基于上述 pls 的设置，本章将基于理想点选择的局部搜索算法（简称 LS-IP）与现有的两种多目标局部搜索算法对比。文献[2]提出了基于权重的局部搜索算法（简称 LS-WT），该方法给每个目标函数赋予不同的权重值，通过线性加权函数将多目标转化为单目标，并优先选择加权和最小的解。此外，Pan 等[12]提出了基于插入操作的多目标局部搜索算法（简称 LS-TS），该算法采用一个临时解集，存放每次局部搜索产生的较好邻域解。

表 5.7 给出了所提算法与对比算法在 HV-U 和 HV-D 指标上的对比结果，表中，黑体代表每一个算例最好的 HV-U 和 HV-D 值，符号“†”和“‡”代表所提算法 LS-IP 分别在 HV-U 和 HV-D 上，明显优于 LS-WT 和 LS-TS。

表 5.7 本章方法与对比局部搜索算法的性能

$n\times m$	LS-TS		LS-WT		LS-IP	
	HV-U	HV-D	HV-U	HV-D	HV-U	HV-D
10×5	6.749320E-01	1.359150E-01	**6.769460E-01**	**1.353650E-01**	**6.769460E-01**	**1.353650E-01**
10×10	6.191010E-01	1.368890E-01	**6.206170E-01**	**1.354030E-01**	**6.206170E-01**	**1.354030E-01**
10×15	**5.453610E-01**	1.577450E-01	**5.453610E-01**	**1.570520E-01**	**5.453610E-01**	**1.570520E-01**
10×20	5.202400E-01†	1.704400E-01	**5.480670E-01**	**1.418380E-01**	**5.480670E-01**	**1.418380E-01**
30×5	3.027720E-01†	2.341900E-01‡	3.020110E-01†	1.961780E-01	**3.166470E-01**	**1.930550E-01**
30×10	3.320790E-01†	1.863380E-01‡	3.322000E-01†	**1.466250E-01**	**3.486940E-01**	**1.466250E-01**
30×15	1.930560E-01†	1.898780E-01‡	1.941960E-01†	1.422360E-01	**2.232930E-01**	**1.412310E-01**
30×20	3.164470E-01†	1.777730E-01‡	3.163300E-01†	**1.382490E-01**	**3.286390E-01**	**1.382490E-01**
50×5	2.232660E-01†	2.204660E-01‡	2.134870E-01†	**1.666080E-01**	**2.337390E-01**	1.735920E-01
50×10	2.416980E-01†	1.938740E-01‡	2.434230E-01†	1.340510E-01‡	**2.652810E-01**	**1.328940E-01**
50×15	2.264610E-01†	1.781990E-01‡	2.266640E-01†	1.194010E-01	**2.528660E-01**	**1.191020E-01**
50×20	2.021980E-01†	1.736630E-01‡	2.054290E-01†	1.166310E-01	**2.312730E-01**	**1.145240E-01**
70×5	2.341180E-01†	2.337800E-01‡	2.294420E-01†	1.613940E-01	**2.731730E-01**	1.642530E-01
70×10	2.217460E-01†	1.935130E-01‡	2.217760E-01†	**1.242200E-01**	**2.606570E-01**	**1.242200E-01**
70×15	1.212820E-01†	1.532500E-01‡	1.208870E-01†	**9.289600E-02**	**1.606160E-01**	9.312000E-02
70×20	1.255060E-01†	1.496550E-01‡	1.246220E-01†	8.725800E-02	**1.713260E-01**	**8.711300E-02**
90×5	3.294040E-01†	2.500550E-01‡	3.312570E-01†	1.713710E-01	**3.847500E-01**	**1.702240E-01**
90×10	2.021370E-01†	1.836420E-01‡	1.988730E-01†	**1.154500E-01**	**2.354210E-01**	1.177190E-01
90×15	1.517800E-01†	1.611090E-01‡	1.548500E-01†	9.855500E-02‡	**1.909990E-01**	**9.614800E-02**
90×20	1.411710E-01†	1.594170E-01‡	1.443430E-01†	9.474200E-02‡	**1.861990E-01**	**9.256500E-02**
110×5	2.942830E-01†	2.500690E-01‡	2.929100E-01†	1.671540E-01‡	**3.567070E-01**	**1.645460E-01**
110×10	1.839830E-01†	1.871120E-01‡	1.836120E-01†	1.162900E-01	**2.326560E-01**	**1.152090E-01**
110×15	7.648800E-02†	1.381480E-01‡	8.068100E-02†	6.974400E-02‡	**1.429920E-01**	**6.580500E-02**
110×20	1.194730E-01†	1.543820E-01‡	1.210190E-01†	8.139400E-02	**1.753380E-01**	**8.065700E-02**

由表 5.7 可知：①对于小规模算例 10×5、10×10、10×15 和 10×20，算法 LS-IP 和 LS-WT 在 HV-U 指标上有较好的性能，而 LS-TS 略差；②除了上述算例，LS-IP 得到的 HV-U 指标值明显优于 LS-IP 和 LS-WT，且随着问题规模的增大，LS-IP 的优越性更加明显；③对于 HV-D 指标，LS-IP 在 24 个算例上都优于 LS-

TS，在 14 个算例上，LS-IP 优于 LS-WT。

由上述结果可知，LS-TS 算法需要不断地更新临时解集，从而增加了时间复杂度，失去了产生高质量解的机会；LS-WT 算法中的权值是事先给定的，难以准确快速地引导当前解向真实最优 Pareto 前沿进化；本章所提 LS-IP 算法，通过理想点选择策略，可以很好地引导当前解向理想点进化，从而提高整个算法的局部开发能力。

5.5.5　多目标区间阻塞批量流水线调度问题转化前后性能分析

本章基于区间的中点和半径，将多目标区间阻塞批量流水线调度问题，转化为传统多目标阻塞批量流水线调度问题，并通过参数动态调整策略，分阶段重点优化最大完工时间和提前完工时间的大小和不确定度。由此可见，参数 λ 对问题的转化起关键的作用。因此，本章对参数 λ 进行敏感性分析。

已有文献一般事先将权重设为定值，且在进化过程中不变。为了验证参数固定值与动态变化对算法的影响，本实验将 λ 的值分别设置为 0.3、0.5、0.6、0.8 和式(5.7)动态获取的值。在表 5.8 和表 5.9 中，黑体代表了每一个算例最好的 HV-U 和 HV-D 指标值，符号“†”和“‡”表示所提方法分别在 HV-U 和 HV-D 上明显优于 λ 取值为 0.3、0.5、0.6 和 0.8 时得到的指标值。

表 5.8　参数对 HV-U 和 HV-D 值的影响

$n\times m$	0.3		0.5		本章方法	
	HV-U	HV-D	HV-U	HV-D	HV-U	HV-D
10×5	6.787030E-01†	1.334070E-01‡	6.885070E-01†	1.397740E-01‡	**7.935090E-01**	**3.794600E-02**
10×10	6.304330E-01†	1.395150E-01‡	6.456840E-01†	1.494210E-01‡	**6.714530E-01**	**1.093230E-01**
10×15	5.708000E-01†	1.636740E-01‡	5.964820E-01†	1.812260E-01‡	**6.267000E-01**	**5.036000E-03**
10×20	5.820990E-01†	1.679750E-01	6.019290E-01†	1.827910E-01‡	**6.213250E-01**	**1.515130E-01**
30×5	3.646360E-01†	**6.959900E-02**	3.928680E-01	1.952340E-01‡	**4.388360E-01**	1.719070E-01
30×10	2.850660E-01†	**1.613210E-01**	3.224250E-01†	1.914620E-01‡	**3.683850E-01**	1.188530E-01
30×15	1.830610E-01†	**1.463890E-01**	2.283120E-01†	1.869870E-01‡	**2.782090E-01**	1.948070E-01
30×20	2.903960E-01†	1.633220E-01‡	3.323050E-01†	1.986460E-01‡	**3.740820E-01**	**1.107090E-01**
50×5	1.770460E-01	1.621830E-01‡	**2.210710E-01**	2.036340E-01‡	1.708040E-01	**1.350150E-01**
50×10	2.512740E-01†	1.462750E-01‡	2.864780E-01†	1.771020E-01‡	**3.311220E-01**	**9.028900E-02**
50×15	1.557910E-01†	1.309600E-01‡	**2.023980E-01**	1.732180E-01‡	1.490150E-01	**8.545800E-02**
50×20	1.689380E-01	1.256570E-01‡	**2.089760E-01**	1.612870E-01‡	2.018150E-01	**8.059000E-02**
70×5	2.916970E-01†	1.759770E-01‡	3.297300E-01†	2.102420E-01‡	**3.720960E-01**	**1.014750E-01**
70×10	1.933580E-01†	1.319250E-01‡	2.353280E-01†	1.690560E-01‡	**2.768660E-01**	**1.071500E-01**

续表

n×m	0.3		0.5		本章方法	
	HV-U	HV-D	HV-U	HV-D	HV-U	HV-D
70×15	1.479820E-01†	**1.137200E-01**	1.942820E-01†	1.557740E-01‡	**2.173580E-01**	1.165420E-01
70×20	4.323000E-02†	3.061700E-02	8.339600E-02†	6.183300E-02‡	**1.155310E-01**	**2.986000E-02**
90×5	2.016400E-01†	**1.667620E-01**	2.412320E-01†	2.024310E-01	**2.901830E-01**	2.072000E-01
90×10	9.026800E-02†	**8.377800E-02**	1.367500E-01†	1.288000E-01	**1.864820E-01**	1.695740E-01
90×15	1.252390E-01†	1.160820E-01	1.313610E-01	1.198210E-01	**1.371990E-01**	1.161260E-01
90×20	1.533010E-01	1.516110E-01‡	**1.953120E-01**	1.941330E-01‡	1.254090E-01	**1.227920E-01**
110×5	1.638970E-01†	1.492420E-01‡	2.105250E-01†	1.928710E-01‡	**2.615840E-01**	**1.236830E-01**
110×10	1.944350E-01	1.779500E-01‡	1.847250E-01†	1.659380E-01‡	**2.017250E-01**	**1.454240E-01**
110×15	1.734790E-01	1.628960E-01‡	1.375450E-01†	1.249580E-01	**1.804710E-01**	**1.225700E-01**
110×20	**1.597510E-01**	1.586460E-01‡	1.048290E-01†	1.030050E-01	1.062940E-01	**1.023630E-01**

表 5.9 参数对 HV-U 和 HV-D 值的影响

n×m	0.6		0.8		本章方法	
	HV-U	HV-D	HV-U	HV-D	HV-U	HV-D
10×5	6.991520E-01†	1.485220E-01‡	6.685840E-01†	1.298680E-01‡	**7.935090E-01**	**3.794600E-02**
10×10	6.562660E-01†	1.583970E-01‡	6.168470E-01†	1.338440E-01‡	**6.714530E-01**	**1.093230E-01**
10×15	6.046100E-01†	1.889730E-01‡	5.584450E-01†	1.595750E-01‡	**6.267000E-01**	**5.036000E-03**
10×20	6.158690E-01†	1.928950E-01‡	5.634240E-01†	1.606250E-01‡	**6.213250E-01**	**1.515130E-01**
30×5	4.072360E-01†	2.090320E-01‡	3.443090E-01†	1.818060E-01‡	**4.388360E-01**	**1.719070E-01**
30×10	3.378920E-01†	2.066620E-01‡	2.582800E-01†	1.473900E-01‡	**3.683850E-01**	**1.188530E-01**
30×15	2.452700E-01†	2.035730E-01‡	1.486240E-01†	1.200100E-01‡	**2.782090E-01**	**1.948070E-01**
30×20	3.482000E-01†	2.137010E-01‡	2.614150E-01†	1.465960E-01‡	**3.740820E-01**	**1.107090E-01**
50×5	**2.393080E-01**	2.220670E-01‡	1.533200E-01†	1.425510E-01‡	1.708040E-01	**1.350150E-01**
50×10	3.053060E-01†	1.961880E-01‡	2.218990E-01†	1.274110E-01‡	**3.311220E-01**	**9.028900E-02**
50×15	**2.191520E-01**	1.902920E-01‡	1.204090E-01†	1.030400E-01‡	1.490150E-01	**8.545800E-02**
50×20	**2.268580E-01**	1.795860E-01‡	1.348900E-01†	1.005740E-01‡	2.018150E-01	**8.059000E-02**
70×5	3.462900E-01†	2.272830E-01‡	2.790980E-01†	1.682310E-01‡	**3.720960E-01**	**1.014750E-01**
70×10	2.497310E-01†	1.844690E-01‡	1.680960E-01†	1.146210E-01‡	**2.768660E-01**	**1.071500E-01**
70×15	2.099670E-01	1.719970E-01‡	1.203030E-01†	**9.281600E-02**	**2.173580E-01**	1.165420E-01
70×20	9.671100E-02†	6.044000E-02‡	1.815500E-02†	**2.918900E-03**	**1.155310E-01**	2.986000E-02
90×5	2.628110E-01†	2.244990E-01‡	1.797440E-01†	**1.505130E-01**	**2.901830E-01**	2.072000E-01

续表

$n\times m$	0.6		0.8		本章方法	
	HV-U	HV-D	HV-U	HV-D	HV-U	HV-D
90×10	1.593470E-01†	1.516880E-01‡	6.704900E-02†	**6.201600E-02**	**1.864820E-01**	1.695740E-01
90×15	1.198890E-01†	**1.182620E-01**‡	1.376660E-01	1.250430E-01‡	1.371990E-01	**1.161260E-01**
90×20	1.348330E-01	**1.337310E-01**‡	1.299250E-01	1.286210E-01‡	1.254090E-01	**1.227920E-01**
110×5	2.334630E-01†	2.163090E-01‡	1.505870E-01†	1.378850E-01‡	**2.615840E-01**	**1.236830E-01**
110×10	1.779810E-01†	1.595260E-01‡	1.933630E-01†	1.806630E-01‡	**2.017250E-01**	**1.454240E-01**
110×15	1.582520E-01†	1.459010E-01‡	**1.878320E-01**	1.610540E-01‡	1.804710E-01	**1.225700E-01**
110×20	1.244950E-01	1.227790E-01	1.053860E-01	1.046720E-01‡	1.062940E-01	**1.023630E-01**

由表 5.8 和表 5.9 可知：①当 $\lambda=0.3$ 时，最大完工时间和提前完工时间的区间半径的权重比较大，着重优化目标函数的不确定指标。此时，24 个算例中有 7 个得到的 HV-D 值小于本章方法。②随着参数值的增加，最大完工时间和提前完工时间的区间中点的权重越来越大，解的收敛性能得到加强。当 λ 的值为 0.5、0.6和 0.8 时，有 11 个算例的 HV-U 指标值大于本章方法。上述结果可知，如果 λ 的值较小且一直不变，那么最大完工时间和提前完工时间的区间中点将得不到加强，从而降低了算法的收敛性；如果 λ 的值较大且一直不变，那么区间不确定度权重较小，从而不能很好地优化不确定指标。因此，λ 的值应随着进化过程动态变化。

总之，在进化前期，重点优化最大完工时间和提前完工时间；当解的收敛性较好或者趋于平稳阶段时，将 λ 的值设置为较小，重点优化不确定指标。通过动态调整参数值，很好地平衡了解的收敛性和不确定性。

为了验证转化方法的可行性，本章分别针对转化前和转化后的多目标阻塞批量流水线调度问题，做了如下三组实验：①采用本章所提转化方法，求解上述问题；②采用文献[13]～[15]提出的将加工时间通过一个权重函数 $p_{\pi(j),t}=\alpha P^{L}_{\pi(j),t}+\beta(P^{U}_{\pi(j),t}-P^{L}_{\pi(j),t})$ 转化为一个确定值，然后对其求解；③直接采用区间数学和区间占优可信度，对其进行优化。为了方便起见，上述三种方法分别简称为 Tras-A、Tras-weigh 和 Tras-B。在表 5.10 中，黑体表示每一个算例最好的 HV-U 和 HV-D值，符号“†”和“‡”代表 Tras-A 方法分别在 HV-U 和 HV-D 指标值上明显优于对比算法。

表 5.10　转化前后的性能

$n\times m$	Tras-A		Tras-B		Tras-weigh	
	HV-U	HV-D	HV-U	HV-D	HV-U	HV-D
10×5	8.593600E-01	5.502700E-02	8.723320E-01	6.766900E-02‡	8.589580E-01†	5.444100E-02
10×10	8.369220E-01	5.066400E-02	8.589000E-01	7.042600E-02‡	8.354780E-01†	5.081200E-02‡

续表

$n\times m$	Tras-A		Tras-B		Tras-weigh	
	HV-U	HV-D	HV-U	HV-D	HV-U	HV-D
10×15	8.287290E-01	6.674700E-02	**8.474380E-01**	8.182400E-02‡	8.272020E-01†	**6.599800E-02**
10×20	8.131400E-01	**6.650800E-02**	**8.318410E-01**	8.320600E-02‡	8.102770E-01†	6.656000E-02‡
30×5	6.498630E-01	1.268390E-01	**6.940990E-01**	1.772680E-01‡	6.446770E-01†	**1.248930E-01**
30×10	6.066340E-01	1.014340E-01	**6.613040E-01**	1.587300E-01‡	5.925790E-01†	**9.533900E-02**
30×15	**6.199740E-01**	1.105060E-01	5.535650E-01†	1.846520E-01‡	5.342700E-01†	**9.981900E-02**
30×20	**6.543170E-01**	1.078200E-01	5.858270E-01†	1.742450E-01‡	5.667670E-01†	**9.954800E-02**
50×5	**5.759860E-01**	**1.529550E-01**	5.052520E-01†	2.404820E-01‡	4.957320E-01†	1.553660E-01‡
50×10	**5.596070E-01**	**1.152660E-01**	4.894230E-01†	2.134230E-01‡	4.652850E-01†	1.221240E-01‡
50×15	**5.316430E-01**	**1.105530E-01**	4.428640E-01†	2.135120E-01‡	4.189820E-01†	1.166400E-01‡
50×20	**4.122770E-01**	**1.026540E-01**	**5.138980E-01**	2.150020E-01‡	3.740030E-01†	1.169720E-01‡
70×5	**4.916190E-01**	**1.702760E-01**	4.103770E-01†	2.751120E-01‡	3.922700E-01†	1.744190E-01‡
70×10	**4.760690E-01**	**1.224690E-01**	3.900180E-01†	2.345980E-01‡	3.605410E-01†	1.324720E-01‡
70×15	**3.824630E-01**	**1.056740E-01**	2.864020E-01†	2.343830E-01‡	2.520070E-01†	1.155970E-01‡
70×20	**3.491530E-01**	**9.854100E-02**	2.397070E-01†	2.294380E-01‡	1.879940E-01†	1.132220E-01‡
90×5	**4.919670E-01**	**1.624730E-01**	4.209700E-01†	2.672690E-01‡	3.983040E-01†	1.721130E-01‡
90×10	**3.181560E-01**	**1.151680E-01**	2.314900E-01†	2.549920E-01‡	1.883130E-01†	1.267340E-01‡
90×15	**3.482960E-01**	**9.766300E-02**	2.562390E-01†	2.266640E-01‡	2.189270E-01†	1.095000E-01‡
90×20	**3.086680E-01**	**9.189300E-02**	**3.386680E-01**	2.227020E-01‡	1.942260E-01†	1.052770E-01‡
110×5	**4.172040E-01**	**1.500410E-01**	3.495250E-01†	2.661220E-01‡	3.225810E-01†	1.598320E-01‡
110×10	**2.876580E-01**	**1.066700E-01**	1.764920E-01†	2.383490E-01‡	1.323980E-01†	1.190200E-01‡
110×15	**2.548610E-01**	**7.529600E-02**	1.372190E-01†	2.168970E-01‡	9.351100E-02†	**7.429800E-02‡**
110×20	**3.316980E-01**	**9.079700E-02**	2.217050E-01†	2.223040E-01‡	1.752440E-01†	1.076160E-01‡

由表 5.10 可知：①对于 24 个算例，除了算例 10×5、10×10、10×15、10×20、30×5 和 30×10 之外，Tras-A 得到的 HV-U 值都大于 Tras-B，这说明，所提算法在大部分算例上都能够产生收敛性好的解。②对于 24 个算例，Tras-A 得到的 HV-D 值均小于 Tras-B，这表明，本章提出的区间转化方法，能够在一定程度上降低不确定因素带来的影响。

由上述结果可得，本章所提的转化方法是可行的，所提优化方法能够引导种群快速收敛，并降低区间不确定因素给目标函数带来的影响。

5.5.6 多目标区间阻塞批量流水线调度问题转化前后进化曲线

为了进一步验证所提算法和转化方法的可行性和有效性，本章将所提算法分别求解转化前后的 6 个算例 10×20、30×15、50×20、70×20、90×20 和 110×20，这些算例随时间变化的 HV-U 和 HV-D 进化曲线如图 5.6～图 5.8 所示。这里，算法的最大运行时间为 50s，时间间隔为 5s。图中，HV-U-after 和 HV-D-after 分别代表转化后问题的 HV-U 和 HV-D 指标值；HV-U-before 和 HV-D-before 分别代表转化前问题的 HV-U 和 HV-D 指标值。

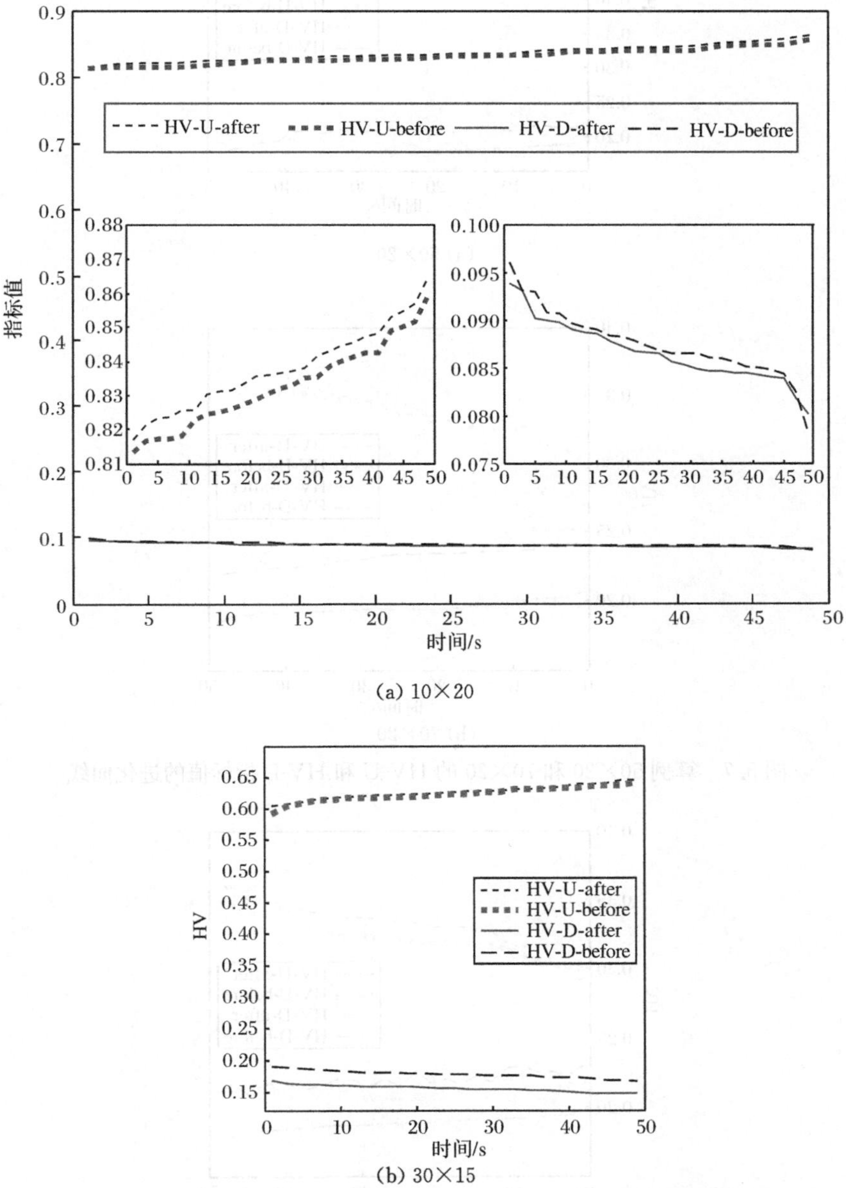

图 5.6　算例 10×20 和 30×15 的 HV-U 和 HV-D 指标值的进化曲线

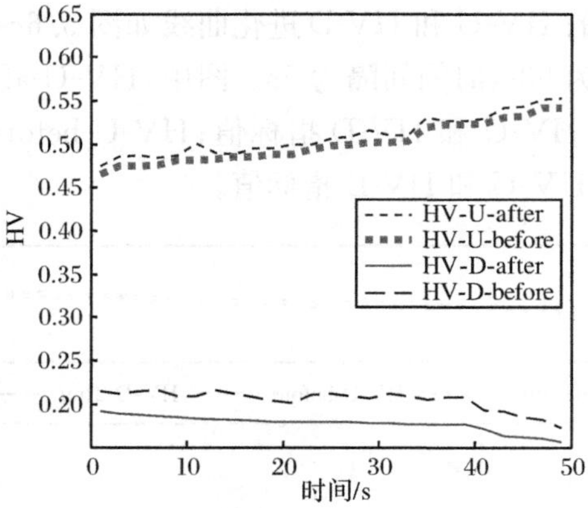

(a) 50×20

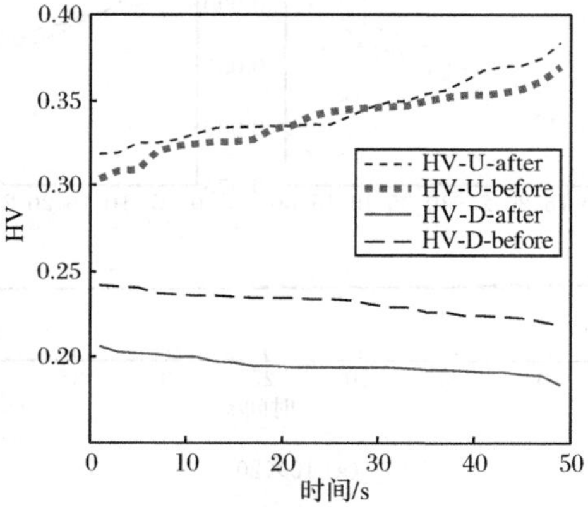

(b) 70×20

图 5.7　算例 50×20 和 70×20 的 HV-U 和 HV-D 指标值的进化曲线

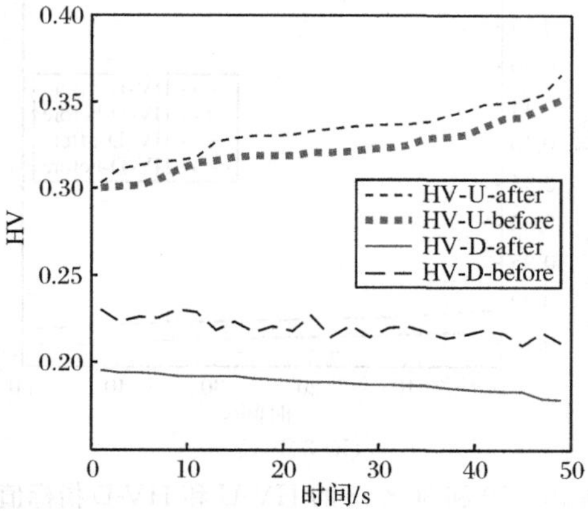

(a) 90×20

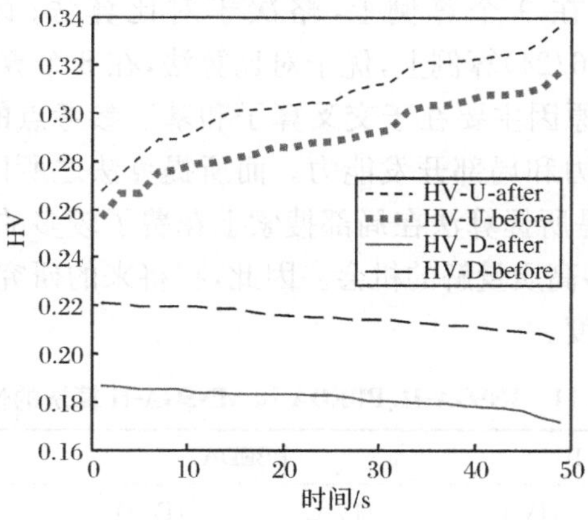

(b) 110×20

图 5.8　算例 90×20 和 110×20 的 HV-U 和 HV-D 指标值的进化曲线

由图 5.6～图 5.8 可知：①对于 HV-U 指标，所提算法求解转化后的问题时，所得 HV-U 指标值的曲线水平是最高的，这说明所提算法具有较好的收敛性，能够引导种群向真实 Pareto 前沿进化，其原因是通过动态调整参数，在算法前期重点优化区间函数的中点，从而加速算法收敛。②对于 HV-D 指标，所提算法在求解转化后的问题时，得到的 HV-U 指标值的曲线水平是最低的，这说明，所提算法有能力降低不确定因素给问题带来的影响，其原因是，在算法进化后期，算法重点优化区间不确定度，集中处理不确定因素带来的影响，从而提高算法的整体性能。

5.5.7　与其他多目标算法的比较

上述实验分别验证了初始化策略、交叉算子和转化方法的可行性和有效性，下面，将对算法的整体性能进行分析。

2014 年，Han 等[16]采用 INSGA-II，求解多目标批量流水线调度问题。该算法采用分布估计算法，代替传统的交叉算子，以提高算法的收敛性，并设计重启策略，提高种群的多样性。2015 年，Tiwari 等[17]提出了基于 block 的 Pareto 分布估计算法(PBEDA)，求解多目标置换流水线调度问题。该算法采用二元变量概率模型产生 block，利用非支配排序方法筛选解。上述两种方法的实验结果表明，INSGA-II 和 PBEDA 优于现有的多目标进化优化方法。

本章将所提 MNSGA-II 与上述 INSGA-II 和 PBEDA 对比，考察 24 个算例在性能指标 HV-U 和 HV-D 上的结果。所有对比算法的运行环境、运行时间和问题转化方法都是相同的，参数设置也遵循了原文中的值。表 5.11 给出了对比算法的结果，其中，符号“†”代表所提算法得到的结果明显优于对比算法。

由表 5.11 可知，针对 HV-U 指标值，MNSGA-II 在 15(15/24)个算例上，均

优于两种对比算法，在 9 个算例上，略次于对比算法；针对 HV-D 指标值，MNSGA-II在 16 个(16/24)算例上，优于对比算法，在 8 个算例上，略次于对比算法。所提算法优越的原因主要在于交叉算子和基于参考点的局部搜索方法提高了算法的全局搜索能力和局部开发能力。而所提算法之所以在少数算例上略次于对比算法，其原因是所提算法在局部搜索上花费了较多的时间，减少了迭代次数，从而失去产生更多高质量解的机会。因此，在将来的研究中，将重点考虑降低局部搜索的时间复杂度。

表 5.11　INSGA-II、PBEDA 和 MNSGA-II 算法的性能

$n \times m$	INSGA-II		PBEDA		MNSGA-II	
	HV-U	HV-D	HV-U	HV-D	HV-U	HV-D
10×5	7.990320E-01†	8.156820E-02†	8.479450E-01†	9.385300E-02†	**8.593600E-01**	**5.502700E-02**
10×10	8.323320E-01†	7.700210E-02†	**8.616660E-01**	7.919150E-02†	8.369220E-01	**5.066400E-02**
10×15	7.658810E-01†	7.662930E-02†	7.541640E-01†	7.953480E-02†	**8.287290E-01**	**6.674700E-02**
10×20	7.741610E-01†	**4.121900E-02**	7.400940E-01†	5.423100E-02†	**8.131400E-01**	6.650800E-02
30×5	**6.735460E-01**	1.998520E-01†	6.221290E-01†	1.463230E-01†	6.498630E-01	**1.268390E-01**
30×10	**6.090400E-01**	1.558240E-01†	5.945710E-01†	7.835000E-02†	6.066340E-01	**1.014340E-01**
30×15	**6.459590E-01**	1.307900E-01†	5.864740E-01†	1.349610E-01†	6.199740E-01	**1.105060E-01**
30×20	5.364780E-01†	1.015820E-01	6.395650E-01†	**9.295100E-02**	**6.543170E-01**	1.078200E-01
50×5	5.672060E-01†	1.776370E-01†	5.287020E-01†	1.584080E-01†	**5.759860E-01**	**1.529550E-01**
50×10	5.324980E-01†	1.998910E-01†	5.373130E-01†	1.908440E-01†	**5.596070E-01**	**1.152660E-01**
50×15	**5.650340E-01**	1.186530E-01†	5.205360E-01†	1.519140E-01†	5.316430E-01	**1.105530E-01**
50×20	**4.466150E-01**	1.289210E-01†	4.257840E-01†	1.384200E-01†	4.122770E-01	**1.026540E-01**
70×5	4.267200E-01†	**1.048050E-01**	4.532870E-01†	1.327410E-01†	**4.916190E-01**	1.702760E-01
70×10	4.348610E-01†	1.471290E-01†	4.600950E-01†	**1.127140E-01**	**4.760690E-01**	1.224690E-01
70×15	3.079380E-01†	1.183500E-01†	3.309840E-01†	1.937230E-01†	**3.824630E-01**	**1.056740E-01**
70×20	2.752260E-01†	**9.302000E-02**	2.928680E-01†	1.182120E-01†	**3.491530E-01**	9.854100E-02
90×5	4.679280E-01†	**1.330080E-01**	4.121810E-01†	1.575670E-01†	4.919670E-01	1.624730E-01
90×10	3.173460E-01†	1.231600E-01†	3.118240E-01†	1.596600E-01†	**3.181560E-01**	**1.151680E-01**
90×15	3.556680E-01†	1.566910E-01†	**3.629470E-01**	1.427220E-01†	3.482960E-01	**9.766300E-02**
90×20	3.441140E-01†	1.019260E-01†	**3.521900E-01**	1.034219E-01†	3.086680E-01	**9.189300E-02**
110×5	3.908230E-01†	**1.220030E-01**	3.736110E-01†	1.501450E-01	**4.172040E-01**	1.500410E-01
110×10	2.464830E-01†	**5.756900E-02**	2.657130E-01†	1.461790E-01†	**2.876580E-01**	1.066700E-01
110×15	2.186240E-01†	7.966200E-02	2.091720E-01†	1.319350E-01†	**2.548610E-01**	**7.529600E-02**
110×20	**3.392170E-01**	1.143280E-01†	3.194840E-01†	1.093500E-01†	3.316980E-01	**9.079700E-02**

综上所述，针对 HV-U 和 HV-D 指标值，本章算法在求解大部分算例时，都优于对比算法，能够有效解决多目标区间批量流水线调度问题。

5.6 本章小结

在实际生产中，常存在很多不确定因素，如某生产工序的处理时间不确定、产品的交货期不确定，以及设备发生故障导致的可利用加工设备的不确定等。上述不确定因素的存在，使得已有的批量流水线调度模型，不能准确反映真实的生产过程，而现有的智能优化方法生成的最优调度方案，也无法按照预定的目标正常执行，从而难以用于求解不确定多目标调度问题。鉴于此，本章将生产过程中加工时间为区间的不确定因素，考虑到阻塞批量流水线调度问题中，建立多目标区间阻塞批量流水线调度问题的数学模型，并研究求解该问题的进化优化方法。

一般来说，如果一个优化问题的参数是一个区间，那么该优化问题的目标函数也是一个区间。当目标函数为区间时，难以比较不同解的优劣，从而无法确定它们之间的占优关系。鉴于此，本章利用区间的中点和半径，将多目标区间阻塞批量流水线调度问题，转化为传统的多目标阻塞批量流水线调度问题。

本章基于 NSGA-II 框架，提出三种针对该问题的改进算子：①利用 vMME 启发式算法，提高初始种群的质量；②采用改进的差分算子，增强算法的全局探测能力；③采用基于理想点选择的局部搜索算法，提高算法的局部开发能力。

除了上述提到的加工时间不确定之外，机器故障也是实际生产中常见的不确定因素。因此，在接下来的章节中，将机器故障加入阻塞批量流水线调度问题中，考虑带机器故障的多目标阻塞批量流水线调度问题，并根据该调度问题的特性，提出相应的进化求解方法。

参考文献

[1] Gong D W, Qin N N, Sun X Y. Evolutionary algorithms for optimization problems with uncertainties and hybrid indices[J]. Information Sciences, 2011, 181(19): 4124-4138.

[2] Ishibuchi H, Yoshida T, Murata T. Balance between genetic search and local search in memetic algorithms for multiobjective permutation flowshop scheduling[J]. IEEE Transactions on Evolutionary Computation, 2003, 7(2): 204-223.

[3] Ishibuchi H, Murata T. A multi-objective genetic local search algorithm and its application to flowshop scheduling[J]. IEEE Transactions on Systems, Man, and Cybernetics, Part C: Applications and Reviews, 1998, 28(3): 392-403.

[4] Sindhya K, Sinha A, Deb K, et al. Local search based evolutionary multi-objective optimization algorithm for constrained and unconstrained problems [C]. Proceedings of IEEE Congress on Evolutionary Computation, Piscataway, 2009: 2919-2926.

[5] Pan Q K, Tasgetiren M F, Liang Y C. A discrete differential evolution algorithm for the

permutation flowshop scheduling problem[J]. Computers & Industrial Engineering, 2008, 55(4): 795-816.

[6] Zitzler E, Thiele L, Laumanns M, et al. Performance assessment of multiobjective optimizers: An analysis and review[J]. IEEE Transactions on Evolutionary Computation, 2003, 7(2): 117-132.

[7] Limbourg P, Aponte D E S. An optimization algorithm for imprecise multi-objective problem functions[C]. Proceedings of IEEE Congress on Evolutionary Computation, Edinburgh, 2005, 1: 459-466.

[8] Knas M, Cierniak R, Rebrova O. An edge detection using 2D gaussian function in computed tomography[A]//International Conference on Artificial Intelligence and Soft Computing [M]. Cham: Springer International Publishing, 2015: 586-593.

[9] Michalewicz Z. Genetic Algorithms + Data Structures = Evolution Programs[M]. Berlin: Springer, 1996.

[10] Davis L. Applying adaptive algorithms to epistatic domains[C]. IJCAI 1985, 85: 162-164.

[11] Ruiz R, Maroto C, Alcaraz J. Two new robust genetic algorithms for the flowshop scheduling problem[J]. OMEGA-International Journal of Management Science, 2006, 34(5): 461-476.

[12] Pan Q K, Wang L, Qian B. A novel differential evolution algorithm for bi-criteria no-wait flow shop scheduling problems[J]. Computers & Operations Research, 2009, 36(8): 2498-2511.

[13] Aydilek H, Allahverdi A. Two-machine flowshop scheduling problem with bounded processing times to minimize total completion time[J]. Computers & Mathematics with Applications, 2010, 59(2): 684-693.

[14] Aydilek H, Allahverdi A. A polynomial time heuristic for the two-machine flowshop scheduling problem with setup times and random processing times[J]. Applied Mathematical Modelling, 2013, 37(12): 7164-7173.

[15] Allahverdi A, Aydilek H, Aydilek A. Single machine scheduling problem with interval processing times to minimize mean weighted completion time[J]. Computers & Operations Research, 2014, 51: 200-207.

[16] Han Y Y, Gong D W, Sun X Y, et al. An improved NSGA-II algorithm for multi-objective lot-streaming flow shop scheduling problem[J]. International Journal of Production Research, 2014, 52(8): 2211-2231.

[17] Tiwari A, Chang P C, Tiwari M, et al. A Pareto block-based estimation and distribution algorithm for multi-objective permutation flow shop scheduling problem[J]. International Journal of Production Research, 2015, 53(3): 793-834.

第6章　带机器故障的多目标阻塞批量流水线调度问题的进化求解

第5章讨论了多目标区间阻塞批量流水线调度问题的进化求解方法，文中利用区间的中点和半径，将多目标区间阻塞批量流水线调度问题，转化为传统多目标阻塞批量流水线调度问题，并基于 NSGA-II 框架，提出了三种针对该问题的改进算子。

在实际生产中，除了加工时间不确定之外，还有设备故障等不确定因素。机器设备是企业正常生产经营的物质基础，机器在加工过程中发生失效或者故障，将造成生产线上在制品的质量降低，影响企业的生产效率。因此，有必要将机器故障考虑到阻塞批量流水线调度问题中，并设计合理的调度计划，以尽可能地降低故障带来的影响。鉴于此，本章考虑带机器故障的多目标阻塞批量流水线调度问题数学模型的构建，以及研究求解该问题的进化优化方法。

机器故障环境下，原有的调度序列可能不再是最优的，makespan 也不再是主要考虑的目标函数，而更多考虑的是故障对调度系统或调度性能指标的影响程度。在不确定环境下，考虑鲁棒性和稳定性指标更具有现实意义。此外，针对该类问题，在算法设计上应该考虑重调度策略，对当前最优调度方案，进行局部调整，在一定程度上保证了系统的稳定性。鉴于此，本章做了如下三方面的设计：①建立不确定调度准则。与已有的调度问题相比，不确定调度问题具有特殊性。这是因为，除了考虑已有调度问题优化的目标函数和调度策略满足的约束函数之外，还需考虑不确定因素引起的决策变量和目标函数的变化。②基于不确定调度准则，建立反映问题鲁棒和稳定性的目标函数，考虑决策变量需要满足的约束，与上述目标函数一起，形成带机器故障的多目标批量流水线调度问题的数学模型。③提出求解上述问题的多目标进化优化方法。充分利用非支配解信息，设计交叉算子；基于不确定事件出现的时机，实施基于局部搜索的重调度策略，以形成完整的调度策略。

本章结构安排如下：6.1 节是问题的研究背景；6.2 节给出带机器故障的多目标阻塞批量流水线调度问题的数学模型；6.3 节阐述融入重调度的 NSGA-II；整个算法的流程在 6.4 节提供；6.5 节给出实验结果与分析；6.6 节总结本章内容，并指出需要进一步研究的问题。

6.1 研究背景

正如1.4节所述，求解带机器故障的流水线调度问题，有两种方法：第一种是通过鲁棒性指标，引导优化方法产生鲁棒解，降低不确定因素对完工时间等目标函数的影响程度。目前常用的鲁棒性指标有基于场景鲁棒测度和松弛度的鲁棒指标。第二种是采用鲁棒优化方法或者重调度方法，求解含不确定优化问题。

上述方法仅考虑了不确定环境下的单目标流水线调度问题，而对于不确定多目标调度问题，研究非常少。此外，针对不确定调度问题，重调度是一个有效的方法。该方法是对当前调度的一个局部调整，一方面能够节省时间，另一方面能在一定程度上保证系统的稳定性。因此，基于重调度策略的混合智能优化方法的研究，是一个全新的研究内容，及早进行深入研究，是非常必要的。

鉴于此，本章主要从如下三方面，改进融入重调度策略的NSGA-II：首先，提出基于NEH的启发式变体，产生较高质量的初始种群；然后，充分利用每一代产生的非支配解信息，产生高质量的子代个体，引导种群以较快的速度收敛到Pareto最优前沿；最后，采用重调度策略，对已有调度方案进行局部调整。

6.2 带机器故障的多目标阻塞批量流水线调度问题的数学模型

本章建立的带机器故障的多目标阻塞批量流水线调度问题的数学模型，除了满足第4章的传统多目标阻塞批量流水线调度问题的约束条件之外，还应考虑如下约束条件：

(1) 任意机器在运行过程中，都有可能发生故障，即，机器从加工第一个工件开始，在之后整个生产的任意时刻，都可能发生故障；

(2) 当机器发生故障时，正在加工的工件应立即停止；

(3) 每一个因机器故障中断的小批量，待机器维修好后，应重新加工，也就是说，工件中每个小批量是不可中断的；

(4) 除了机器故障外，工件在加工过程中，无其他不确定因素发生。

当机器发生故障时，需要考虑三个问题[1]：①哪台机器发生故障？②机器何时发生故障(机器发生故障时间)？③机器何时恢复工作(机器修复时间)？在实际生产中，机器发生故障的概率模型是很难构建的。本章假定机器在任何时刻发生故障的概率相等，通过离散均匀分布函数，模拟机器故障发生的时间以及修复时间。表达式如下：

$$\mathrm{BT}_t=\mathrm{rand}()\%T_t+p_{\pi(j),t}\times t,\quad t=1,2,\cdots,m;j=1,2,\cdots,n \tag{6.1}$$

式中，rand()是一个随机函数，其取值范围为 0 到随机函数生成系统允许的最大整数(MAXINT)；T_t 代表所有工件在机器 t 上总的加工时间，即

$$T_t=\sum_{j=1}^{n}p_{\pi(j),t}\times l_{\pi(j)},\quad t=1,2,\cdots,m \tag{6.2}$$

由式(6.2)可知，每台机器发生故障的时间取值范围为$[p_{\pi(j),t},C_{\pi(j),t,l_{\pi(j)}}]$。

机器的修复时间同样采用离散均匀函数模拟。假定修复时间等于工件在当前机器上的加工时间，即

$$\mathrm{RT}_t=\mathrm{rand}()\%31+1,\quad t=1,2,\cdots,m \tag{6.3}$$

式中，rand()%31+1 等于工件在当前机器上的加工时间 $p_{\pi(j),t}$的值[2]。

机器发生故障，其期望完工时间与工件加工时间、完工时间、机器故障时间和修复时间有关。当故障发生时，中断工件的开始时间不再是之前的开始时间 $S_{\pi(j),t,e}$，而是故障时间、修复时间和 $S_{\pi(j),t,e}$的和，即

$$E(S_{\pi(j),t,e})=\max\{E(\mathrm{RT}_t)+E(\mathrm{BT}_t),C_{\pi(j),t-1,e},S_{\pi(j),t,e-1}\}$$

图 6.1 给出了机器故障对目标函数的影响。假设有 2 个工件 $\pi(1)$和 $\pi(2)$，分别在 3 台机器上加工，每个工件等量分割，且都包含 2 个小批量。

由图 6.1(a)可知，若机器不发生任何故障，则按照 $\pi(1)$和 $\pi(2)$的加工顺序，得到的最大完工时间为 $t1$。如果有一个机器发生故障，如 M1，如图 6.1(b)所示，小批量 $\pi(2)^1$ 待机器修复好后，需要重新加工，这就使得小批量 $\pi(2)^2$ 的开工时间延迟，从而造成最大完工时间增加到 $t2$。如果有 2 个机器发生故障，如 M1 和 M3，如图 6.1(c)所示，此时，最大完工时间增加到 $t3$。由上述分析可知，机器故障对原调度序列以及目标函数影响很大，且随着故障数目的增加，对完工时间的影响也随之增大。

目前，已有文献在求解确定环境下的流水线调度问题时，主要优化最大完工时间、总流经时间和提前/推迟完工时间等指标。然而，机器故障情况下，原有的调度序列可能不再是最优的调度方案，而上述指标也不再是主要考虑的目标函数。在实际生产中，需要考虑更多的是故障对调度系统或调度性能指标的影响程度。因此，在不确定环境下，考虑鲁棒性和稳定性指标更具有现实意义。

鲁棒性(robustness)指标[3]，是指在不确定因素的扰动下，维持原目标函数值不变或者轻微变化。即，缩小故障前后性能指标之间的差异(从目标空间的角度)。

稳定性(stability)指标[3]，是指尽量维持原最优解调度序列(方案)保持不变或轻微调整(从决策空间的角度)。

下面，给出基于最大完工时间和提前完工时间的鲁棒性和稳定性指标：

$$\min f_1=C_{\pi'(n),m,l_{\pi'(n)}}-C_{\pi(n),m,l_{\pi(n)}} \tag{6.4}$$

$$f_2 = \frac{1}{n}\Big(\sum_{j=1}^{n}\max\{0, C_{\pi'(j),m,l_{\pi(j)}} - d_j\} - \sum_{j=1}^{n}\max\{0, C_{\pi(j),m,l_{\pi(j)}} - d_j\}\Big) \tag{6.5}$$

$$f_3 = \frac{1}{n \times m}\sum_{t=1}^{m}\sum_{j=1}^{n}\left| C_{\pi'(j),t,l_{\pi'(j)}} - C_{\pi(j),t,l_{\pi(j)}} \right| \tag{6.6}$$

式中，π 为原调度序列；π' 为重调度后的序列；f_1 和 f_2 为基于最大完工时间和提前完工时间的鲁棒性指标。由式(6.1)～式(6.3)可知，f_1 越小，故障对最大完工时间的影响越小；f_2 越小，故障的发生对供应商的影响越小；f_3 越小，故障对原调度序列的影响越小。本节涉及符号含义在表 6.1 给出。

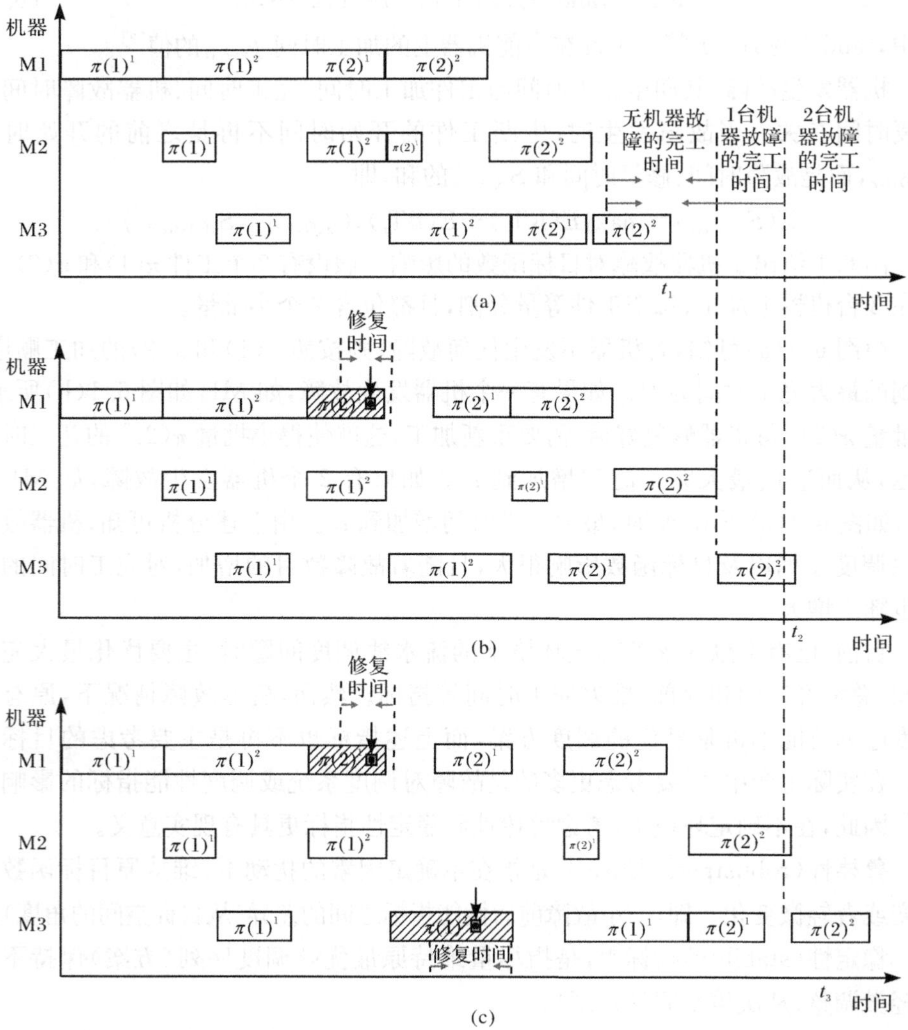

图 6.1　无故障的阻塞批量流水线调度问题与有故障的阻塞批量流水线调度问题的甘特图

表 6.1　变量符号解释

符号	含义
$\pi(j)$	工件序列 π 中第 j 个工件
$\pi(j)^e$	工件 j 的第 e 个小批量
$l_{\pi(j)}$	工件 j 包含的小批量总数
$p_{\pi(j),t}$	工件 j 在机器 t 上的加工时间
BT_t	机器 t 发生故障的时间
RT_t	机器 t 修复时间
$C_{\pi(j),t,e}$	工件 j 的第 e 个小批量在机器 t 上的完工时间
$S_{\pi(j),t,e}$	工件 j 的第 e 个小批量在机器 t 上的开始时间
d_j	工件 j 的交货期
f_1	基于完工时间的鲁棒性指标
f_2	基于提前完工时间的鲁棒性指标
f_3	稳定性指标

针对上述问题，本章提出了融入重调度策略的 NSGA-II，具体过程如下。

6.3　融入重调度的 NSGA-II

整个算法框架分为如下两个阶段：第一阶段假定无机器故障，采用 vNEH 优化最大完工时间和提前完工时间等两个指标（第 4 章已给出相应的公式，本章不再阐述），得到一些优化解；第二阶段考虑机器故障，以这些优化解作为初始种群，并采用融入重调度的 NSGA-II（RNSGA-II），优化鲁棒性和稳定性等指标。

6.3.1　第一阶段

本章采用第 4 章提出的启发式算法变体（vNEH），优化最大完工时间和提前完工时间。与第 4 章不同的是，本章仅采用 vNEH 产生 PS 个个体，不考虑随机方法。具体如下算法 6.1 所示。

算法 6.1　vNEH 启发式算法

procedure vNEH (PS, n, π^*, k)

input: 算法参数(种群规模 PS,工件个数 n, π^* 存储当前使 f_i 最小的工件序列, $k=0$ 记录部分序列中工件的个数)

output:PS 个初始种子

01: **begin**

续表

步骤 1:求解每个工件在所有机器上完工时间总和 $T_j=\sum_{t=1}^{m}C_{\pi(j),t,l_{\pi(j)}}$, $j\in\{1,2,\cdots,n\}$,
按照 T_j 递减顺序排序,得到工件序列为:$\pi=\{\pi(1),\pi(2),\cdots,\pi(n)\}$.
步骤 2:从 π 中取出前两个工件 $\pi(1)$, $\pi(2)$ 进行排列组合,构成两个部分排序 $\{\pi(1),\pi(2)\}$ 与 $\{\pi(2),\pi(1)\}$,分别计算这两个部分排序目标值最大完工时间,选择最大完工时间最小的一个排序作为当前部分排序 π^*.
步骤 3:$k=2$.
步骤 4:取出 π 的第 $k+1$ 个工件 $\pi(k+1)$,将其分别插入 π^* 的 $k+1$ 个不同位置,共产生 $k+1$ 个部分排序.选择使目标值最大完工时间最小的部分排序为 π^*.
步骤 5:$k=k+1$,若 $k<n-1$,执行步骤 4,否则执行步骤 6.
步骤 6:取出 π 的第 n 个工件 $\pi(n)$,将其分别插入 π^* 的 n 个不同位置,得到 n 个完整的排序,计算最大完工时间和提前完工时间目标函数值,基于 Pareto 占优关系和拥挤距离选择 PS 个解.
end

6.3.2 子代个体产生方法

子代个体产生的过程如算法 6.2 所示,即,依 pc 概率执行 ISBOX 或 ISJOX 算子;依 1－pc 概率执行基于插入和交换的变异算子,共同产生 PS 个子代个体。关于 ISBOX、ISJOX 和插入交换方法的具体操作详见第 4 章,本章不再赘述。

算法 6.2 子代个体产生方法

```
procedure offspring generation(PS,pc)
input: 算法参数(种群大小 PS,执行交叉概率 pc,待操作的工件序列 π)
output:PS 个新解
begin
  for i=1 to PS;
     if (rand()<pc);
        if (rand() % 2)
           执行所提算子 ISBOX,产生新解;
        else
           执行所提算法 ISJOX,产生新解;
        end if
     else
       switch (rand() % 3)
            case 0:insert(π);
            case 1:swap(π);
            case 2:insert(π),insert(π);
```

续表

　　　　case 2:swap(π),swap(π);
　　end switch
　end if
end for
end

6.3.3 重调度策略

重调度是指当不确定因素发生时，对当前的调度序列进行局部调整，以减少不确定因素对目标函数的影响。部分重调度策略能够节省时间，并在一定程度上保证了系统的稳定性。本章采用部分重调度策略，对发生故障后的调度序列进行局部扰动，寻找一个更优的解，吸收故障带来的影响。

当机器发生故障时，至少有一个工件由于机器故障而被中断加工，此时，原调度序列分为两个子序列：已调度和未调度的工件序列。前者相对位置不再变化，而后者作为一个参考序列，需要局部调整。假如一个调度序列为 $\pi=\{\pi(1),\pi(2),\cdots,\pi(n)\}$，被中断的工件为 $\pi(d)$，则已调度的子序列为 $\pi^1=\{\pi(1),\pi(2),\cdots,\pi(d)\}$，未调度序列为 $\pi^r=\{\pi^r(1),\pi^r(2),\cdots,\pi^r(i),\cdots,\pi^r(n-d)\}$，其中 $\pi^r(i)$ 为 $\pi(d+i)$，$i=1,2,\cdots,n-d$。算法 6.3 给出了重调度过程。

算法 6.3　重调度策略

procedure rescheduling strategy ($n,\pi(d),\pi,\varphi$)
input: 算法参数(工件个数 n，中断的工件 $\pi(d)$，原工件序列 $\pi=\{\pi(1),\pi(2),\cdots,\pi(n)\}$，临时解集 φ，$\varphi=\varnothing$)
output: $\varphi\varphi$
begin
　for $i=1$ **to** $n-d$
　　将工件 $\pi(d+i)$ 作为子序列 π^r 的第 i 个工件 $\pi^r(i)$，并将其从 π 删除，得到子序列 π'；
　　for $k=d+1$ **to** n
　　　将 $\pi^r(i)$ 重新插入 π' 第 k 个位置，得到一个完整的工件序列 π^*，计算 π^* 的鲁棒性指标和稳定性指标，如果 π^* 占优或者互不占优 π，则将 π^* 放入 φ 中；
　　end for
　end for
　基于 Pareto 占优关系更新临时解集 φ；
end

下面通过一个例子，更直观地说明重调度策略的过程。假设一个调度序列中有 7 个工件，分别在 3 台机器上加工。加工时间如下：

$$[p_{\pi(j),t}]_{3\times7}=\begin{bmatrix}4&5&4&3&4&3&3\\2&3&3&1&4&4&2\\3&5&2&2&3&1&3\end{bmatrix}$$

图中数字 1～7 分别代表 7 个工件。图 6.2 考虑了仅有一台机器发生故障的情况。图 6.2(a)表示在无故障情况下，按照工件“1—2—3—4—5—6—7”的加工顺序，得到的最大完工时间为 33。若机器 1 在时间为 10 时刻发生了故障，如图 6.2(b)所示，中断工件 3，待机器修复好后(11 时刻修复好)，重新加工。若按照原来的加工顺序，得到的最大完工时间为 35。如果将中断后的序列重新调度，如图 6.2(c)所示，加工顺序调整为“1—2—4—5—3—6—7”，得到的最大完工时间为 34。

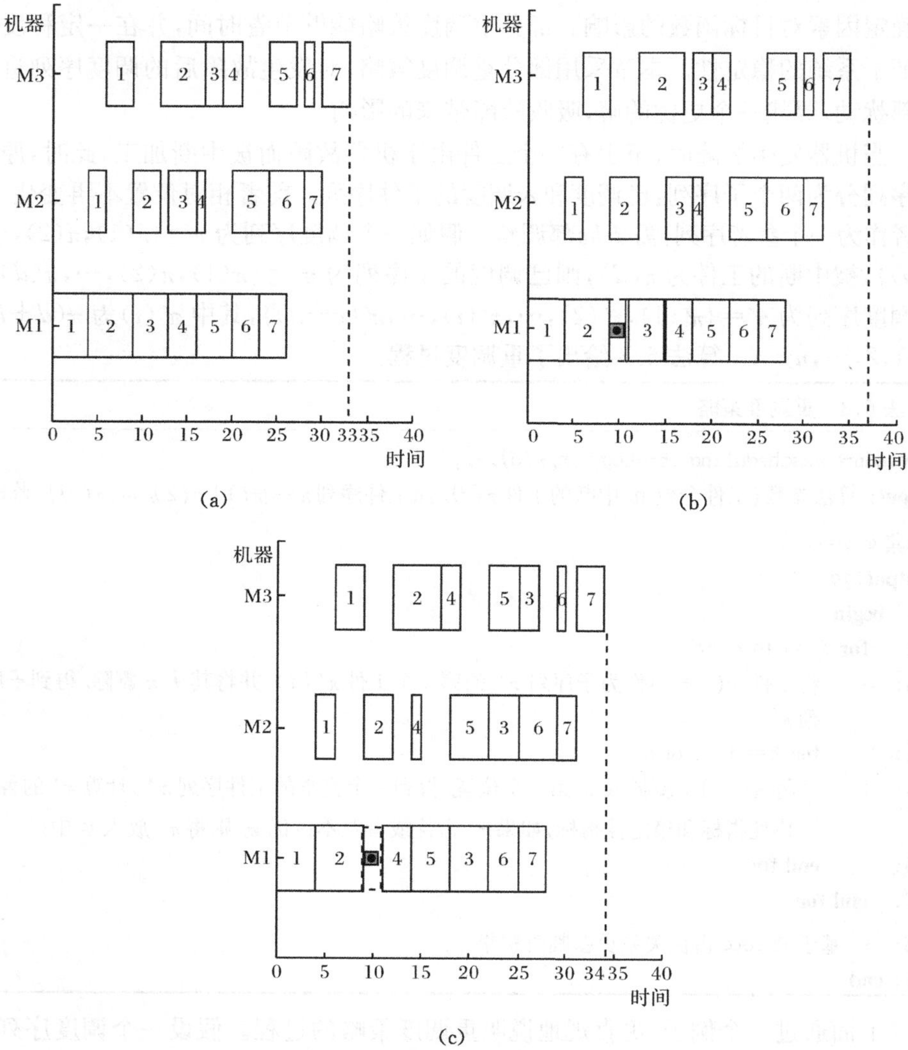

图 6.2　机器 1 发生故障时的调度序列

图 6.3 考虑了有两台机器故障的情况。图 6.3(a)与图 6.2(c)相同，图 6.3(b)是图 6.2(a)的基础，考虑了机器 2 发生故障，此时中断工件 5，待机器修复好后(23 时刻修复好)，重新加工工件 5。若按照原来的加工顺序“1—2—4—5—3—6—7”，得到的最大完工时间为 39。如果将中断后的部分序列重新调度，如图 6.3(c)所示，加工顺序调整为“1—2—4—5—7—3—6”，则得到的最大完工时间为 37。

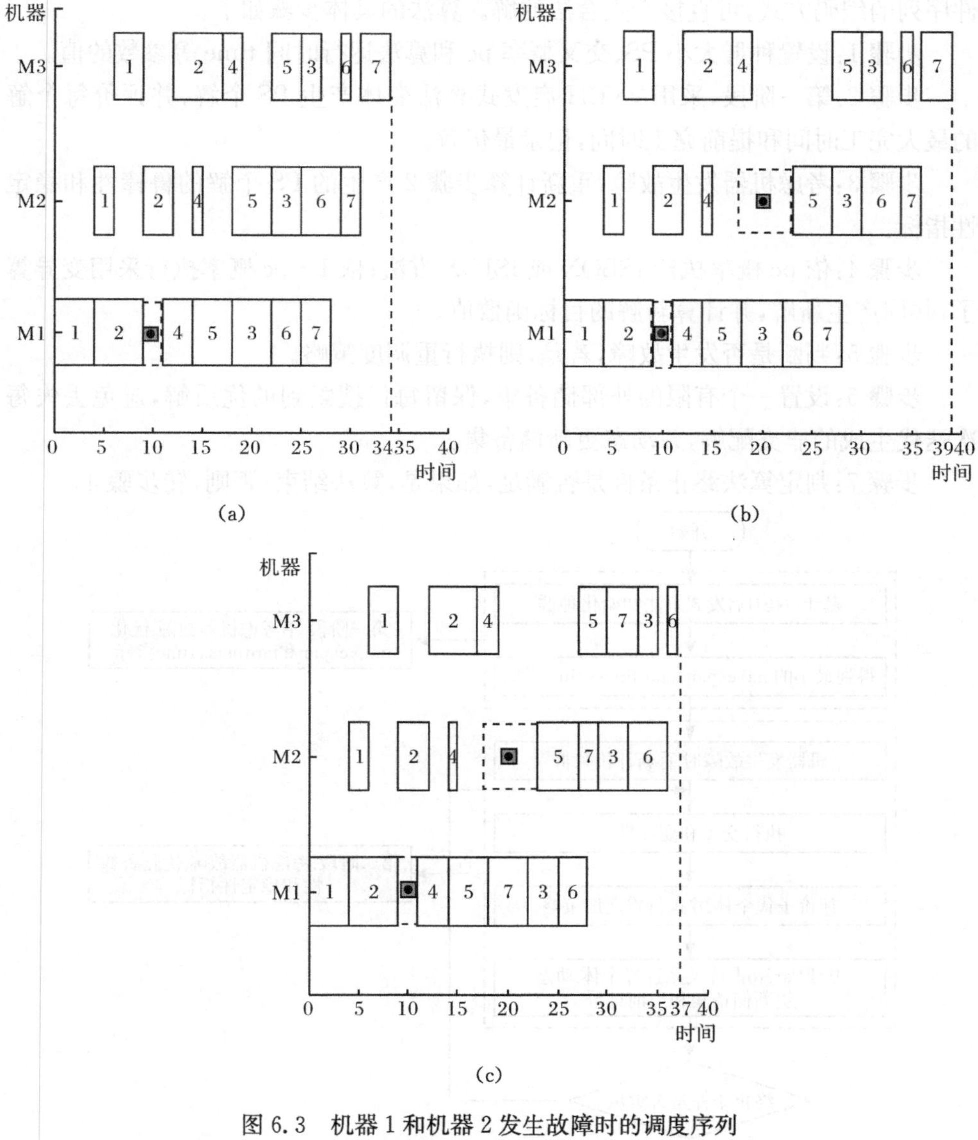

图 6.3　机器 1 和机器 2 发生故障时的调度序列

由图 6.2 和图 6.3 可知，当故障发生时，对于故障出现之前的序列，相对位置不再变化；对于出现之后的序列，实施基于局部搜索的重调度策略，以寻找更优的调度序列，这样在一定程度上减小了故障对目标函数的影响。

6.4 算法描述

将 6.3 节提出的方法，融入 NSGA-II 框架下实施。整个算法采用基于离散工件序列的编码方式，可直接产生合法的解。算法的具体步骤如下。

步骤 1：设置种群大小 PS、交叉概率 pc 和算法运行时间 time 等参数的值。

步骤 2：第一阶段，采用 vNEH 启发式算法变体产生 PS 个解，并评价每个解的最大完工时间和提前完工时间，记录最优解。

步骤 3：考虑机器发生故障，重新计算步骤 2 产生的 PS 个解的鲁棒性和稳定性指标。

步骤 4：依 pc 概率执行 ISBOX 或 ISJOX 方法；依 1－pc 概率执行采用变异算子，共同产生新解，并计算新解的目标函数值。

步骤 5：判断是否发生故障，若是，则执行重调度策略。

步骤 6：设置一个有限的外部储备集，保留每代搜索到的优质解，避免丢失每次迭代生成的非支配解，并动态更新储备集。

步骤 7：判定算法终止条件是否满足，如果是，算法结束；否则，转步骤 4。

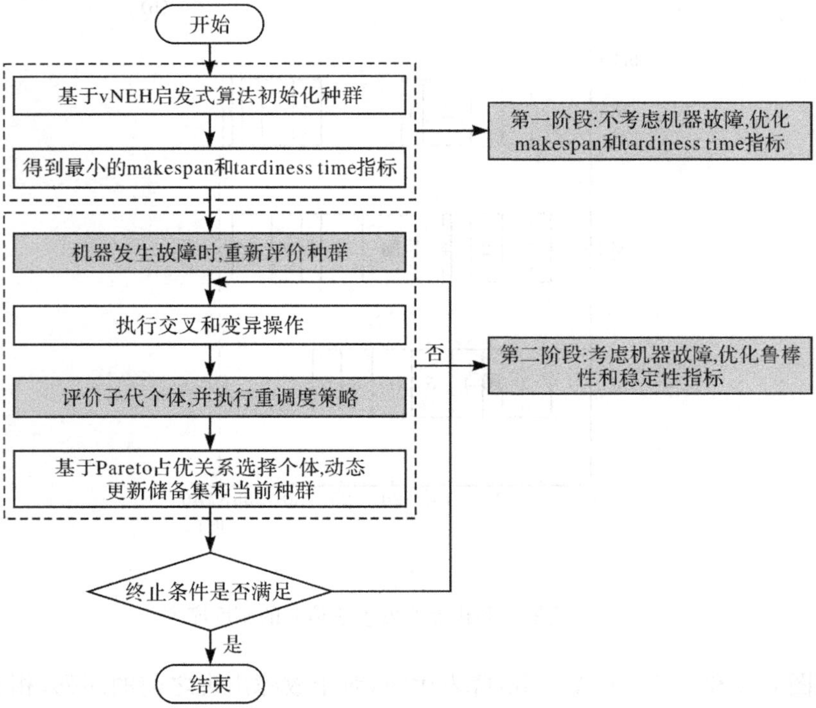

图 6.4　算法的流程

图 6.4 是本章算法的流程。由图 6.4 可知,整个算法分为两个阶段:第一阶段未考虑机器故障,采用 vNEH 启发式算法产生较优的解;第二阶段考虑机器故障,以第一阶段产生的 PS 个解作为初始种群,并采用提出的融入重调度的 NSGA-II,优化鲁棒性和稳定性等指标。6.5 节将通过实验验证本章所提方法的性能。

6.5　实　　验

6.5.1　实验设置

本章将所提算法用于求解 Yoon 等[2]提出的 20 个不同规模的阻塞批量流水线调度问题。如前所述,目前尚未有相关算法求解带机器故障的多目标阻塞批量流水线调度问题,因此,本章无法将已有求解批量流水线调度的方法直接求解上述问题。为了公平起见,本章将所提的初始化策略和重调度算法嵌入已有的三种求解批量流水线调度问题的算法 DABC[4]、INSGA-II[5]和 DHS[6]中,并与所提的 NSGA-II 比较。所有算法的运行环境与第 4 章相同,其他参数的设置如表 6.2 所示。

表 6.2　参数设置

参数	符号	值
工件数	n	{30,50,70,90,110}
机器数	m	{5,10,15,20}
种群大小	PS	20
交叉概率	pc	0.9
工件 $\pi(j)$分割的批量数	$l_{\pi(j)}$	$l_{\pi(j)}=\text{rand}()\%6+1$
加工时间	$p_{\pi(j),t}$	$p_{\pi(j),t}=\text{rand}()\%31+1$
交货期	d_j	$d_j=\text{rand}()\%(15\times m+1)+15\times n$
外部储备集	EAs	100
每个算例最大运行时间	time	$30\times m\times n$
机器故障的个数	β	{2,5,10,15}

本章以非支配解的比率 $R(S_i)$和距离参考解集的距离 $D(S_i)$为评价指标,通过下列五组实验,验证所提算法的高效性,$R(S_i)$和 $D(S_i)$在第 3 章已给出详细解释,本章不再赘述。

(1) 初始化策略的性能分析;

(2) 交叉和变异算子的性能分析;

(3) RNSGA-II、DABC、INSGA 和 DHS 算法的性能分析;

(4) 对比算法的进化曲线;

(5) RNSGA-II 与 vNEH 启发式算法的比较。

6.5.2 初始化策略的性能分析

为了验证所提 vNEH 启发式算法的有效性,图 6.5 给出了在机器故障个数为 15 的情况下,随着时间的变化,NEH 和 vNEH 得到的 D 和 R 指标值的进化曲线。所有算法最大运行时间为 50s,间隔为 5s。参考解集是所有算法运行 50s 得到的非支配解集。

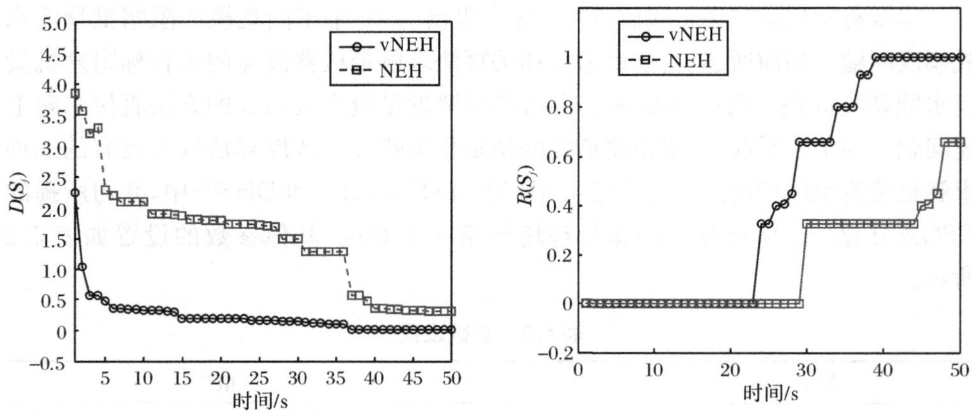

图 6.5 不同初始化策略的性能

由图 6.5 可知,采用 vNEH 得到的解比 NEH 具有更好的收敛性,这表明,vNEH 在求解多目标优化问题时,具有更好的优越性,能够产生更多的高质量的解,有助于加速种群收敛。

6.5.3 交叉算子和变异算子性能分析

本章首先对交叉概率 pc 进行敏感性分析。不失一般性,pc 取值在 0～1 变化,变化步长为 0.1,其他参数不变。图 6.6 给出了 pc 不同取值对性能指标 D 和 R 的影响。

由图 6.6 可知:①当 pc=0 时,意味着在进化过程中不执行交叉算子,仅通过变异算子产生新解。此时,D 值最大,算法的收敛性能最差;②当 pc 取值为 0.1～0.8 时,D 值随着 pc 值的增加而变小;③当 pc=0.9 时,D 值最小;而当 pc=1 时,算法的收敛性又降低,这是因为,在进化过程中,不执行变异算子容易导致算法陷入局部最优。类似地,R 值随着 pc 值的增加而增加,当 pc=0.8 时,R 值达到了最大值,略大于 pc=0.9 时的值。因此,综合考虑两个性能指标的值,本章将 pc 的值设置为 0.9。

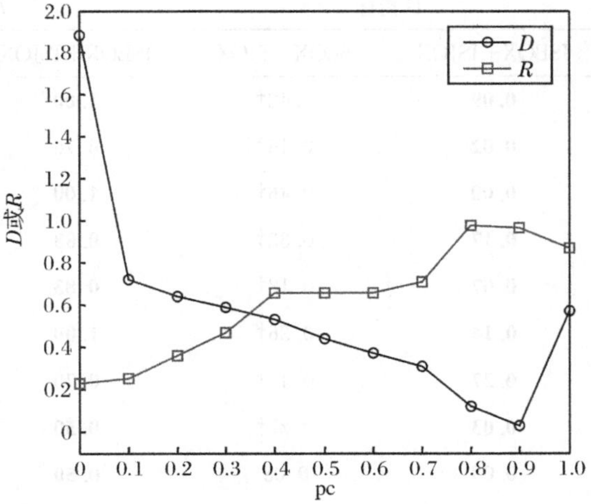

图 6.6　参数 pc 对 D 和 R 指标值的影响

为了验证改进的算子 ISBOX 和 ISJOX 的有效性，本章给出了算子改进前后的对比结果，即，采用 ISBOX 和 ISJOX 作为交叉算子产生新解，记为"ISBOX＋ISJOX"；另外，采用 SBOX 和 SJOX 作为交叉算子产生新解，记为"SBOX＋SJOX"。除了上述交叉算子不同之外，两组对比实验的其他算子和参数都相同。表 6.3 给出了上述对比方法在 D 和 R 指标上的对比结果。此外，表 6.3 中，符号"†"和"‡"代表"ISBOX＋ISJOX"分别在 D 指标和 R 指标上明显优于"SBOX＋SJOX"。

表 6.3　不同交叉算子性能

$n\times m$	D 指标		R 指标	
	ISBOX＋ISJOX	SBOX＋SJOX	ISBOX＋ISJOX	SBOX＋SJOX
30×5	**0.00**	0.28†	**1.00**	0.59†
30×10	0.07	**0.03**	**0.80**	**0.80**
30×15	**0.02**	0.16	**0.71**	0.20†
30×20	**0.03**	0.19	**0.78**	0.60
50×5	**0.04**	0.37†	**1.00**	0.09†
50×10	**0.10**	0.36†	**0.50**	0.08
50×15	**0.10**	0.90†	**0.89**	0.00†
50×20	0.16	**0.01**	0.20	**0.45**
70×5	**0.05**	0.17	**0.83**	0.50

续表

$n\times m$	D 指标		R 指标	
	ISBOX+ISJOX	SBOX+SJOX	ISBOX+ISJOX	SBOX+SJOX
70×10	**0.09**	0.42†	**1.00**	0.14†
70×15	**0.02**	0.16†	**0.76**	0.40†
70×20	**0.00**	0.46†	**1.00**	0.17†
90×5	**0.17**	0.33†	**0.88**	0.33†
90×10	**0.07**	0.18†	**0.83**	0.60†
90×15	**0.14**	0.36†	**1.00**	0.25†
90×20	**0.27**	0.41†	**0.70**	0.33†
110×5	**0.03**	0.27†	**0.50**	0.00†
110×10	**0.08**	**0.08**	**0.50**	0.25†
110×15	0.32	**0.18**	0.20	**0.33**
110×20	**0.08**	0.41†	**0.82**	0.45†

由表 6.3 可知，“ISBOX+ISJOX”交叉算子，在 16 个算例上得到的 D 值优于“SBOX+SJOX”，并有 13 个值明显优于“SBOX+SJOX”；此外，所提算法在 18 个算例上求得的 R 值优于“SBOX+SJOX”，并有 14 个值明显优于“SBOX+SJOX”。

由上述结果可知，所提交叉算子能够充分利用每代非支配解有价值的信息，产生新解，引导种群快速收敛，并朝着真实 Pareto 前沿进化。

6.5.4 RNSGA-II、DABC、INSGA 和 DHS 算法性能分析

本章将所提算法 RNSGA-II(简称 A8)分别与 $DABC_{NR}$(不加入重调度策略的 DABC)、DABC、DHS_{NR}(不加入重调度策略的 DHS)、DHS、$INSGA\text{-}II_{NR}$(不加入重调度策略 INSGA-II)、INSGA-II 和 $RNSGA\text{-}II_{NR}$(不加入重调度策略的 RNSGA-II)(分别简称 A1、A2、A3、A4、A5、A6 和 A7)，在 $N(S)$和 $D(S)$上对比。

表 6.4～表 6.11 分别给出了上述 R 和 D 指标的 Mann-Whitney U 检验，其中，符号“†”代表 A8 在 R 和 D 指标上明显优于 A2、A4、A6；“‡”代表了 A2、A4、A6、A8 在 R 和 D 指标上分别明显优于 A1、A3、A5、A7。此外，所有算法针对每一个算例，按照性能指标的优劣排序，最优序值为 1，依次类推；然后，计算每个算法在 20 个算例上的平均序值，如表 6.4～表 6.11 最后一行“AvRank”所表示。

表 6.4　β=2 时,算法 DHS、DABC、INSGA-II 和 RNSGA-II 在指标 *D* 上的性能比较

$n\times m$	*D* 指标								时间/s
	A1	A2	A3	A4	A5	A6	A7	A8	
30×5	0.71 ‡	0.36†	2.71 ‡	0.33†	4.57 ‡	0.10	1.77 ‡	**0.09**	4.50
30×10	0.84 ‡	0.21†	1.09 ‡	0.47†	0.21 ‡	**0.00**	1.07 ‡	0.02	9.00
30×15	0.81 ‡	**0.03**	0.91 ‡	0.24	0.22	0.18	0.96 ‡	0.16	13.50
30×20	3.32 ‡	0.94†	2.43 ‡	1.35†	**0.17**	0.83†	0.98 ‡	0.20	18.00
50×5	0.17	0.08	0.23	0.09	0.06	0.04	0.13	**0.01**	7.50
50×10	1.44 ‡	0.04	7.34 ‡	0.95 †	0.15	0.10†	0.99 ‡	**0.00**	15.00
50×15	2.00 ‡	0.40 †	7.18 ‡	2.13	0.04	0.03	0.65 ‡	**0.00**	22.50
50×20	1.26 ‡	0.01	3.12‡	1.62 †	0.55 ‡	0.17†	0.09 ‡	**0.00**	30.00
70×5	0.70	0.54 †	1.20 ‡	0.53 †	0.19	**0.00**	0.28 ‡	0.15	10.50
70×10	0.72 ‡	0.10	4.20 ‡	0.80 †	0.75 ‡	**0.05**	0.62 ‡	**0.05**	21.00
70×15	1.51‡	0.01	3.84 ‡	1.11 †	1.04‡	0.11 †	1.34 ‡	**0.00**	31.50
70×20	1.09 ‡	0.45 †	1.17 ‡	0.55 †	0.91	1.20 †	0.98 ‡	**0.00**	42.00
90×5	4.16‡	2.40 †	6.72 ‡	2.73 †	0.78 ‡	**0.00**	0.49 ‡	0.20	13.50
90×10	1.52 ‡	0.12†	1.80 ‡	0.70 †	3.40 ‡	0.11†	0.80 ‡	0.01	27.00
90×15	5.50 ‡	**0.46**	9.79 ‡	4.44 †	5.50 ‡	0.80	3.19 ‡	2.12	40.50
90×20	8.90 ‡	0.47 †	10.09 ‡	2.25†	5.25 ‡	**0.00**	0.37 ‡	0.08	54.00
110×5	0.52 ‡	**0.01**	0.95 ‡	0.46 †	0.40 ‡	0.05	0.72 ‡	**0.01**	16.50
110×10	1.18 ‡	2.11 †	8.74 ‡	2.09†	2.45 ‡	0.65 †	2.20 ‡	**0.00**	33.00
110×15	7.23‡	**0.42**	9.62 ‡	7.37	6.21 ‡	0.98	2.97 ‡	0.79	49.50
110×20	4.94 ‡	0.17 †	5.41 ‡	0.83†	3.75 ‡	**0.07**	2.28 ‡	0.11	66.00
AvRank	6.18	3.05	7.75	5.10	4.70	2.38	5.30	**1.55**	—

表 6.5　β=2 时,算法 DHS、DABC、INSGA-II 和 RNSGA-II 的在 *R* 指标上性能比较

$n\times m$	*R* 指标								时间/s
	A1	A2	A3	A4	A5	A6	A7	A8	
30×5	0.00	0.00 †	0.00	0.00†	0.00 ‡	**0.77**	0.00 ‡	0.55	4.50
30×10	0.00 ‡	**0.67**	0.00	0.00 †	0.00	0.18 †	0.08	0.64	9.00
30×15	0.00	0.10	0.00	0.00	0.00	0.20	0.00	**0.29**	13.50
30×20	0.00	0.00 †	0.00	0.00 †	0.14 ‡	0.35 †	0.12 ‡	**0.93**	18.00
50×5	0.00	0.00 †	0.00	0.00 †	0.08	0.30 †	0.00 ‡	**1.00**	7.50
50×10	0.00	0.00 †	0.00	0.00 †	0.33	0.20 †	0.00 ‡	**0.75**	15.00

续表

n×m	R指标								时间/s
	A1	A2	A3	A4	A5	A6	A7	A8	
50×15	0.00	0.67	0.00	0.00 †	0.20	0.11 †	0.00 ‡	**1.00**	22.50
50×20	0.00	0.00 †	0.00	0.00†	**0.56** ‡	0.08 †	0.00 ‡	0.50	30.00
70×5	0.00 ‡	0.21 †	0.00	0.00†	0.00 ‡	0.38	0.00 ‡	**0.59**	10.50
70×10	0.00 ‡	0.50 †	0.00	0.00 †	0.00 ‡	0.50 †	0.00 ‡	**1.00**	21.00
70×15	0.00	0.00 †	0.40	0.00 †	0.00	0.00 †	0.24 ‡	**1.00**	31.50
70×20	0.00	0.00 †	0.00	0.00 †	0.20 ‡	**0.98**	0.00	0.33	42.00
90×5	0.00	0.17 †	0.00	0.00 †	0.00 ‡	0.33†	0.00 ‡	**0.89**	13.50
90×10	0.00 ‡	**0.43**	0.00	0.00 †	0.00	0.20	0.00 ‡	0.33	27.00
90×15	0.00 ‡	0.33	0.00	0.00	0.00 ‡	**0.56**	0.00 ‡	0.25	40.50
90×20	0.00 ‡	**0.91**	0.00	0.00 †	0.00	0.29 †	0.00 ‡	0.60	54.00
110×5	0.00	0.00 †	0.00	0.00 †	0.00	0.11 †	0.00 ‡	1.00	16.50
110×10	0.00 ‡	0.22	0.00	0.04	0.00	0.17 †	0.00 ‡	0.43	33.00
110×15	0.00 ‡	0.31	0.00	0.00	0.00 ‡	**0.60**	0.00	0.20	49.50
110×20	0.00 ‡	0.24 †	0.00	0.06 †	0.00	0.00 †	0.00 ‡	1.00	66.00
AvRank	6.00	3.58	5.80	5.73	4.90	2.78	5.60	1.63	—

表 6.6 β=5 时,算法 DHS、DABC、INSGA-II 和 RNSGA-II 在 D 指标上性能比较

n×m	D指标							
	A1	A2	A3	A4	A5	A6	A7	A8
30×5	0.24 ‡	0.10	0.19 ‡	0.15	0.07	**0.00**	0.21 ‡	**0.00**
30×10	0.43 ‡	0.08	0.32	0.41 †	0.26 ‡	**0.03**	0.41 ‡	0.05
30×15	1.39 ‡	0.59 †	0.47 ‡	0.62 †	1.07 ‡	0.11 †	1.80 ‡	**0.01**
30×20	0.08	0.03 †	0.05	0.03	0.02	**0.00**	0.14	0.01
50×5	1.83	1.46 †	1.75	1.18 †	0.97 ‡	0.24 †	0.77 ‡	**0.05**
50×10	1.93‡	0.88†	3.57 ‡	2.67†	3.12 ‡	2.36 †	1.28 ‡	**0.00**
50×15	0.90 ‡	0.32 †	0.77 ‡	0.16 †	0.25 ‡	0.18†	0.46 ‡	**0.00**
50×20	0.60 ‡	0.03	0.34 ‡	0.19 †	0.09	0.07 †	0.48† ‡	**0.00**
70×5	0.87 ‡	**0.00**	0.24	0.40 †	1.03 ‡	0.08	2.87 ‡	0.09
70×10	3.57 ‡	0.56 †	7.93 ‡	5.21 †	3.44 ‡	**0.09**	2.14 ‡	0.23
70×15	5.31 ‡	3.26 †	6.38 ‡	2.13	2.31 ‡	1.53 †	1.51 ‡	**0.59**
70×20	1.98 ‡	**0.01**	5.46 ‡	2.14 †	0.52 ‡	0.09	0.28 ‡	0.07

续表

$n\times m$	*D* 指标							
	A1	A2	A3	A4	A5	A6	A7	A8
90×5	9.31 ‡	6.45 †	12.42‡	7.25 †	5.66 ‡	4.54 †	2.78 ‡	**0.35**
90×10	4.63 ‡	0.28 †	5.50 ‡	3.25 †	3.01 ‡	0.72 †	3.31 ‡	**0.00**
90×15	8.21 ‡	5.56 †	9.96 ‡	2.11 †	7.64 ‡	2.77 †	23.72 ‡	**0.00**
90×20	8.95 ‡	5.09 †	9.94 ‡	6.48 †	5.20 ‡	**0.25**	2.27 ‡	0.61
110×5	2.26 ‡	0.06	4.84 ‡	0.58	6.07 ‡	**0.05**	1.98 ‡	0.07
110×10	2.62 ‡	0.11 †	2.60 ‡	0.40 †	5.25 ‡	0.05 †	1.96 ‡	**0.01**
110×15	0.98 ‡	**0.03**	2.99 ‡	0.19 †	3.61 ‡	0.11 †	0.82 ‡	0.04
110×20	1.28 ‡	**0.00**	3.31 ‡	0.48 †	4.93 ‡	0.03	2.10 ‡	**0.00**
AvRank	6.70	3.20	6.70	4.85	5.35	2.33	5.33	**1.55**

表 6.7　*β*=5 时，算法 DHS、DABC、INSGA-II 和 RNSGA-II 在 *R* 指标上性能比较

$n\times m$	*R* 指标							
	A1	A2	A3	A4	A5	A6	A7	A8
30×5	0.00 ‡	0.10 †	0.00	0.00 †	0.00 ‡	0.81 †	0.00 ‡	**0.83**
30×10	0.00 ‡	0.11 †	0.00	0.00 †	0.00 ‡	0.59	0.00 ‡	0.33
30×15	0.00 ‡	0.31 †	0.00	0.00 †	0.00 ‡	0.42 †	0.00 ‡	**0.83**
30×20	0.00	0.00 †	0.00	0.00 †	0.50	0.53	0.08 ‡	**0.67**
50×5	0.00	0.10 †	0.00	0.00†	0.27	0.18†	0.30 ‡	**0.75**
50×10	0.00	0.00 †	0.00	0.00 †	0.00	0.00 †	0.00 ‡	**1.00**
50×15	0.00	0.00 †	0.25	0.00†	0.00 ‡	0.14 †	0.00 ‡	**1.00**
50×20	0.00 ‡	0.40†	0.00	0.00 †	0.00 ‡	0.20†	0.00 ‡	**1.00**
70×5	0.00 ‡	**0.48**	0.00	0.00 †	0.00 ‡	0.44	0.21 ‡	0.44
70×10	0.00 ‡	0.38 †	0.00	0.00 †	0.00	0.00 †	0.00 ‡	**0.67**
70×15	0.00	0.00	0.00 ‡	0.36	0.00	0.00	0.00 ‡	**0.51**
70×20	0.00 ‡	**0.75**	0.00	0.00 †	0.00	0.14 †	0.00 ‡	0.67
90×5	0.00	0.00 †	0.00	0.00 †	0.00	0.00 †	0.00 ‡	**1.00**
90×10	0.00 ‡	0.56 †	0.00	0.00 †	0.00	0.00 †	0.00 ‡	**1.00**
90×15	0.00	0.00 †	0.00	0.00 †	0.00	0.00 †	0.00 ‡	**1.00**
90×20	0.00 ‡	0.29	0.00	0.00 †	0.00 ‡	**0.33**	0.00	0.20
110×5	0.00 ‡	0.54 †	0.00	0.00 †	0.00	0.00 †	0.00 ‡	**0.67**
110×10	0.00 ‡	0.25†	0.00	0.00†	0.00	0.57 †	0.00 ‡	**0.80**
110×15	0.00 ‡	0.33 †	0.00	0.00†	0.00	0.13 †	0.00 ‡	**0.78**
110×20	0.00 ‡	0.50†	0.00	0.00 †	0.00	0.57 †	0.20 ‡	**1.00**
AvRank	5.78	3.28	5.58	5.58	5.38	3.30	5.65	**1.48**

表 6.8　β=10 时，算法 DHS、DABC、INSGA-II 和 RNSGA-II 在 D 指标上的性能比较

$n\times m$	D 指标							
	A1	A2	A3	A4	A5	A6	A7	A8
30×5	0.21 ‡	0.11	0.23 ‡	0.08	0.07	**0.02**	0.29 ‡	0.12
30×10	0.48 ‡	0.11 †	0.84 ‡	0.45 †	0.44 ‡	0.26 †	0.91 ‡	**0.00**
30×15	1.33 ‡	0.32†	0.60 ‡	0.20 †	0.29 ‡	**0.04**	0.32 ‡	0.07
30×20	1.35 ‡	1.29†	1.54 ‡	0.72	1.11 ‡	**0.07**	1.24 ‡	**0.70**
50×5	2.84 ‡	0.58 †	1.75 ‡	0.65 †	0.70 ‡	**0.06**	1.35 ‡	0.11
50×10	2.48 ‡	0.56 †	0.30	0.68†	0.79 ‡	0.37 †	1.91 ‡	**0.02**
50×15	4.63 ‡	1.11 †	4.01 ‡	2.31†	1.08 ‡	0.30 †	3.62 ‡	**0.00**
50×20	6.04 ‡	0.92 †	0.87 ‡	0.24 †	0.81 ‡	0.09 †	0.29 ‡	**0.00**
70×5	0.51‡	0.07	1.36 ‡	0.18 †	0.72 ‡	**0.00**	1.18 ‡	0.13
70×10	3.89 ‡	0.12	3.21 ‡	1.40 †	1.63 ‡	**0.05**	0.86 ‡	0.14
70×15	8.67 ‡	2.40 †	8.05 ‡	5.84 †	4.37 ‡	**0.00**	4.24 ‡	0.35
70×20	2.24 ‡	0.84 †	5.49 ‡	0.48 †	1.23 ‡	0.10 †	0.53 ‡	**0.00**
90×5	0.39 ‡	**0.03**	1.54 ‡	0.13†	1.02 ‡	**0.03**	0.80 ‡	**0.03**
90×10	6.60 ‡	0.57 †	13.25‡	5.32 †	4.88 ‡	0.97 †	1.50 ‡	**0.00**
90×15	8.02 ‡	**0.37**	13.46 ‡	3.73 †	1.63 ‡	0.81†	1.26 ‡	0.44
90×20	2.95‡	0.11	5.53 ‡	0.73 †	6.49 ‡	**0.08**	0.76 ‡	0.12
110×5	2.00 ‡	0.12 †	2.02 ‡	0.61 †	6.92 ‡	0.09†	1.72 ‡	**0.01**
110×10	2.56 ‡	**0.03**	2.76 ‡	0.29 †	5.34 ‡	**0.03**	1.58 ‡	0.08
110×15	3.25 ‡	0.86 †	8.74 ‡	4.61†	4.78 ‡	0.54 †	3.32 ‡	**0.00**
110×20	0.90 ‡	0.10	2.39 ‡	0.32†	1.81 ‡	**0.03**	0.12	0.08
AvRank	6.70	3.25	7.10	4.40	5.55	**1.73**	5.33	1.95

表 6.9　β=10 时，算法 DHS、DABC、INSGAII 和 RNSGA-II 在 R 指标上的性能比较

$n\times m$	R 指标							
	A1	A2	A3	A4	A5	A6	A7	A8
30×5	0.00	0.00 †	0.00	0.00 †	0.44	0.57 †	0.00 ‡	**0.75**
30×10	0.00	0.13 †	0.00	0.00 †	0.00	0.17†	0.30 ‡	**0.93**
30×15	0.00	0.00 †	0.03	0.00 †	0.00	0.40 †	0.00 ‡	**0.74**
30×20	0.00	0.00 †	0.00	0.00 †	0.00 ‡	0.59 †	0.00 ‡	**0.88**
50×5	0.00	0.08 †	0.00	0.00 †	0.00	0.20†	0.00 ‡	**0.75**
50×10	0.00	0.13 †	0.00	0.00 †	0.23	0.20 †	0.26 ‡	**0.67**

续表

n×m	R 指标							
	A1	A2	A3	A4	A5	A6	A7	A8
50×15	0.00	0.00 †	0.00	0.00 †	0.22 ‡	0.13†	0.00 ‡	**1.00**
50×20	0.00	0.00 †	0.00‡	0.56 †	0.08	0.10 †	0.00 ‡	**0.91**
70×5	0.00	0.00 †	0.00	0.00 †	0.00 ‡	**1.00**	0.00 ‡	**1.00**
70×10	0.00	0.00 †	0.00	0.00 †	0.00	**1.00**	0.00 ‡	0.50
70×15	0.00	0.00†	0.00	0.00 †	0.00 ‡	**0.29**	0.00 ‡	**0.29**
70×20	0.00	0.00 †	0.00	0.00 †	0.00	0.00 †	0.26 ‡	**1.00**
90×5	0.00 ‡	0.71 †	0.00	0.00 †	0.00‡	**1.00**	0.12 ‡	**1.00**
90×10	0.00	0.00 †	0.00	0.00 †	0.00	0.13	0.00 ‡	**0.20**
90×15	0.00‡	0.17 †	0.00	0.00 †	0.00	0.00 †	0.00 ‡	**0.57**
90×20	0.00‡	0.29 †	0.00	0.00 †	0.00 ‡	0.29 †	0.00 ‡	**0.43**
110×5	0.00	0.25 †	0.00	0.00 †	0.00 ‡	0.67	0.00 ‡	**0.71**
110×10	0.00 ‡	0.23 †	0.00	0.00 †	0.00	0.00 †	0.00 ‡	**1.00**
110×15	0.00 ‡	0.17 †	0.00	0.00 †	0.00	0.00 †	0.00 ‡	**0.38**
110×20	0.17 ‡	0.30 †	0.20	0.17 †	0.21 ‡	0.47 †	0.18 ‡	**0.77**
AvRank	5.90	4.23	5.40	5.90	5.03	2.75	5.65	**1.15**

表 6.10　β=15 时,算法 DHS、DABC、INSGA-II 和 RNSGA-II 在 D 指标上的性能比较

n×m	D 指标							
	A1	A2	A3	A4	A5	A6	A7	A8
30×5	0.78 ‡	0.12 †	0.56 ‡	0.40†	0.35 ‡	0.08 †	0.29 ‡	**0.02**
30×10	0.11 ‡	**0.02**	0.40 ‡	0.30 †	0.21 ‡	0.13 †	0.73 ‡	**0.02**
30×15	1.09 ‡	0.17 †	1.26 ‡	0.28 †	0.29 ‡	0.03	1.14 ‡	**0.01**
30×20	0.58 ‡	0.20 †	0.06	0.52 †	0.11	0.02	0.30 ‡	**0.01**
50×5	2.83 ‡	0.59 †	1.36	1.49 †	1.08 ‡	0.60 †	1.33 ‡	**0.03**
50×10	1.04 ‡	0.65 †	1.51 ‡	0.90 †	0.98 ‡	0.65 †	0.56 ‡	**0.00**
50×15	0.28 ‡	0.06	0.26	0.19 †	0.11 ‡	0.06	0.14 ‡	**0.03**
50×20	1.21 ‡	0.40 †	1.07 ‡	0.87 †	0.18	0.20 †	0.41 ‡	**0.00**
70×5	1.12 ‡	**0.00**	0.92 ‡	0.36 †	0.37 ‡	0.07 †	0.32 ‡	**0.01**
70×10	2.54 ‡	0.24 †	4.02 ‡	2.12 †	4.85 ‡	0.25 †	1.81 ‡	**0.05**
70×15	1.89 ‡	0.85 †	1.94 ‡	0.63 †	0.65 ‡	0.23 †	0.57 ‡	**0.00**

续表

n×m	D指标							
	A1	A2	A3	A4	A5	A6	A7	A8
70×20	3.05 ‡	1.95 †	6.81 ‡	5.73 †	5.05 ‡	2.55 †	2.41 ‡	**0.00**
90×5	4.58 ‡	0.38 †	5.57 ‡	1.65 †	2.75 ‡	0.20 †	1.01 ‡	**0.05**
90×10	3.79 ‡	0.63 †	6.96 ‡	2.77 †	2.88 ‡	1.08 †	1.67 ‡	**0.08**
90×15	4.33 ‡	1.31 †	5.51 ‡	2.35 †	2.22 ‡	1.10 †	2.36 ‡	**0.00**
90×20	1.76 ‡	**0.02**	2.71 ‡	1.06 †	3.02 ‡	0.09 †	0.76 ‡	0.03
110×5	0.55 ‡	0.09 †	4.41 ‡	0.13	6.56 ‡	0.15 †	1.92 ‡	**0.03**
110×10	0.58 ‡	0.17 †	3.83 ‡	1.16 †	1.63 ‡	0.58 †	0.82 ‡	**0.00**
110×15	4.41 ‡	1.07 †	3.06 ‡	2.48 †	2.38 ‡	**0.00**	2.27 ‡	0.76
110×20	4.10 ‡	**0.00**	9.63 ‡	0.32 †	1.92 ‡	0.39 †	1.39 ‡	**0.00**
AvRank	6.63	2.65	7.20	5.30	5.50	2.83	4.70	**1.20**

表 6.11 $\beta=15$ 时,算法 DHS、DABC、INSGA-II 和 RNSGA-II 在 R 指标上的性能比较

n×m	R指标							
	A1	A2	A3	A4	A5	A6	A7	A8
30×5	0.00	0.00	0.00	0.00	0.07 ‡	**1.00**	0.00 ‡	0.14
30×10	0.00 ‡	0.67	0.00	0.00 †	0.12 ‡	0.25 †	0.15 ‡	**0.70**
30×15	0.00	0.00 †	0.00	0.00 †	0.00 ‡	0.50 †	0.06 ‡	**0.71**
30×20	0.00	0.00 †	0.00 ‡	0.32 †	0.00 ‡	0.53 †	0.00 ‡	**0.80**
50×5	0.00	0.00 †	0.00	0.00 †	0.00 ‡	0.50 †	0.00 ‡	**0.64**
50×10	0.00	0.00 †	0.00	0.00 †	0.00	0.00 †	0.00 ‡	**1.00**
50×15	0.00	0.08 †	0.00	0.00 †	0.50	0.00 †	0.00 ‡	**0.56**
50×20	0.00	0.00 †	0.00	0.00 †	0.00	0.00 †	0.35 ‡	**1.00**
70×5	0.00 ‡	**1.00**	0.00	0.00 †	0.00	0.20 †	0.00 ‡	**1.00**
70×10	0.00	0.00 †	0.00	0.00 †	0.00 ‡	0.40 †	0.00 ‡	**0.71**
70×15	0.00	0.00 †	0.00	0.00 †	0.00	0.00 †	0.00 ‡	**1.00**
70×20	0.00	0.00 †	0.00	0.00 †	0.00 ‡	0.29 †	0.00 ‡	**1.00**
90×5	0.00 ‡	0.33 †	0.00	0.00 †	0.00 ‡	0.29 †	0.00 ‡	**0.50**
90×10	0.00 ‡	0.33 †	0.00	0.00 †	0.00 ‡	**0.50**	0.00 ‡	**0.50**
90×15	0.00 ‡	**1.00**	0.00	0.00 †	0.00	0.14 †	0.00 ‡	**1.00**
90×20	0.00 ‡	0.57 †	0.00	0.00 †	0.00 ‡	0.50 †	0.00 ‡	**0.63**
110×5	0.00 ‡	0.45	0.00	0.00 †	0.00 ‡	**0.80**	0.00 ‡	0.50
110×10	0.00 ‡	**1.00**	0.00	0.00 †	0.00	0.00 †	0.00 ‡	0.29
110×15	0.00	0.00 †	0.00	0.00 †	0.00 ‡	**1.00**	0.00 ‡	0.33
110×20	0.00 ‡	**1.00**	0.00	0.00 †	0.00	0.00 †	0.20 ‡	**1.00**
AvRank	5.75	3.80	5.75	5.60	5.43	3.10	5.28	**1.30**

(1) 由表 6.4～表 6.11 可知，在相同的时间内，针对大部分算例，算法 A2、A4、A6 与 A8 得到的 D 指标值均小于 A1、A3、A5 和 A7；同样针对 R 指标，A2、A4、A6 和 A8 得到值均大于 A1、A3、A5 和 A7，其原因是提出的重调度策略能够降低机器故障对最大完工时间的影响，从而提高算法的效率。

(2) 由表 6.4～表 6.11 可知，针对 D 指标，当机器故障数目分别为 2、5 和 15 时，A8 得到的 AvRank 值分别为 1.55、1.55 和 1.2，远小于所有对比算法；当机器故障数目为 10 时，A8 得到的 AvRank 值为 1.95，除了 A6 外，均小于其他对比算法，其原因可能是 A6 采用了概率分布方法代替 NSGA-II 的交叉算子，能够充分利用非支配解信息，产生较好的子代个体，尽管 A6 方法具有较好的收敛性，但该方法的时间复杂度高于本章所提的交叉算子。由上述结果分析可知，本章方法得到的 D 指标值优于对比方法，进一步验证了所提算法具有很好的收敛性，能够引导种群快速进化。

(3) 由表 6.4～表 6.11 可知，针对 R 指标，当机器故障数目分别为 2、5、10 和 15 时，A8 得到的 AvRank 值分别为 1.63、1.48、1.15 和 1.30，远小于所有对比算法，这说明所提算法得到的非支配解，几乎不被其他算法得到的解占优。上述结果验证了 RNSGA-II 能够在相同的时间内得到更多的高质量非支配解。此外，由表 6.4～表 6.11 可得，随着故障数目的增加，所提算法的优越性更加明显。

通过不同角度评价 RNSGA-II 得到的非支配解，可以看出本章算法在求解带机器故障的多目标阻塞批量流水线调度问题时，表现出了优越性，主要贡献在于所提算法利用多目标特性，基于非支配解有价值的信息，设计了有针对性的个体产生方法，从而产生高质量的解。此外，所提算法采用重调度策略，对发生故障的部分序列，进行局部的调整和扰动，减少了机器故障对目标函数的影响。

6.5.5　对比算法的进化曲线

为了进一步验证所提算法的优越性，本章给出了 DABC、DHS、INSGA-II 和 RNSGA-II 在算例 30×5、50×10、50×20、90×10、110×15 和 110×20 上 D 指标值的进化曲线图。所有算法考虑的机器故障数为 15，最大运行时间为 50s，间隔为 5s。参考解集是所有算法运行 50s 时的非支配解集。

由图 6.7～图 6.9 可知，求解机器故障的多目标阻塞批量流水线调度问题的 6 个算例时，A8 得到的 D 指标值的进化曲线低于其他三种对比方法。A6 在收敛性能上位于第二，略差于 A8，但优于 A2 和 A4，其原因是 A6 和 A8 算法都充分利用了非支配解的信息，产生高质量的子代个体，能够快速引导种群向真实的最优 Pareto 前沿进化，提高了算法的收敛性能，而 A2 和 A4 在整个进化过程中，仅利用父代个体信息，未考虑每一代产生的非支配解的信息，从而减缓了算法的收敛速度，降低了算法的效率。

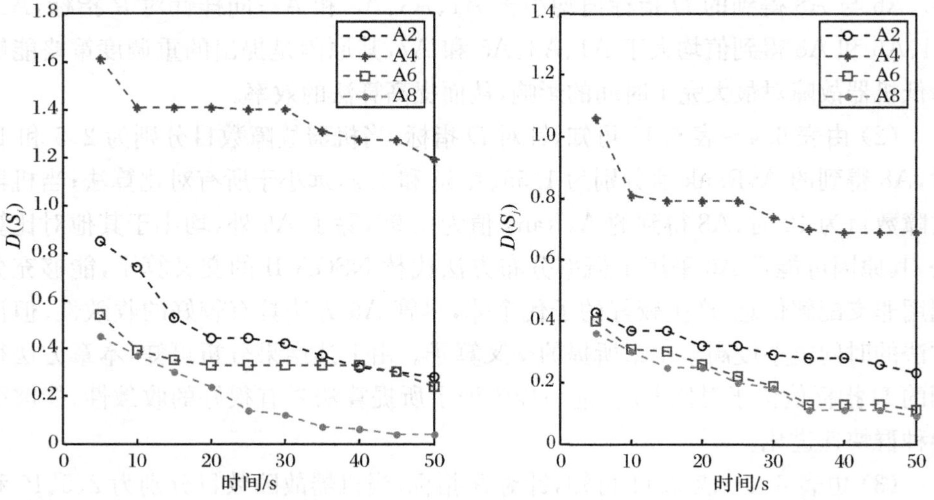

(a) 30×5　　(b) 50×10

图 6.7　算例 30×5 和 50×10 的进化曲线

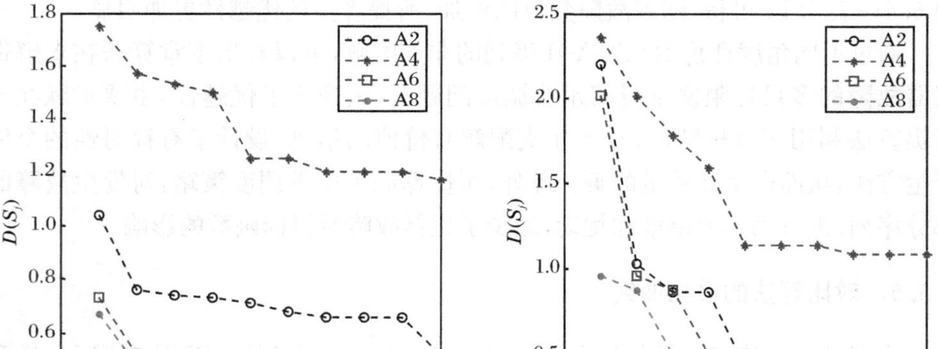

(a) 50×20　　(b) 90×10

图 6.8　算例 50×20 和 90×10 的进化曲线

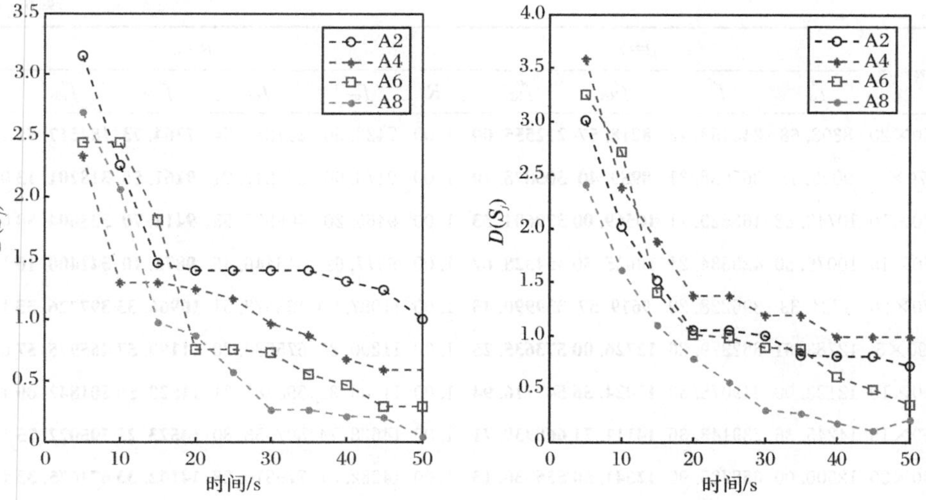

(a) 110×15　　　　(b) 110×20

图 6.9　算例 110×15 和 110×20 的进化曲线

总之，由上述表和图的数据可知，本章所提算法在求解带机器故障的多目标阻塞批量流水线调度问题时，具有较好的优越性。

6.5.6　RNSGA-II 和 vNEH 启发式算法性能比较

表 6.12 给出了机器发生故障时，原调度序列和进化后产生的调度序列的最大完工时间和提前完工时间，其中，f'_{or}和 f''_{or}分别表示原调度序列的最大完工时间和提前完工时间，f'_{RN}和 f''_{RN}分别表示 RNSGA-II 得到的非支配解集中，最大完工时间的平均值和提前完工时间的平均值。

表 6.12　**β=2 和 5 时，原调度序列和进化后调度序列得到的最大完工时间和提前完工时间**

$n\times m$	β=2					β=5				
	f'_{or}	f''_{or}	f'_{RN}	f''_{RN}	R	f'_{or}	f''_{or}	f'_{RN}	f''_{RN}	R
30×5	4303.36	78028.50	**4282.16**	**68748.44**	0.84	4343.24	77946.00	**4311.41**	**65463.53**	0.94
30×10	3927.52	67073.74	**3894.13**	**59055.35**	1.00	4727.14	86146.50	**4682.11**	**75814.89**	1.00
30×15	5455.37	100002.30	**5412.83**	**86544.67**	1.00	4842.36	87035.30	**4798.43**	**78044.26**	1.00
30×20	4869.35	87835.12	**4783.93**	**76298.71**	1.00	4687.69	89055.12	**4665.29**	**71851.12**	0.65
50×5	6655.68	189799.22	**6624.43**	**162650.57**	1.00	7220.58	211049.50	**7168.87**	**191441.73**	1.00
50×10	7601.96	241232.23	**7595.89**	**200988.44**	0.78	6890.27	206643.33	**6813.67**	**170244.73**	1.00
50×15	8835.57	268865.57	**8771.14**	**239410.29**	1.00	6270.33	172106.20	**6175.67**	**143572.67**	1.00

续表

$n\times m$	$\beta=2$					$\beta=5$				
	f'_{or}	f''_{or}	f'_{RN}	f''_{RN}	R	f'_{or}	f''_{or}	f'_{RN}	f''_{RN}	R
50×20	8308.68	245453.42	**8218.57**	**212555.00**	1.00	7422.50	217850.54	**7364.73**	**184517.55**	1.00
70×5	9029.48	365038.31	**8989.40**	**305878.10**	1.00	9173.00	369217.21	**9161.50**	**318201.13**	0.88
70×10	10743.68	463529.11	**10569.00**	**379601.33**	1.00	9466.20	409935.55	**9418.70**	**335604.50**	0.80
70×15	10079.50	423534.21	**10025.50**	**354328.67**	1.00	9977.62	416446.46	**9873.10**	**341400.10**	1.00
70×20	9724.33	396228.29	**9619.57**	**339990.43**	1.00	11087.90	463573.51	**10966.33**	**397726.33**	1.00
90×5	12783.61	652379.26	**12726.00**	**573635.25**	1.00	11200.35	575533.20	**11199.57**	**465975.57**	0.43
90×10	12123.00	649075.53	**12024.56**	**547716.94**	1.00	11586.32	598481.31	**11520.50**	**501842.00**	1.00
90×15	14245.36	739143.36	**14111.71**	**668939.71**	1.00	14628.74	807553.80	**14523.25**	**705022.75**	1.00
90×20	12600.00	658735.90	**12541.50**	**556330.13**	1.00	14282.51	779510.28	**14142.33**	**674675.33**	1.00
110×5	15593.89	1012154.00	**15590.57**	**893998.43**	0.57	14673.43	940295.34	**14658.40**	**835635.20**	0.80
110×10	16736.60	1066984.50	**16701.43**	**952433.71**	0.86	14861.63	925519.22	**14792.93**	**809547.64**	0.93
110×15	14092.20	878038.50	**14057.11**	**762271.00**	0.67	15791.00	1020764.00	**15748.00**	**904506.63**	1.00
110×20	16551.00	1065420.00	**16452.50**	**918990.88**	1.00	16410.00	1057595.50	**16290.20**	**952985.60**	1.00

由表 6.12 和表 6.13 可知，原调度序列在机器故障时，已不再是最优的，需对其进行重调度。当机器故障时，所有算例的 f'_{RN} 和 f''_{RN} 远远小于 f'_{or} 和 f''_{or}，且 20 个算例的平均 R 指标值大于 90%，这说明 RNSGA-II 得到的非支配解，几乎不被其原调度序列占优。

表 6.13　$\beta=10$ 和 15 时，原调度序列和进化后调度序列得到的最大完工时间和提前完工时间

$n\times m$	$\beta=10$					$\beta=15$				
	f'_{or}	f''_{or}	f'_{RN}	f''_{RN}	R	f'_{or}	f''_{or}	f'_{RN}	f''_{RN}	R
30×5	4564.05	81248.00	**4527.67**	**69601.33**	1.00	3881.52	61453.85	3887.97	55818.59	0.41
30×10	4720.42	87371.12	**4685.50**	**76317.83**	0.89	4191.31	71268.92	**4119.09**	**60218.00**	1.00
30×15	5130.23	90740.34	**5068.81**	**80721.62**	0.90	4603.50	83463.71	**4539.87**	**68553.40**	1.00
30×20	4995.55	90053.18	**4880.22**	**82822.78**	1.00	5130.54	96083.56	**5064.24**	**80326.48**	1.00
50×5	6079.47	169373.72	**6035.00**	**144268.20**	1.00	6111.71	179958.80	**6051.46**	**149619.23**	1.00
50×10	6909.16	204144.60	**6705.63**	**162559.11**	1.00	8510.25	260071.20	**8456.05**	**236968.42**	0.95
50×15	8095.38	237452.15	**8046.25**	**210947.17**	1.00	7662.32	223364.12	**7616.86**	**193656.71**	1.00
50×20	8024.29	240120.80	**7913.30**	**210066.10**	1.00	7712.41	231501.52	**7596.29**	**197772.71**	1.00
70×5	9029.60	365167.54	**8995.86**	**304837.00**	1.00	10506.92	432690.23	**10453.86**	**381476.86**	1.00
70×10	8951.36	366793.36	**8926.24**	**311330.35**	0.82	9976.45	395541.00	**9871.71**	**349062.14**	1.00

续表

$n\times m$	$\beta=10$					$\beta=15$				
	f'_{or}	f''_{or}	f'_{RN}	f''_{RN}	R	f'_{or}	f''_{or}	f'_{RN}	f''_{RN}	R
70×15	10696.54	445310.30	**10574.75**	**383001.75**	1.00	11187.63	458734.50	**11155.93**	**405200.87**	0.93
70×20	10734.20	448770.49	**10607.45**	**390082.00**	1.00	10657.62	445346.42	**10600.00**	**395005.75**	1.00
90×5	11689.35	609201.26	**11664.50**	**516397.17**	1.00	12662.22	667004.52	**12611.68**	**588711.32**	1.00
90×10	12884.84	689724.00	**12866.67**	**606471.17**	1.00	12117.30	653403.60	**12055.83**	**538402.75**	1.00
90×15	14567.40	779291.40	**14565.50**	**692023.17**	0.50	14218.00	747881.23	**14194.80**	**669442.20**	1.00
90×20	14000.00	754130.14	**13918.67**	**654543.00**	1.00	14083.14	761698.50	**13955.00**	**654633.17**	1.00
110×5	13201.50	778375.32	13203.80	671533.40	0.60	14384.23	908505.27	**14369.40**	**803845.20**	0.80
110×10	15192.31	961724.20	**15070.91**	**851564.27**	1.00	15993.50	1047815.36	**15932.44**	**938311.22**	1.00
110×15	16341.64	1081289.00	**16273.17**	**969783.50**	0.83	16033.00	1047409.66	**15939.46**	**943253.38**	1.00
110×20	15964.21	1014260.21	**15888.33**	**909573.67**	1.00	16118.20	1025466.00	**16031.40**	**915547.60**	1.00

总之，通过表 6.12 和表 6.13 可知，本章所提方法能够有效解决带机器故障的多目标批量流水线调度问题，产生更好的调度策略。

6.6　本章小结

在实际生产过程中，常存在一些不确定因素，为了更加真实地反映实际生产过程，第 5 章和第 6 章分别考虑了加工时间和机器故障等两个不确定因素，建立了相应的多目标阻塞批量流水线调度问题的数学模型，提出了各自的求解方法。

机器的真实故障概率模型是很难构建的，但是，可以通过某些函数，模拟故障发生的规律。因此，本章假定在任何时刻，机器发生故障的概率均相等，并采用均匀分布函数，模拟故障发生的时间和机器修理时间。考虑到发生故障时，基于该概率模型，最大完工时间和推迟完工时间仍是难以计算的，因此，实验中首先通过式(6.1)和式(6.3)，随机采样 100 种机器发生故障的情况，并计算每一种情况下解的目标函数值；然后求这些值的平均，作为该问题解的目标函数值；最后，采用改进的 NSGA-II 求解上述问题。

本章将整个算法框架分为如下两个阶段：第一阶段假定没有故障，采用 vNEH 优化最大完工时间和提前完工时间，得到一些优化解；第二阶段考虑机器发生故障，以这些优化解作为初始种群，并采用提出的融入重调度的 NSGA-II，优化鲁棒性和稳定性等两个指标。

将本章方法用于求解多目标阻塞批量流水线调度优化问题的 20 个算例，并与算法 DABC、DHS 和 INSGA-II，在非支配解所占的比率和非支配解到参考解的距离等两个性能指标上比较。实验结果表明:本章所提算法具有非常好的收敛性,能够产生高质量的非支配解,并通过重调度策略,降低机器故障给目标函数带来的影响。

前面几章分别在确定和不确定环境下,建立相应的多目标阻塞批量流水线调度问题的数学模型以及求解该问题的进化方法,仅从理论和实验上,验证了所提方法的有效性。基于前面的研究成果,将所提理论与方法应用于实际的批量生产调度中,能够验证所提理论与方法的可行性和有效性,此外,还可以通过实际生产结果的反馈,调整算法的参数,并改进相应的算法策略。因此,第 7 章中,将前面所提理论与方法应用到太阳能电池批量生产中,并验证所提方法的可行性和有效性。

参 考 文 献

[1] Jensen M T. Generating robust and flexible job shop schedules using genetic algorithms[J]. IEEE Transactions on Evolutionary Computation, 2003, 7(3): 275-288.

[2] Yoon S H, Ventura J A. An application of genetic algorithms to lot-streaming flow shop scheduling[J]. IIE Transactions, 2002, 34(9): 779-787.

[3] Xiong J, Xing L N, Chen Y W. Robust scheduling for multi-objective flexible job-shop problems with random machine breakdowns[J]. International Journal of Production Economics, 2013, 141(1): 112-126.

[4] Pan Q K, Tasgetiren M F, Suganthan P N, et al. A discrete artificial bee colony algorithm for the lot-streaming flow shop scheduling problem[J]. Information Sciences, 2011, 181(12): 2455-2468.

[5] Han Y Y, Gong D W, Sun X Y, et al. An improved NSGA-II algorithm for multi-objective lot-streaming flow shop scheduling problem [J]. International Journal of Production Research, 2014, 52(8): 2211-2231.

[6] Pan Q K, Duan J H, Liang J J, et al. A novel discrete harmony search algorithm for scheduling lot-streaming flow shops[C]. Proceedings of IEEE Control and Decision Conference, Xuzhou, 2010: 1531-1536.

第 7 章　多目标有限缓冲区批量流水线调度实例

上述几章对批量流水线调度问题的优化理论与方法进行了系统的研究。本章考虑批量流水线调度问题的应用实例，根据太阳能电池组件的生产过程，分析实际存在的批量流水线调度问题，并将所得理论成果应用于实际太阳能电池组件的生产中。

7.1　应用背景简介

太阳能是人类取之不尽、用之不竭的绿色能源。太阳能的合理利用，是对可持续发展、节能减排、保护环境的积极响应和倡导，而太阳能电池的生产则是充分利用太阳能的必经之路，占据国民经济的重要地位。因此，越来越多类型的太阳能光伏发电工程，潜移默化地渗透到社区、广场、道路、交通信号灯和旅游景区等生活中。

太阳能电池生产过程大致分为如图 7.1 所示的 11 个步骤[1]，每一个生产环节具体操作，如表 7.1 所示。

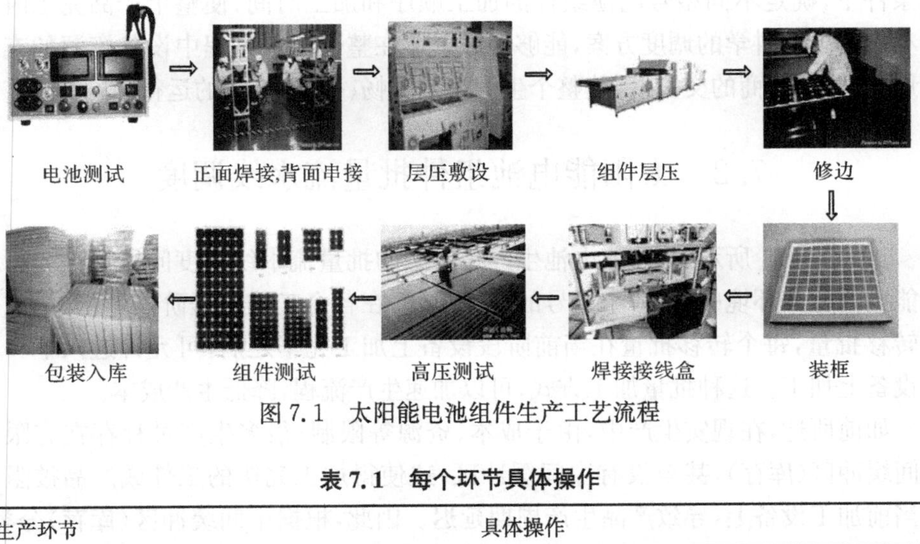

图 7.1　太阳能电池组件生产工艺流程

表 7.1　每个环节具体操作

生产环节	具体操作
电池测试	通过测试电池的输出参数(电流和电压)的大小对其进行分类，以提高电池的利用率，做出质量合格的电池组件

续表

生产环节	具体操作
正面焊接	将汇流带焊接到电池正面(负极)的主栅线上,汇流带为镀锡的铜带,使用的焊接机可以将焊带以多点的形式点焊在主栅线上
背面串接	将 36 片电池串接在一起形成一个组件串,并在组件串的正负极焊接出引线
层压敷设	背面串接好且经过检验合格后,将组件串、玻璃和切割好的 EVA、玻璃纤维、背板按照一定的层次敷设好,准备层压
组件层压	将敷设好的电池放入层压机内,通过抽真空将组件内的空气抽出,然后加热使 EVA 熔化,将电池、玻璃和背板粘接在一起;最后冷却取出组件
修边	层压时 EVA 熔化后由于压力而向外延伸固化形成毛边,所以层压完毕应将其切除
装框	类似地给玻璃装一个镜框;给玻璃组件装铝框,增加组件的强度,进一步密封电池组件,延长电池的使用寿命。边框和玻璃组件的缝隙用硅酮树脂填充。各边框间用角键连接
焊接接线盒	在组件背面引线处焊接一个盒子,以利于电池与其他设备或电池间的连接
高压测试	在组件边框和电极引线间施加一定的电压,测试组件的耐压性和绝缘强度,以保证组件在恶劣的自然条件(雷击等)下不被损坏
组件测试	测试的目的是对电池的输出功率进行标定,测试其输出特性,确定组件的质量等级
包装入库	将组装好的电池组件,按照型号,包装入库,等待发货

太阳能电池按照上述工艺流程顺序生产,并在批量生产并满足工艺、设备约束条件下,确定不同型号电池组件的加工顺序和加工时间,使整个产品完工时间最小化。合理科学的调度方案,能够保证企业在整个生产过程中设备资源的充分利用、满足供应商的交货期,使整个生产系统顺畅、平稳、高效的运行。

7.2 太阳能电池组件批量流水线调度

正如图 7.1 所示,太阳能电池生产是典型的批量流水线调度问题。在实际太阳能电池生产环境中,同一个型号的电池组件,在各个工艺流程阶段,可分割成若干转移批量,每个转移批量在当前阶段设备上加工完毕之后,可允许进入下一阶段设备上加工。这种批量加工方式,可以加速生产流程,降低生产成本。

如前所述,在现实生产中,由于成本、资源等限制,很多生产过程存在有限的中间缓冲区(库存),甚至没有中间缓冲区,这使得加工完毕的工件或产品被阻塞在当前加工设备上,导致产品生产周期延迟。因此,根据中间缓冲区(库存)分类,批量流水线可分为传统的批量流水线(无限缓冲区)调度问题和有限缓冲区批量流水线调度问题,第 3 章研究的是传统的批量调度问题,第 4～6 章研究的是有限缓冲区批量流水线调度问题的特例(阻塞批量流水线调度)(图 7.2)。

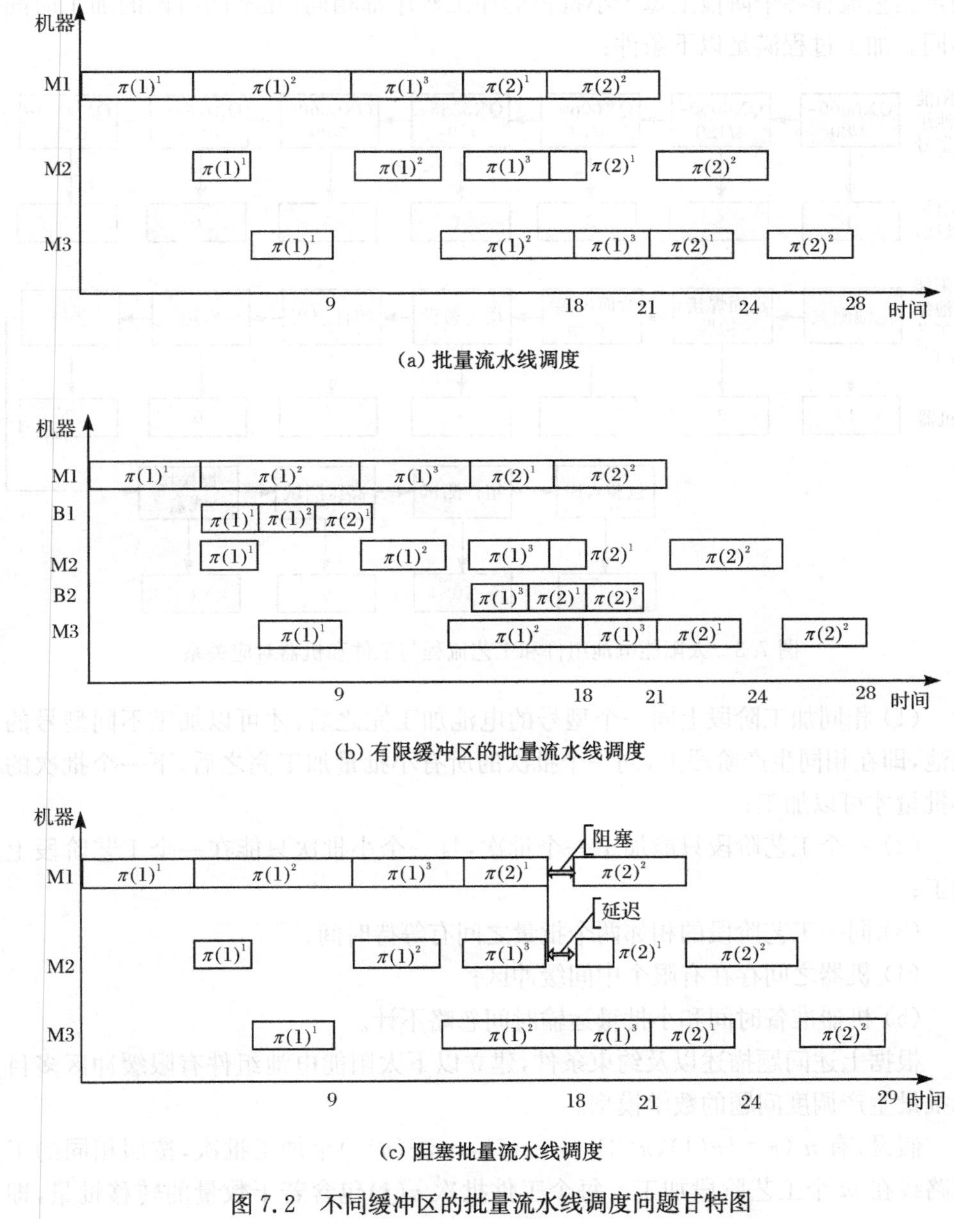

图 7.2 不同缓冲区的批量流水线调度问题甘特图

太阳能电池生产的过程，同样受到上述缓冲区条件的限制，即，各个生产工艺之间存在有限个库存。通过上述问题描述，下面给出太阳能电池组件生产的具体流程和数学模型。

同一型号电池板看作一个加工批次(工件)，工艺流程的不同阶段视为不同加工机器(图 7.3)。根据电池电压和生产设备性能，将每个批次分割为若干小批量，约定工艺流程各个阶段上每个小批量的加工次序都相同，在不同阶段的加工时间不同。加工过程满足以下条件：

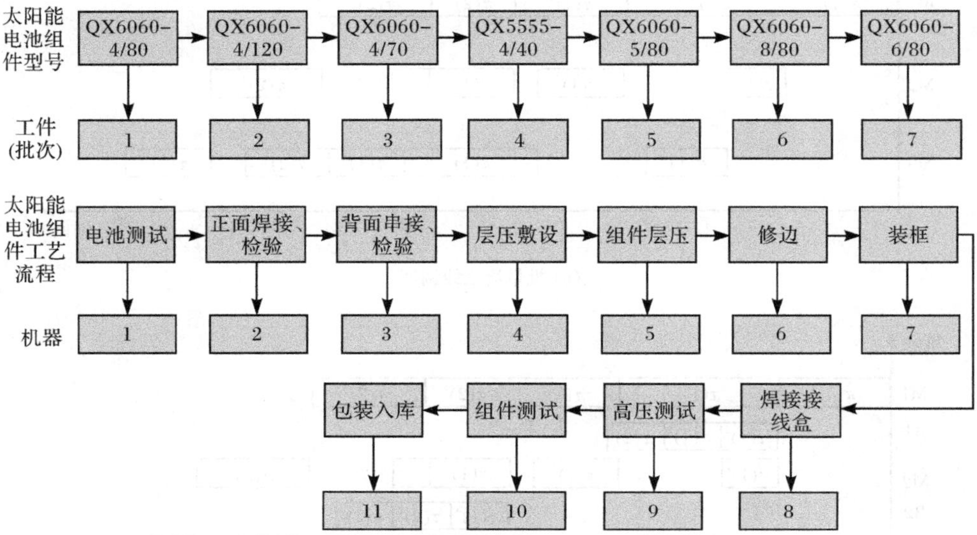

图 7.3　太阳能电池组件和工艺流程与工件和机器对应关系

(1) 相同加工阶段上同一个型号的电池加工完之后，才可以加工不同型号的电池，即在相同生产阶段上，同一个批次的所有小批量加工完之后，下一个批次的小批量才可以加工；

(2) 一个工艺阶段只能加工一个批次，且一个小批次只能在一个工艺阶段上加工；

(3) 同一工艺阶段的相邻两个批量之间有等待时间；

(4) 机器之间存在有限个中间缓冲区；

(5) 机器准备时间和小批量运输时间忽略不计。

根据上述问题描述以及约束条件，建立以下太阳能电池组件有限缓冲区多目标批量生产调度问题的数学模型。

假设，有 n ($\pi=\{\pi(1),\pi(2),\cdots,\pi(j),\cdots,\pi(n)\}$)个加工批次，按照相同的工艺路线在 m 个工艺阶段加工。每个工件批次 $\pi(j)$ 包含若干数量的转移批量，即 $\pi(j)=\{\pi(j)^1,\pi(j)^2,\cdots,\pi(j)^{l_{\pi(j)}}\}$，$\tau$ 为所有工件的小批量集合，$\tau=\{\tau(1),\tau(2),\cdots,\tau(l_{\pi(1)}),\cdots,\tau(\sum_{k=1}^{j-1} l_{\pi(k)}+1),\tau(\sum_{k=1}^{j-1} l_{\pi(k)}+2),\cdots,\tau(\sum_{k=1}^{j-1} l_{\pi(k)}+l_{\pi(j)}),\cdots,\tau(\eta)\}=\{\pi(1)_1,\pi(1)_2,\cdots,\pi(1)_{l_{\pi(1)}},\cdots,\pi(j)_1,\pi(j)_2,\cdots,\pi(j)_{l_{\pi(j)}},\cdots,\pi(n)_{l_{\pi(n)}}\}$，其中 $\eta=\sum_{j=1}^{n} l_{\pi(j)}$。

优化的目标函数为

$$\min f_1 = \text{Cmax}(\pi) = D_{\tau(e),m}, \quad e = \sum_{j=1}^{n} l_{\pi(n)} \tag{7.1}$$

$$f_2 = \sum_{j=1}^{n} \max(0, D_{\tau(l_{\pi(j)}),m} - d_j) \tag{7.2}$$

式中

$$D_{\tau(1),1} = p_{\pi(1),1} \tag{7.3}$$

$$D_{\tau(1),t} = D_{\tau(1),t-1} + p_{\pi(1),t}, \quad t = 2,3,\cdots,m \tag{7.4}$$

$$D_{\tau(e),1} = D_{\tau(e-1),1} + p_{\pi(j),1}, \quad e = 2,3,\cdots,B_1+1; j = 1,2,\cdots,n \tag{7.5}$$

$$D_{\tau(e),1} = \max(D_{\tau(e-1),1} + p_{\pi(j),1}, D_{\tau(e-B_1-1),2})$$
$$e = B_1+2, B_1+3, \cdots, \sum_{k=1}^{j} l_{\pi(k)}; j = 1,2,\cdots,n \tag{7.6}$$

$$D_{\tau(e),t} = \max(D_{\tau(e-1),t}, D_{\tau(e),t-1}) + p_{\pi(j),t}$$
$$e = 2,3,\cdots,B_i+1; j = 1,2,\cdots,n; t = 2,3,\cdots,m-1 \tag{7.7}$$

$$D_{\tau(e),t} = \max(\max(D_{\tau(e-1),t}, D_{\tau(e),t-1}) + p_{\pi(j),i}, D_{\tau(e-B_t-1),t+1})$$
$$e = B_t+2, B_t+3, \cdots, \sum_{k=1}^{j} l_{\pi(k)}; j = 1,2,\cdots,n; t = 2,3,\cdots,m-1 \tag{7.8}$$

$$D_{\tau(e),m} = \max(D_{\tau(e-1),m}, D_{\tau(e),m-1}) + p_{\pi(j),m}$$
$$e = 2,3,\cdots, \sum_{k=1}^{j} l_{\pi(k)}; j = 1,2,\cdots,n \tag{7.9}$$

式中，B_t 为机器 t 与 $t+1$ 之间缓冲区个数；$p_{\pi(j),t}$ 为工件 $\pi(j)$ 在机器 t 上的加工时间；$D_{\tau(e),t}$ 为小批量 $\tau(e)$ 离开机器 t 上的时间；d_j 为工件 $\pi(j)$ 的交货期；f_1 和 f_2 分别为最大完工时间和推迟完工时间。

7.3　应用实例

目前多数太阳能电池生产调度仍然采用人工方式，该方式效率低，准确性差。此外，在实际生产工程中，企业常面临多种型号的电池订单，加大了调度问题求解的难度，因此，仅靠一些简单优化方法或者人工方式，无法制订最优调度方案。

第 3 章和第 4 章分别提出了 INSGA-II[2] 和 HDABC 算法，求解多目标批量流水线调度问题。本章将上述两种方法用于求解太阳能电池组件问题，并与基本的 NSGA-II 和 DABC 算法对比。实验环境及参数设置如下。

所有算法的实现环境为：3.0GHz CPU、2GB 内存以及 Intel (R) Core(TM) 的处理器。本章考虑了 12 种不同型号的太阳能电池组件，分别为 QX6060-4/80、QX6060-4/120、QX6060-4/70、QX5555-4/40、QX6060-8/100、QX6060-8/80、

QX6060-8/60、QX6060-5/100、QX6060-5/80、QX5555-6/50、QX7070-8/50 和 QX8060-8/100。每一型号在 11 个生产工艺阶段上加工，每个阶段的加工时间(单位：s)分别在下列取值范围内随机产生：[30,40]、[30,40]、[30,40]、[120,160]、[1500,2000]、[300,400]、[180,240]、[120,160]、[60,80]、[180,240]和[60,80]。实验参数设置如表 7.2 所示。

表 7.2　参数设置

参数	符号	值
工件数	n	13
机器数	m	11
种群大小	PS	20
交叉概率	pc	0.6
局部搜索概率	pls	0.4
每个电池组件批次数量	l	l=rand()%6+1
外部储备集	EAs	100
每个算例最大运行时间	time	4290s
每个算例独立运行次数	t	30

本章通过下列三组实验，从不同角度，采用 $D(S_i)$评价所有算法的性能。

(1) 初始化策略有效性；

(2) 所有算法的性能分析；

(3) 所有算法的进化曲线图。

1. 初始化策略有效性

第 3 章提出了 vNEH 启发式算法，第 4 章提出了 vNEH 和 vMME 启发式算法，用于初始化种群，本章分别采用以下四种方法初始化种群：随机方法、vNEH、vMME 和 vNEH＋vMME，并用于求解太阳能电池生产 13×11 规模的调度问题。由表 7.3 可知，随机方法得到 2 个非支配解；vNEH 和 vMME 启发式算法分别得到 3 个非支配解，而 vNEH＋vMME 启发式算法得到 4 个非支配，并且占优随机方法得到的非支配解。此外，分别采用 vNEH 和 vMME 启发式算法得到的非支配解中，存在某一(些)解被 vNEH＋vMME 启发式算法占优。因此，两种算法的结合，有助于提高算法的收敛性和多样性，从而产生高质量的初始种群。

表 7.3　不同初始化策略得到的非支配解集

算法	最优调度序列	最优的目标函数/h	
		最大完工时间	推迟时间
随机方法	2—4—7—6—5—10—12—13—8—11—9—1—3	14.1522	74.5172
	11—12—5—7—3—2—9—10—13—6—4—8—1	14.1489	76.0194
vNEH	2—6—10—9—5—8—4—3—7—13—12—11—1	14.1411	75.7433
	12—9—7—1—4—10—6—8—2—3—5—13—11	14.1513	69.3546
	7—12—13—9—3—5—8—6—11—2—4—10—1	14.1511	75.3331
vMME	4—13—5—7—2—6—8—12—3—10—1—9—11	14.1382	76.8123
	8—7—11—12—4—3—1—2—6—10—5—9—13	14.1436	74.8165
	10—7—6—1—12—2—5—13—9—4—3—8—11	14.1664	69.2411
vNEH＋vMME	11—7—9—5—10—8—1—3—4—13—12—2—6	14.1398	74.4921
	10—12—4—9—3—5—8—6—11—2—7—13—1	14.1521	73.3331
	2—9—12—1—4—10—6—8—7—3—5—13—11	13.1526	68.6523
	6—9—12—7—13—8—2—1—4—10—3—11—5	14.1775	67.2217

2. 所有算法的性能分析

表 7.4 给出了四种算法运行 4290s 之后，分别得到了各自的最优解集。HDABC 算法和 INSGA-II 都得到了 4 个非支配解，并均占优 DABC 算法和 NSGA-II 得到的 2 个解。从结果分析可知，HDABC 算法和 INSGA-II 明显优于其他两个对比方法。尽管 HDABC 算法和 INSGA-II 得到的非支配解互不支配，但前者得到解的个数多于后者。总体性能上，前者略优于后者。针对太阳能电池组件问题，两种算法都能够取得较好的解集。其原因是：①HDABC 算法针对多目标特性，提出了有针对性的个体产生方法，使算法充分利用非支配解有价值的信息，产生高质量的解，采用基于 Pareto 占优的局部搜索对解轻微扰动，从而使算法在全局探测和局部搜索能力上得到提升；②INSGA-II 采用 EDA 产生个体，该操作同样利用非支配解有价值的信息产生高质量的解，并采用插入和交换算子对解轻微扰动，避免陷入局部最优。

表 7.4　不同算法得到的非支配解集

算法	最优调度序列	最优的目标函数/h	
		最大完工时间	推迟时间
DABC	5—8—6—7—2—12—10—11—9—1—4—3—13	12.3536	63.2153
	5—8—4—2—9—3—6—7—10—11—12—13—1	12.3452	63.2514

续表

算法	最优调度序列	最优的目标函数/h	
		最大完工时间	推迟时间
NSGA-II	5—8—13—6—7—12—1—10—9—7—4—3—11	12.3562	63.2016
	5—8—13—6—7—2—1—10—11—9—3—4—12	12.3501	63.2217
HDABC	5—8—4—6—7—13—2—1—10—12—9—11—3	12.1491	62.1425
	5—8—4—6—7—13—2—10—12—1—9—3—11	11.1473	61.1486
	5—8—13—6—7—4—2—1—10—12—11—9—3	11.1482	61.1437
	5—8—13—6—7—4—2—10—12—1—9—3—11	11.1521	61.0149
INSGA-II	5—8—13—6—7—4—2—1—10—11—9—3—12	11.1431	61.1562
	5—8—13—6—7—4—2—9—3—10—11—12—1	11.1498	61.1322
	5—8—13—6—7—4—2—1—10—12—11—9—3	11.1482	61.1437

由上述结果分析可得，非支配解的有价值信息，可以引导种群快速收敛，促进非支配解向真实的 Pareto 前沿进化，也进一步验证了本章所提算法的可行性和高效性。

3. *所有算法的进化曲线图*

图 7.4 给出了四种算法随时间变化时，其相应的 D 指标的变化情况。由图 7.4可知，HDABC 算法和 INSGA-II 的进化曲线，明显低于对比算法，并且随着时间的增加，HDABC 算法和 INSGA-II 的 D 指标值越来越小，直到趋向于平稳状态，而对比算法则收敛得比较缓慢，这是因为 NSGA-II 的操作算子具有随机性和盲目性，减缓了算法的收敛速度，而 DABC 算法缺乏个体精英保留机制，从而限制了算法的收敛性。

总之，本章算法的收敛性好，能够以快的收敛速度，接近于真实 Pareto 前沿。

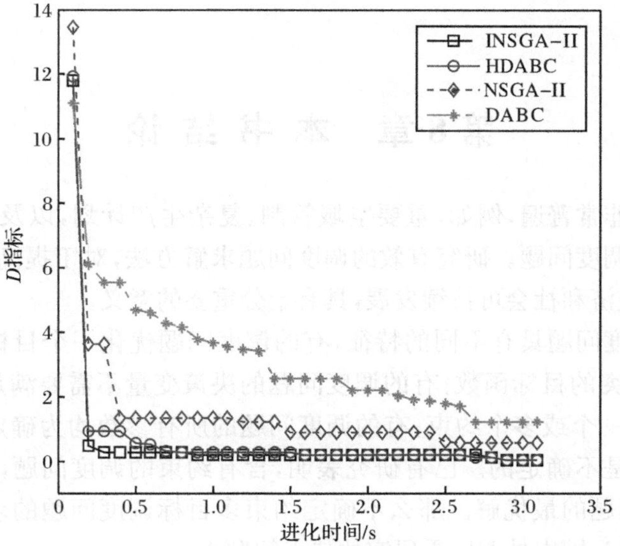

图 7.4　四种不同算法的进化曲线图

7.4　本章小结

本章以某太阳能公司批量电池组件生产为应用对象，对实际的批量流水线调度问题进行了分析，并将前面所提优化理论成果应用到该公司的实际生产中，通过仿真实验验证了所提算法的可行性和高效性。

参考文献

[1] 张小林. X 公司太阳能电池制造过程质量控制研究[D]. 济南：山东大学，2014.

[2] Han Y Y, Gong D W, Sun X Y, et al. An improved NSGA-II algorithm for multi-objective lot-streaming flow shop scheduling problem [J]. International Journal of Production Research, 2014, 52(8): 2211-2231.

第 8 章　本书结论

调度问题非常普遍，例如，重要空域管制、复杂生产计划，以及多源电网配置等均为典型的调度问题。研究有效的调度问题求解方法，对于提高生产与管理水平，促进国民经济和社会可持续发展，具有十分重要的意义。

不同的调度问题具有不同的特征，有的调度问题优化一个目标函数，有的优化多个相互冲突的目标函数；有的调度问题的决策变量不需要满足额外的约束，有的需要满足一个或多个约束；有的调度问题的所有参数均为确定值，有的至少存在一个参数是不确定的。已有研究表明，含有约束的调度问题，在多项式时间内，不能得到问题的最优解。那么不确定约束多目标调度问题的求解，就更具有挑战性，从而成为国内外调度界研究的热点问题之一。

鉴于此，基于国家自然科学基金“Memetic 区间参数多目标进化优化及其在太阳能海水淡化的应用”(No. 61403155)和江苏省研究生培养创新工程“混合多目标进化优化理论及其在阻塞批量车间调度的应用”(No. CXZZ13_0932)，在已有研究成果的基础上，根据实际问题的不同需求，针对批量流水线调度问题的多约束、多目标和不确定等特性，研究基于改进的 ABC 算法和 NSGA-II 的批量流水线调度问题的求解方法。

本课题是自动化、应用数学、计算机，以及管理等学科有机交叉、新颖且具有广阔应用前景的研究方向，有强烈的社会需求；产生的研究成果不但能够丰富和深化已有的调度理论，也能够推动上述理论与方法在车间调度的应用，从而直接服务于国民经济和社会发展。

本章首先总结本书的主要工作以及本书的创新点；然后，指出需要进一步研究的问题。

8.1　本书所做的工作

针对批量流水线调度问题，本书给出了基于 NSGA-II 和 ABC 算法的求解方法，并将所提方法应用于太阳能电池组件生产中，验证所提算法的可行性和有效性。现将取得的研究成果总结如下。

1. 提出了多目标批量流水线调度问题的进化求解方法

针对批量流水线调度问题，第 3 章考虑了调度问题的多目标特性，首先，基于最大完工时间、推迟完工时间、总流经时间和等待时间等四个目标函数，构建了多目标批量流水线调度问题的数学模型；其次，设计求解上述模型的改进 NSGA-II。该算法首先采用 NEH 启发式算法，产生四个性能优越的初始解，显著提高初始种群的质量；再次，利用非支配解信息，建立优良基因的概率分布模型，通过对模型的采样和学习，产生高质量的新解；最后，提出了一种重启策略，分阶段重新初始化种群，大大提高种群的多样性。通过批量流水线调度问题的 24 个算例，验证了所提方法能够引导种群快速收敛于 Pareto 前沿，并提高种群的多样性。

2. 提出了多目标阻塞批量流水线调度问题的进化求解方法

第 4 章在第 3 章的基础上，考虑了阻塞约束条件，建立了以最大完工时间和提前完工时间为指标阻塞批量流水线调度问题的数学模型。如前所述，ABC 算法在求解阻塞流水线调度问题时，表现出了很好的优越性。已有的 ABC 算法中，雇佣蜂和观察蜂都采用插入和交换方法产生邻域解，这种重复的搜索，容易使得算法陷入局部最优。为了提高算法的全局搜索能力，第 4 章考虑在不同阶段采用不同的个体生产方法，即在雇佣蜂阶段，采用改进的 SBOX 和 SJOX 交叉算子，产生新解。该算子能够充分利用种群中不同解之间的差异性和外部储备集中非支配解的信息，产生全局较优解；在观察蜂阶段，采用基于自适应策略的插入和交换方法对上述产生的解进行邻域的扰动，以平衡算法的全局探测和局部开发能力。

3. 提出了多目标区间阻塞批量流水线调度问题的进化求解方法

针对第 4 章的多目标阻塞批量流水线调度问题，第 5 章考虑了区间加工时间不确定因素。首先，利用区间的两个重要特征值，即区间的中点和半径，将多目标区间阻塞批量流水调度问题，转化为传统的多目标阻塞批量流水线调度问题；然后，采用改进的 NSGA-II 求解上述调度模型。该算法中，采用全局性较好的差分进化算子产生子代个体，并采用基于理想点选择的局部搜索算法，提高算法的局部开发能力。通过批量流水线调度问题的 24 个算例，验证了所提算法的有效性。

4. 提出了带机器故障的多目标阻塞批量流水线调度问题的进化求解方法

针对第 4 章的多目标阻塞批量流水线调度问题，第 6 章考虑了机器故障的不确定因素，研究带机器故障的多目标阻塞批量流水线调度问题。首先，建立了不确定调度准则，并基于不确定调度准则，建立了反映问题鲁棒和稳定性的目标函数，考虑决策变量需要满足的约束，形成带机器故障的多目标批量流水线调度问题的数学模型；然后，采用第 4 章设计的交叉算子产生子代个体，并针对机器故障事件，设计重调度策略，在一定程度上降低机器故障对目标函数带来的影响；最后，通过实验验证了所提方法的可行性和有效性。

8.2 本书创新点

1. 研究的问题新颖

在实际生产中,批量流水线调度问题常存在多目标、多约束以及不确定等因素,使得已有调度问题的数学模型不能准确反映真实的生产环境。因此,亟须建立反映真实生产的批量调度问题的数学模型。本书从调度问题的多目标性、多约束性以及不确定性等三大方面,分别建立了多目标批量、多目标阻塞批量以及不确定多目标阻塞批量流水线调度问题的数学模型。这些数学模型充分考虑了实际生产需求,具有明显的创新性。

2. 求解方法新颖

已有的求解批量流水线调度问题的智能优化方法,其生成的最优调度方案无法按照预定的目标正常执行,难以用于求解多目标、多约束、不确定调度问题。因此,亟须设计相应的进化方法,这对于提高企业的生产效率和市场竞争力,具有重要的理论意义和实际应用价值。本书基于问题的多目标、多约束和不确定特性,分别提出了基于非支配解信息的个体产生方法、不确定问题转化方法、基于理想点选择的局部搜索算法以及重调度策略等,弥补了多目标进化优化方法在求解多目标不确定调度问题中的缺陷,具有明显的创新性。

8.3 需要进一步研究的问题

本书针对批量流水线调度问题的不同实际生产需要,提出多种数学模型,并给出相应的有效解决该问题的方法,但所做工作仅是冰山一角,尚存在许多需要进一步研究的问题。下面仅列出其中的三个:

1. 多目标进化优化方法的选择策略

第3～6章研究了多目标批量流水线调度问题的数学模型和求解方法。这些优化方法仅仅从算子设计角度,针对多目标特性,提出了具有针对性的个体产生方法,然而多目标进化优化方法的本质还是个体的选择,因此,如何设计好的选择策略,保证外部储备集中的解既具有好的收敛性,又具有好的分布性,是需要进一步研究的问题。

2. 区间多目标调度问题的求解方法

第5章研究了区间多目标批量流水线调度问题,通过区间的两个特征值,将不确定调度问题转化为确定的调度问题，大大降低了原问题的求解难度，但是，在转化过程中，不可避免地会丢失一些有价值的信息。因此，如何直接利用区间比较方法，求解区间多目标调度问题，是需要进一步研究的问题。

3. 多种不确定因素并存调度问题的数学模型和求解方法

第 5 章和第 6 章分别考虑了区间加工时间和机器故障两个不确定因素，并根据不同的情况，设计了相应的调度策略。然而，现实生产中，常存在多种不确定因素并存的现象。此时，如何构建相应的数学模型，反映不同的不确定因素，以满足实际生产需要，以及如何设计求解该问题的进化优化方法，都是需要进一步研究的问题。